正向心理學先鋒
強納森・海德

7 心理的成長

古老觀念：那些殺不死我的，必使我更強大。
現代理論：只有逆境發生的時機、對象、程度都適中，才能對人產生極大益處。

8 道德的成長

古老觀念：美德本身就是最好的回報。
現代理論：利他行為對助人者有益。

賣指引

e Happiness Hypothesis:
ading Modern
uth in Ancient Wisdom

福的
假設

9 靈性的覺醒

古老觀念：道德水準會因個人所思所為提升或沉淪。
現代理論：人能從別人身上或大自然中感受到神聖、莊嚴和善。

追尋人生的意義
【馭象而奔】

10 人生的意義

古老觀念：幸福之道在中庸。
現代理論：人需要愛與工作、全心投入，並從群體中感受到超越自我的意義感，這樣才能擁有有意義的人生。

何相處
力量】

4 自以為是

古老觀念：我們能看到他人眼中的刺，卻看不到自己眼中的梁木。
現代理論：每個人都是道德虛偽，因此很難忠實遵照為人準則行事。

5 幸福來自何處

古老觀念：幸福只能內求諸心。
現代理論：幸福來自內心，也來自外在。

追求幸福的方法
【駁象之道】

6 愛與依戀

古老觀念：他人即地獄。
現代理論：他人也是天堂。

象與騎象人

閱讀

T
F
T

關於幸

10個

1 分裂的自我，使你產生心理衝突

古老觀念：人的心理有一部分像放任的大象；一部分像具備掌控能力的騎象人。
現代理論：人的心理分裂為若干部分，不同的部分會引發衝突。

人的心理是如何運作的
【人象對峙】

2 是什麼讓你不幸福

古老觀念：都是人的思想在作祟。
現代理論：你認為生命本身是什麼，它就是什麼。

我們如
【大象的

3 互惠的本能

古老觀念：你希望別人如何對你，就要以那種方式去對待別人。
現代理論：互惠是一股讓我們與別人連結在一起的重要力量。

全球百大思想家的
正向心理學經典

象與
騎象人

The Happiness Hypothesis:
Finding Modern
Truth in Ancient Wisdom

Jonathan Haidt
強納森・海德——著　李靜瑤——譯

全球百大思想家、道德心理學的革命者

強納森・海德 Jonathan Haidt

- 二〇一二年被《Foreign Policy》雜誌評選為全球百大思想家之一
- 二〇一三年被《Prospect》雜誌評選為世界頂級思想家
- 在 TED 大會上的演講觀看次數超過三百萬次

擁有哲學思維的心理學家

強納森・海德一九六三年出生在紐約一個猶太家庭。

海德大學主修哲學，他說自己看了太多伍迪艾倫的電影，產生了一種錯覺，認為哲學應該有點用，但同時他也選擇了一些心理學課程，並愛上了這門科學。

一九八五年，海德在耶魯大學取得哲學學士學位後，進入賓州大學學習心理學。海德本來是想做有關幽默心理學的實驗，但進入賓州大學一週後，他遇見了美國判斷與決策學會主席強納森・拜倫（Jonathan Baron），他和拜倫就「道德思考是不是有別於其他類型的思考」展開了熱烈的討論。第二天，海德就請拜倫做導師，投入到道德心理學的懷抱。

屢獲榮耀的傑出教授

一九九二年，海德獲得賓州大學心理學博士學位，隨後到芝加哥大學研究文化心理學。一九九五年，海德進入維吉尼亞大學任教，在維吉尼亞大學的十六年中，他獲得了由州長頒發的維吉尼亞州傑出教授獎、洛克菲勒客座教授傑出教學獎，以及「鄧普頓」（Templeton Prize）正向心理學獎等多項大獎。

正向心理學先鋒

一九九九年，海德投身正向心理學，在方興未艾的正向心理學界，他以獨特的氣質成為正向心理學的先鋒領袖，正向心理學創始人塞利格曼曾說：「想要理解幸福，從追隨海德開始。」海德博古通今，善於跨界，他用現代科學驗證古老的幸福假設，《象與騎象人》就是他思想的結晶。

此書一出版就登上亞馬遜心理學類排行榜榜首，持續熱銷，受到許多企業家的青睞。

助力商界精英、構建道德體系

二〇一一年，海德受紐約大學史登商學院院長彼得・亨利之邀加入商學院並重新設計道德倫理課程，史登商學院以盛產商界精英而聞名，葛林斯潘、那斯達克股票交易所 CEO 兼總裁羅伯特・格萊菲爾德都畢業於該校。

商科教育成就了許多人的事業，也創造了眾多商業傳奇，但商科教育也為社會生產了眾多追逐私利者。海德加盟商學院，不是向學生灌輸道德是什麼，而是讓他們明白成為一名商界專業人士到底意味著什麼。他教導學生如何理解人類本性中的缺陷，如何學會與不同群體打交道，如何設計倫理體系、設計組織架構和創建公司。他將商業倫理、道德心理學引入複雜社會系統，使企業、非營利組織、城市和其他系統更有效地運作。可以說，海德再次跨界走上了時代的尖端。

對道德心理學的一次革命

與其他研究道德心理學的學者不同，海德的研究充滿了情感與衝突，用他的話說：「我和兩個年齡相仿的姊姊一起長大，每天都要打架……道德在我家裡是件激情洋溢的事，可我所讀到的文章卻全都是關於論證和認知結構……這似乎太理智了。於是海德從情感、直覺這條路上出發，研究道德心理學與複雜社會系統，他設計的思想實驗——兄妹間發生性關係，你怎麼看？叩問人心？被眾多心理學家、心理學教材引用。

海德和幾位科學家一起創辦了 YourMorals.org 網站，通過對道德與政治心理學的研究，幫助人們認識道德心理學，理解和尊重與自己道德基礎不同的群體，促進各政治派別間的相互理解。他對約翰・凱瑞在二〇〇四年競選美國總統時的演講，進行了獨到且深入的分析。從道德基礎角度解析不同黨派之間的分歧，引發了民主黨人和共產黨人的廣泛關注。

（湛廬文化提供）

〈推薦序〉

人生與幸福：你認為是什麼，它就是什麼

蘇德中

一次在達沃斯世界經濟論壇的會場，有位企業家請我為他推薦一本「既有理論深度，又有實踐啟發，行文流暢，趣味性高的」正向心理學作品。「鄧普頓獎」正向心理學獎得獎者、心理學大師強納森．海德的著作《象與騎象人》立刻蹦入我的腦中，成了滿足我這位對閱讀惜時如金的企業家朋友的不二之選。

佛學禪宗以「狂象」「醉象」比喻妄心；莎士比亞以「騎者」「騎士」比喻有意識的理智。學貫中西的心理學學者海德則以《象與騎象人》為正向心理學時代貢獻出一本重要的作品。不過，如果你像很多讀者一樣，認為《象與騎象人》單單描寫一頭桀驁不馴的放任大象以比喻「心」，描寫具備掌控意識能力的理智騎象人以比喻「智」，以及它們的衝突分裂及思想鬥爭，那就辜負了作者的一番心血。

作者在書中以心理學、哲學、倫理學、宗教、社會學、人類學等理論，提出人類如何尋

找到幸福與生命的意義。在得到驗證之前，以上象與騎象人的衝突分裂只不過是一個有趣的比喻。本書的精采，乃作者透過以嚴謹見稱的心理學實驗驗證，為禪宗、莎翁等古老的智慧輔以佐證，為叔本華、柏拉圖等深邃的哲學加以詮釋。比如，作者在各章節中闡述愛的能力、工作的能力、人際關係、審美體驗、智慧靈性；又探討人類社會行為，比如利他行為、職業道德、家庭，以及社會責任感等，每一個論點背後都有一連串的神經科學與社會心理學的研究實驗成果作為支持；這些實驗不僅科學，而且有趣。積極正面地提出了人們如何在「心」與「智」之間，更完善地認知「人生」與「幸福」這些抽象、不確定概念的真實含義。

我感受最深刻的，是有關愛與工作的能力那部分。佛洛伊德有句名言：「生命中唯一重要的事情是愛情和工作。」俄國思想家托爾斯泰也說過：「只要一個人知道如何工作，如何愛人，就可以擁有精采的人生。」海德對此做了補充。他分析說，大部分人對工作有三種態度：差事，職業，事業。不過，這種劃分和工作本身並沒有必然的關係。一位名校學者可以把工作當差事，一位醫院雜工可以認為自己的工作是事業。關鍵在於，你認為工作是什麼，它就是什麼。大象和騎象人的協調，感性和理性之間的互動在很大程度上決定了我們對萬事萬物（包括幸福、人生、愛、工作、金錢等）的認知與感受，影響我們去體驗及判斷「什麼是什麼」。

在我為那位企業家朋友推薦閱讀《象與騎象人》後不久，他興奮地對我說：「你介紹的這本書棒極了，簡直是管理決策學的經典！我把海德說的大象自我膨脹的本性，應用在我們管理決策的困擾之中。作為企業領導者，我們常常只看見對方眼中的刺，卻看不到自己眼中的梁木，優點和功勞全是自己的，缺點和過錯都是別人的。這種『大象本性』會直接影響管理者對部屬的評估及管理……」果然，由心理學到管理學，你認為是什麼，它就是什麼！

有人說，尋找人生智慧，要從自己最意想不到的地方開始。希望每位讀者都可以從《象與騎象人》這本智慧之作中收穫意想不到的感悟。本書無論哪方面，都能為大家帶來裨益。

（本文作者為全球華人正向心理學協會主席、劍橋大學幸福研究院亞太主任）

（湛廬文化提供）

〈中文版序〉

從遠古智慧到現代科學

一開始，我的初衷是寫一本有關人類曾經有過的偉大心理學觀點的書。但最終，這本書呈現出了許多關於如何有效地與他人交往、如何獲得安寧，以及如何擁有蓬勃豐盈人生的見解。

我們來自地球的各個不同角落，彼此都心懷感激，感激我們最富冒險精神的歷代祖先所做的諸多交流。作為學者，我寫這本書的最大樂趣就是，發現這些交流一直在人類遠親之間展開。雖然世界各地早期人類種植的作物不同、崇拜的神不同、創造的語言不同，但是他們都開始了相同的發現之旅。他們都想知道：要使生活變得更加美好，我們能做些什麼？怎樣才能馴服這個環境及每個人，使大家一起生活在和平與幸福之中？

在農業生產過剩後，藝術、科學及哲學得以迅速發展，每個偉大的文明中心都養育了一群思想家，他們殫精竭慮地探索那些仍然困擾我們的偉大神秘事物：宇宙、城邦及心理的運行方式……在中華地區及地中海世界（還有印度），那些偉大的思想家得出了許多相同的結論。他們關於「心」的共同洞悉正是本書的主題。孔子和耶穌都強調互惠的力量，並以此幫助人們好好地生活下去。孟子和莎士比亞都美好地刻畫情感的力量，並以此激勵我們的思考與道德。在讀東方古代哲學時，我有這種感覺，即我才華橫溢的「叔叔」為後代子孫留下了寶貴的見地，而且雖然他與我相隔一百多代，卻依然是我們家庭的重要成員。古代華人遇到的問題及他們得出的結論，與我們在以色列、希臘及羅馬的文化「父母」並無太大的不同。

我東方的「叔叔嬸嬸們」也有他們獨一無二的洞悉，一個非常偉大的觀點，即我在本書總結時提到的「陰陽觀」。誠然，我們在西方也能找到這樣的痕跡，但只有在東方，這種關於生命、矛盾和社會的透視達到了發展歷程的最高峰。而在我一神論的「父母」那裡，絕對的「善」對抗絕對的「惡」這樣的觀念要更加盛行，也因此往往會造成災難性的後果。

從一九九九年開始，我就活躍在正向心理學領域中，當時馬汀．塞利格曼邀請了十八位在正向心理學領域頗有建樹的年輕研究者到墨西哥的旅遊勝地艾庫瑪爾，探討這個領域的未來。我見證了正向心理學的成長與繁榮，目前有幾十個國家的數千名研究者與實踐者投身其中。

在馬汀．塞利格曼的早期著作中，他描述了三種生活：愉悅的生活（充滿了積極體驗）、美好的生活（利用個人優勢與他人建立聯繫），以及有意義的生活（利用個人優勢投身於比自我更宏大、更持久的事情）。後來，他在《邁向圓滿》一書中又細分為：正向情緒（快樂和愉悅）、全心投入（忘我的福樂境界）、正向人際關係（他人的重要性）、追求意義（更大更高的目的）和正向成就（挑戰有價值的事）。

其中唯一新增加的內容是「正向成就」，正向心理學家對此探討得不多。

我們普遍接受的觀點是，一旦收入達到一定的水平，金錢便買不到幸福了。然而，目前一些研究者發現，幸福與收入之間的相關性比我們過去認為的更大。儘管收入的絕對水平不是非常重要，但是聲望和其他人眼中流露出來的尊重與否卻很重要，因此成功也是重要的，無論它是否能帶給你財富。最後，財富本身存在多種相互矛盾的效應：它有時會破壞人際關係，而通過辛勤勞動獲得財富的人（相對於中彩票）會得到周圍人的尊重，由此帶來更大的幸福感。

我成為父親後更加清楚地看到，浪漫愛情的基礎更多的是有關親子依戀的傳統心理學。在我看來，孩子就是打開心靈房間的鑰匙，而我們以前都不知道有這樣的房間存在。

二〇一二年夏天，我離開了曾經工作生活了十六年的維吉尼亞大學心理學系，搬到紐約大學史登商學院。我的目標是在組織中運用正向心理學及道德心理學。

我希望正向心理學能幫助企業繁榮興旺，這不僅對企業的利益相關者、企業員工是有利的，也有利於我們這個日益複雜、全球化的社會。

當現代世界實現了一定程度的貿易、遷徙，以及我們偉大「父母」想不到的融合時，我們也更加注意血緣關係、你我的不同，以及相互學習的能力。非常高興和你一起分享我傾聽所有祖先而學到的知識與心得。

目錄
CONTENS

〈推薦序〉人生與幸福：你認為是什麼，它就是什麼　蘇德中　004
〈中文版序〉從遠古智慧到現代科學　007
〈前言〉十個幸福假設　015

Part I 人的心理是如何運作的【人象對峙】

第1章　分裂的自我，使你產生心理衝突　022

我們的「心」，是頭放任的大象；我們的「智」，是具備掌控能力的騎象人，心與智往往意見相左，各行其是……

Key Points → 四種自我分裂的方式、阻礙幸福的三大障礙

第2章　是什麼讓你不幸福？　054

人生取決於自己如何看待，一切都是思想在作祟。只有在我們了解自我是分裂而非一體的，了解人有負面情緒傾向及不同情感類型後，才能幫助自己面對人生。

〈前言〉
十個幸福假設

我該做什麼，該怎麼過日子，該成為怎樣的人？許多人都曾這樣自問過。活在如此便利的現代世界裡，無須上山下海，我們就可以找到答案。現在，智慧如此廉價氾濫，日曆、茶包、瓶蓋或好心的朋友轉寄過來的大量電子郵件等，處處可見智慧之語。我們就像阿根廷小說家波赫士的名著《巴別塔圖書館》中描寫的居民——一座廣大無邊的圖書館裡藏著所有文字記載，在圖書館某處藏著一本書，那本書解釋了這座圖書館存在的原因及使用須知。但是波赫士筆下的圖書館員卻懷疑自己永遠都無法從一大堆無意義的書中找到那本書。

我們的前景要比波赫士小說中的人物好得多。許多智慧之語確實都擲地有聲，而且真實無虛。然而，我們的圖書館實在是太大了，每個人都只看過一小部分藏書，所以我們正為藏書豐富的矛盾而煩惱：書籍越多，閱讀品質反而變得越低。面對浩瀚書海，我們通常不是囫圇吞棗，就是只看書評。我們很可能已看過一些有價值的觀念，如果當時仔細欣賞、用心體會，並應用在生活中，或許我們的人生早已改變。

本書將討論十個觀念。每一章會針對世界文明的某個重要觀念，以科學研究的角度深入剖析，並從中汲取可應用到現代生活的精華。

我是一位社會心理學家，做過許多實驗想了解人類社會生活的某些面向，特別是道德與道德情緒。除了做研究之外，我也在大學教授過心理學入門的課程。那是一個大班的課程，我得利用二十四堂課向學生介紹心理學整個領域的主要內容。從解說視網膜結構到愛的運作過程，我得提出一千個研究結果以作為佐證，希望學生能充分了解，銘記在心。

經歷第一年的教書經驗之後，我意識到有好幾個觀念一直重複出現，而以前的思想家也常針對這些觀念發表高見。因為人是通過心理過濾（mental filter）來看這個世界的，所以我們會出現某些情緒，會對事件有反應，且出現某些心理疾病。正如莎士比亞所言：「事情沒有好壞，是人的思想在作祟。」我會用這句話來幫學生記住心理學的重要觀念，同時，我也開始思考類似的觀念還有哪些。

為了一探究竟，我看了不少古代的智慧傑作，其中以世界三大古典思想領域為主：印度的《奧義書》、古印度道德文本《薄伽梵歌》，中國的《論語》《道德經》及孟子等其他哲學家的著作，還有地中海文明的《聖經》、希臘及羅馬時代的哲學、伊斯蘭教的《古蘭經》。此外，過去五百年來的哲學及文學作品我也看了不少。每當我發現跟心理學有關的主張——有關人性的說明，或是心理如何運作時，我就會寫下來。只要發現有某個觀念在不同的地方、不同的時間重複出現，便把它列為重要觀念。不過，我並非機械式地把人類最受歡迎的心理學觀念列出來，我的選擇標準是連貫性重於出現頻率。我想探討的觀念不僅彼此間相融相符、互為表裡，還可讓我們了解人類如何找到幸福及人生的意義。

正向心理學的目標，就是要幫助大家找到幸福和意義。我在正向心理學這個領域向來活躍，所以本書也可說是運用古代智慧來找尋正向心理學的源頭，並探討現今正向心理學的應用。本書大部分涵蓋的研究，都不是由正向心理學家所做，而是由其他領域的科學家來完成的。我將在本書引用十個觀念，再援引多項現代研究成果，來告訴大家人類繁盛發展的原因，以及我們在邁向幸福之路上為自己設置的障礙。

本書第一部分先說明人的心理是如何運作的。當然，這不是非常詳盡的說明，而是在我們運用現代心理學來改善自己的生活之前，必須了解的兩個真理。第一個真理是本書的最基本觀念：人的心理分成若干部分，有時彼此還會互相衝突。一部分就像一個騎在大象背上的騎象人，能進行自覺的、推理性的思考，但是無法完全控制大象的行為。現在，我們知道心理為何有這樣的分類，也知道某些方法可以幫助騎象人與大象相互協調合作。第二個觀念就是莎士比亞所說的：「都是人的思想在作祟。」或如佛陀所言：「諸法意先導，意主意造作。」現在我們已能解釋為何大部分人面對威脅時都懷有偏見，而且總是為此煩憂不已。只要我們能運用三項技巧來提升內心的幸福感，就可以糾正自己的偏見。

本書接著要討論的是人的群體生活——同樣，也不是巨細靡遺式的說明，而是僅探討兩個眾人皆知卻不甚了解的古老真理。第一個就是「為人準則」。互惠是與人相處最重要的準則，我將告訴大家如何善用互惠之道來解決自己的人生問題，並避免讓人藉互惠之道來利用我們。互惠不只是與人相處之道，還能告訴我們人的本質及需要，這也是本書後續諸多觀念的線索所在。第二個真理是：人天生就是「道德虛偽」，這就是為什麼人們很難忠實地遵照為人準則行事的原因。近來，心理學方面的研究已發現人的心理有一種機制，這種機制會讓我們一眼就能看到鄰人眼中的刺，卻看不到自己眼中的梁木。如果你知道自己的心理愛好，也了解自己為何會透過扭曲的鏡片來看世界的善惡，你就不會再那麼自以為是。如此一來，你跟那些同樣也很自以為是的人發生衝突的概率，會大大地降低。

到這個階段，我們準備好要提出以下問題：幸福來自何處？關於幸福，有幾個不同的「假設」，其中一個假設為：幸福來自得到自己想要的東西，但是我們都知道（研究也證實）這種幸福維持不了多久。另一個假設則是：幸福來自人的內心，所以強求世界符合自己內心的想法，是不可能得到幸福的。古人很盛行這種觀念：印度的佛陀和古希臘及羅馬時代的斯多噶學派的哲學家，無不勸大家斷除自己對外在的人和事的情感依戀，因為外在的人事變幻莫測，難以掌控，還不如自己學會接受現實。

這種想法有其值得尊敬之處。面對挫折，改變自己的內心確實要比改變外在世界來得容易。但是我會提出證據證明，第二個有關幸福的假設是錯誤的。最近的研究已指出，有些事物是值得我們努力追求的，某些外在生活條件能讓我們更幸福。其中一個條件就是關係，即我們跟別人之間形成的必要連結。我會提出相關研究來證明愛來自何處，為何激情很快就消退，以及哪一種愛才是「真」愛。我也建議將佛陀及斯多噶學派所提出的幸福假設修正如下：幸福不只來自我們的內心，也來自外在。我們需要古老智慧及現代科學的引導，以獲得兩者間的平衡。

接下來，我將探討人的成長及發展需要哪些條件。我們都聽過：凡殺不死我的，必使我更強大，但這個說法恐怕有過度簡化的危險。很多事情雖打不倒我們，卻會對我們造成一輩子的傷害。「創傷後成長」告訴我們，人會在何時、又為何能從逆境中成長，我們如何為創傷做好準備，以及在事件發生後如何面對創傷。我們也常聽到，要大家努力培養自身的美德，因為美德本身就是最好的回報。不過，這種說法同樣也有過度簡化之嫌。我會說明幾個世紀以來，有關美德及道德的觀念已有所改變，且越來越狹隘，但古代關於美德及道德的觀念對現代人而言仍具深義。我也會說明正向心理學如何為大家提出新的願景，讓大家「診斷」並發展自己的優點及美德。

本書結尾提出了人生意義的問題。為什麼有些人能找到人生的意義和目的並實現，而有些人卻做不到？一開始我會探討一個很普遍的觀念：人的存在有一種精神層面的垂直向度。

你稱之為「高貴、美德或神性」也好，你信不信上帝也罷，人真的會在別人身上或在大自然中感受到神聖、莊嚴或那種難以形容的善。我會提出我個人關於厭惡、提升、敬畏等道德情緒的研究，以此解釋這種垂直向度如何運作，又為何該向度是了解宗教基要主義、政治文化論戰及人類渴求意義的一大關鍵。我還會探討當人們提出「人生意義為何」這樣的問題時，心中所指的到底是什麼。針對這個問題，我也會給出答案——這個答案源自古老的觀念，卻用現代的研究來超越古代觀念的局限和任何既有的觀念。與此同時，我將最後一次修正幸福的假設。我可以在此用簡單的幾個字告訴大家答案，但是簡短的前言實在無法解釋清楚，而且也會貶低其價值。智慧之語、人生意義，甚至是波赫士書中的圖書館員所追求的答案——每天充斥在我們的生活之中，除非我們用心欣賞，花時間去了解、質問、改進，把它跟自己的生活連結起來，否則智慧之語仍只是智慧之語，與我們又有什麼關係呢？

Part · I

人的心理是如何運作的

【人象對峙】

第1章 分裂的自我，使你產生心理衝突

兒時我騎過馬，那次有人用短繩牽著馬走，這輩子我第一次自己騎馬，沒人用繩子拉，則是在一九九一年到北卡羅來納州的國家公園旅遊時。當時我並非單獨騎馬，同行的還有八個人，其中一位是國家公園的管理員，所以那趟路騎來並不算太難。不過，路上一度出現驚險狀況。我們是兩兩並排沿著陡峭的山邊往前騎。我的馬走外側，離山崖邊大約一公尺左右。後來，山路突然向左急轉，我騎的馬卻一直朝山崖邊走。我整個人都嚇僵了，心裡知道必須叫馬左轉，但左邊還有另一匹馬，我不希望撞到牠。當時我應該大聲呼救或尖叫「小心」，腦中卻有另一個聲音慫恿自己：何不冒險走到山崖邊，看看自己會做出什麼蠢事。最後我便杵在那裡。在千鈞一髮之際，我其實什麼都沒做，而後我騎的馬和我左邊的馬便鎮定地左轉

繼續往前走。

驚魂甫定，我不禁嘲笑自己先前那莫名的恐懼。我騎的那匹馬很清楚自己在做什麼。這條路牠已經走過數百回，牠比我更不想跌下山崖。牠其實並不需要我的指揮，事實上，有時候我想對牠發號施令，牠似乎還不太理我。我之所以會對馬產生這種錯覺，是因為過去十年我都是開車，而不是騎馬。開車時，除非你給汽車輸入停止的指令，否則車子會一路衝過山崖。

有關心理的古老比喻

人類需要用比喻來思考。我們對新事物或複雜事物的理解，是借助於已知的事物與前者間的關聯。譬如，一般來說，我們很難用空泛的角度思考人生，但如果用「人生有如一段旅程」這樣的比喻，我們就能得出一些結論：走這段旅程之前，我們應該先了解地形，選好方向，找幾位好旅伴，如此才能好好享受這段旅程，因為走到旅途的盡頭，可能什麼都沒有。

同樣，我們也很難思考何謂「心理」，但是一旦我們找到適當的比喻，頓時就會豁然開朗。翻開歷史，人類一直和動物生活在一起，也一直想操控動物，於是，古人便拿動物來做種種比喻。例如，佛陀便將人的「心理」比喻為野生大象：

我此過去心——任意隨所欲，隨愛好遊行。我今悉調伏，如象師持鉤，（制御）泌液象。

〈出自《南傳法句經》〉

柏拉圖也用過類似的比喻。他把自我「心靈」（soul）比喻成一輛馬車，而由「心理」的冷靜、理性的那一面來駕馭馬車，柏拉圖的馬夫必須駕馭兩匹馬：

右邊這匹馬氣宇軒昂，體形挺拔強健，脖子長又直，鼻子有貴相……這匹馬很自愛，也知謙虛自制；重視榮譽感，所以無須鞭打，只要下指令即可。但另一匹馬卻四肢彎曲，關節粗大……動作粗野無禮，耳朵四周毛髮雜亂，聾得像根柱子似的，只有用馬鞭抽牠，用馬刺刺牠，才能讓牠就範。

柏拉圖認為，人的某些情緒及熱情是好的（比如榮譽感），因為它們可以將自我導向正途；有些情緒卻是有害的（比如欲望及貪念）。柏拉圖式的教育目標旨在幫助馬夫，讓他得以完全馴服這兩匹馬。兩千三百年以後，佛洛伊德提出相關的模型。他指出，人格分成三個部分：自我（即有意識、理性的自我）、超我（即道德良心，有時會過於拘泥於社會規範），以及本我（即享樂的欲望，各種欲望，總想及時行樂）。每每我上課說到佛洛伊德時，會以馬和馬車來比喻人的心理，馬車夫（自我）為了駕馭饑餓、貪婪又不聽話的馬兒（本我），總得經過一場激烈奮戰。同時，馬車夫那坐在後座的父親（超我）卻還一路對他說教。佛洛伊德認為，精神分析的目的就是透過強化自我，讓自我能更好地控制本我，並擺脫超我的束縛。

在佛洛伊德、柏拉圖和釋迦牟尼的時代，生活中有許多馴化後的動物。人類得費盡九牛二虎之力，才有辦法將個人意志施加在這些身形龐大的動物身上，個中艱苦，他們知之甚詳。然而進入二十世紀後，汽車逐漸取代馬，科技的進步也讓人類對外在世界獲得了更大的控制力。所以現代人在尋找比喻時，開始把心理比喻為汽車駕駛，或是驅動電腦的程式。而佛洛伊德所說的那些潛意識，早被大家忘得一乾二淨，於是現代人只研究思考及決策機制。近四分之三世紀以來，社會科學家就是朝這樣的方向在邁進：社會心理學家們創造出「訊息處理」理論，用來解釋所有從偏見到友誼等種種人類生活形態；經濟學家創造出「理性選擇」模式，用來解釋人類行為的原因。所有社會科學口徑一致地主張：人類是理性的個體，會利用手邊所能掌握到的資訊及資源，恰當地設定目標，達成目標。

然而，為什麼人還是會控制不了自己，老是做出自知會對自己不利的事呢？就以我自己為例，面對菜單上出現的甜點我絕不會動心，但看到放在桌上的甜點我卻無法抗拒。我能下定決心，在手邊工作完成前絕不起身離座，但我卻發現自己會跑進廚房，或一再藉故拖延，無法專心做事。我也可以下決心，一定要在清晨六點起床寫作，但等我關掉鬧鐘之後，我對自己所下的起床指令最後還是破功。

我可以體會為何柏拉圖把不乖的馬形容成「聾得像根柱子似的」。面對生活中一些重大的決定，我真的開始對有些事感到無力。我明明知道自己該做什麼，甚至也告訴朋友我會那麼做，自己卻隱約知道我不會做。罪惡感、貪欲或恐懼通常會戰勝理智。（相反地，類似情況發生在朋友身上時，我就會講出一番大道理，告訴他們如何做才對。）對以上我這樣的處境，羅馬詩人奧維德在《變形記》裡，有一段非常傳神的描述。女主角美狄亞夾在自己對傑森的愛與對父親的責任之間，左右為難，痛苦萬分。她哀歎道：

> 一股奇妙的力量牽引著我向前。情欲及理性各自朝不同的方向拉扯著我。我很清楚哪一條是正確的路，心裡也很認同，而我卻踏上錯誤的路。

現代有關理性選擇和訊息處理的理論並不足以解釋人類意志的軟弱。古代人駕馭動物的比喻則十分有用。當我在思考自己為何老是那麼軟弱時，我聯想到的自我形象就像我是一個騎在大象背上的人。我手裡握著韁繩，只要動動韁繩，我就可以指揮大象轉彎、停止或往前走。不過，只有在大象沒有自己的欲望時，我才指揮得了大象。一旦大象真的想做什麼，我就根本鬥不過牠。

十年來，我都以這種比喻來引導自己思考。動手寫這本書時，我認為坐在象背上的騎象人的形象很適合用在第 1 章——分裂的自我。最後我發現，這個比喻其實適用於本書每一章。

四種自我分裂的方式

想了解心理學最重要的概念，就得先了解人類的「心理」究竟分成幾個部分，不同的部分為何會互相衝突。我們認為，每副軀體裡都住著一個人，但從某些角度來看，我們每個人其實都像一個委員會，這個委員會的成員是為了執行工作而硬被湊在一起，所以總是發現彼此意見相左，各行其是。對人的「心理」的區分有四種方式，分別是心靈和身體、左腦和右腦、理性和感性、控制化和自動化。第四種最重要，因為它最符合騎象人及大象的比喻，不過前面三種區分方式也能解釋我們在面對誘惑、軟弱及內在衝突時的一些體驗。

自我分裂1：心靈和身體

法國哲學家蒙田指出，身體每個部位都有自己的情緒及主張。陰莖的獨立性最讓他迷惑：

大家都注意到「那話兒」有多麼放肆、不聽指揮，我們不想要它勃起，它就自顧自地勃起；但最需要它表現時，卻又時機不當地讓我們洩氣。它根本就是氣焰高漲地在和我們的意志爭奪主控權。

蒙田也提到，我們的臉部表情如何洩露了內心的祕密；我們的毛髮豎起、心跳加速、張口結舌說不出話來；腸和肛門括約肌的擴張或收縮，都不受我們控制，甚至我們不要它們擴張或收縮，它們還會唱反調。現在我們了解，某些生理反應是由自律神經系統引起。自律神經系統掌控我們身體的器官和腺體，完全自主，不受意志控制。不過，蒙田所列的最後一項──腸，則反映出第二個腦的運作。我們的腸是由一個巨大的神經網路排列而成，該神經網路包含一億多個神經元。這些神經元處理消化作用和從食物攝取營養的所有運算。這個腸腦猶如一個區域行政中心，負責處理不需頭腦處理的運作。你可能會以為腸腦會接收到頭腦發出的指令，並依指令行事。事實上，腸腦擁有高度自主權，即便連接它和頭腦之間的迷走神經斷裂，腸腦仍可照常運作。

腸腦在許多方面都顯現出獨立性：當它「決定」要排便時，就會刺激腸子蠕動症狀。當它偵測到腸道受感染時，就會引發腦部產生焦慮感，讓你在生病時行為更謹慎。對所有會影響到其主要神經傳導系統的物質，像乙醯膽鹼和血清素，腸腦都有著令人意想不到的反應。許多像百憂解或其他選擇性血清素再吸收抑制劑的初期副作用，便包括了噁心、腸功能改變等。改善頭腦的運作，也會直接干擾到腸腦的運作。腸腦的獨立性，加上生殖器變硬變軟的自主性，可能就此形成了古老的印度理論——腹部分成三個「脈輪」，這些能量中心分別對應著結腸／肛門、性器官和腸子。甚至有一說，臍輪是一些如預感及直覺，也就是一些來自心理以外想法的來源之處。當聖徒保羅在哀歎情欲和聖靈之戰時，其言下之意必然與蒙田體驗到的挫折及心理區分相符合。

自我分裂 2：左腦和右腦

第二種區分方式則是神經外科醫生喬．伯根在一九六〇年代開始為病人做腦手術時意外發現的。他做這項手術的理由非常正當：為了幫助生活飽受經常性嚴重癲癇發作之苦的病人。人腦有兩個腦半球，連接左右兩大半腦的神經纖維稱做胼胝體。癲癇發作時，都是從腦部某個點擴散到附近的腦細胞組織。一旦癲癇發作跨越胼胝體，就會擴散到整個腦部，導致病人失去意識、跌倒，還會不受控制地抽動身體。就如同軍事將領把橋炸掉以阻擋敵軍過橋，伯根醫生希望借著切斷胼胝體來阻止癲癇發作的擴散。

乍看之下，動這種手術簡直就是瘋了，因為胼胝體是人體最大的神經纖維，它必然具有重要功能。事實也是如此，它是左右兩個大腦半球之間溝通和協調的橋梁。然而，我們從動物實驗的研究發現，這項腦手術進行幾週之後，動物大致都恢復正常。所以，伯根決定冒險為病人開刀，結果成功了。病人癲癇發作次數在手術後大幅減少。

不過，這項手術真的不會讓病人喪失任何功能嗎？為了找出答案，手術小組外聘了年輕的心理學家葛詹尼加（Michael Gazzaniga），由他來研究這項分裂腦部手術產生的後遺症。葛詹尼加充分利用「人腦分左右腦來處理外在資訊」這個事實來展開研究。左腦接收來自人體右半邊的資訊（即左腦接受來自右手、右腳和右耳的神經傳導），並發出命令以移動右手右腳。在這方面，右腦與左腦呈鏡像對比，即右腦接收來自人體左側的資訊，並控制左側身體的動作。沒有人知道為什麼所有脊椎動物的資訊接收都是左右交叉傳遞，但事實就是如此。不過在其他方面，左右腦則是各司其職。左腦專司語言處理及分析，也比較善於觀察細微之處。右腦則比較善於處理立體圖形，包括最重要的立體圖形——臉。（那個普遍且過於簡化的觀念——藝術家屬於「右腦發達者」，科學家屬於「左腦發達者」即源於此。）

♥ 幸福實驗

葛詹尼加利用大腦的分工來觀察資訊如何分別流向左右腦。他要病人注視著螢幕上的某個點，然後讓某個詞或某物體的圖片快速出現在這個點的右邊或左邊，閃現的速度快到病人連移動視線的時間都來不及。如果這個點的右邊閃過一張帽子的圖片，這個影像就會落在視網膜的左半邊上（在影像通過角膜並顛倒後），之後視網膜會將這個神經資訊送回到左腦的視覺處理區。

葛詹尼加接著會問病人：「你看到了什麼？」因為左腦擁有完整的語言能力，所以這位元病人會立即輕鬆地答道：「一頂帽子。」如果帽子的影像是閃在這個點的左邊，那麼這個資訊就只會被送回到非掌管語言的右腦。此時，葛詹尼加問病人「你看到了什麼」，病人就會回答：「什麼都沒看到。」不過，當葛詹尼加要病人用左手從一張有好幾個圖像的卡片中指出正確的圖像時，病人卻會指這頂帽子。雖然右腦確實看到了這頂帽子，卻無法用語言回答，因為它沒有拿到進入左腦語言中樞的通行證。這就像是有另一種獨立的智慧被困在右腦，而唯一的輸出裝置就是左手。

在葛詹尼加對左右腦閃現不同圖片後，情況變得更為詭異。有一次，葛詹尼加對右邊閃現一張雞爪圖片，對左邊則閃示一張車子埋在雪堆中的圖片。接著，葛詹尼加拿出一堆圖片擺在這名病人面前，要他指出哪一張圖片和他之前看到的圖片可以「配得起來」。病人的右手指著一張雞的圖片（這張和左腦之前看到的雞爪有關），但他的左手卻指著一張鏟子的圖片（這張圖片和右腦所看到的雪景有關聯）。當葛詹尼加要病人解釋他的反應時，他不是回答「我不清楚為什麼我的左手會指鏟子」，而是左腦立即編出一個很精采的故事。這位病人毫不猶豫地說：「啊！簡單。雞腳配雞，所以你需要一把鏟子來清理雞舍。」

這種動不動就杜撰各種理由來解釋自己行為的病症被稱為「錯構虛談症」（confabulation）。動過裂腦手術的病人，以及其他腦部受過傷的病人都常表現出虛談症狀，葛詹尼加稱左腦的語言中樞為大腦的詮釋模組，它的作用是針對自我所做的一切，馬上做出評論，即使它根本無從得知「自我行為」的真正原因或動機，也還是會做出反應。舉例來說，如果對右腦閃現「走」這個字，病人可能就會站起來走掉。不過問他為何站起來，他也許會回答：「我要去拿可樂。」左腦的語言中樞非常擅長編出各種解釋，卻不知道行為背後真正的原因。

科學上甚至還有更怪異的發現。有些做過裂腦手術，或胼胝體受過傷的病人，其右腦似乎會跟左腦作對，形成一種名為異手症（alien hand syndrome）的症狀。有異手症的病人，有一隻手，通常是左手，會按照它自己的意志做出反應，似乎自有主張。這隻手可能會拿起正在響鈴的話筒，卻拒絕把話筒交給另一隻手或放在耳邊。這隻手會拒絕主人做的選擇。例如，它會把另一隻手剛從衣架上取下的襯衫掛回去。它會抓住另一隻手的手腕，阻止主人執行自己的計畫。有時，這隻手真的會抓住主人的脖子，想把主人勒死。

以上出現的這些戲劇化的心理分歧現象，都是因罕見的裂腦手術造成的。正常人並非如此。不過，裂腦研究對心理學而言相當重要，因為這研究顯示：人的心理是由獨立運作的模組聯合而成，有時候，意見相左、各行其是。裂腦研究對本書也很重要，因為它以一種戲劇化的方式告訴我們，在這些模組中有一組很擅長為我們的行為編出各種頗具說服力的解釋，即使它對導致這些行為背後的原因一無所知。葛詹尼加的「詮釋模組」本質上就是騎象人。我在之後幾章會告訴你騎象人如何胡謅下去。

自我分裂3：理性和感性

脊椎動物的大腦原先分為三部分：後腦（跟脊柱相聯結）、中腦和前腦（跟動物前半部感覺器官相聯結）。一段時間過後，脊椎動物進化出更複雜的身體構造及行為，大腦也不斷地向前擴大，脫離脊柱，其中又以前腦的擴張最為明顯。最早期哺乳動物的前腦已發展出新的外殼，這個外殼包括有下視丘（專司協調基本衝動及動機）、海馬（專司記憶）及杏仁核（專司情緒學習及反應）。有時候我們稱這些組織為「邊緣系統」，因為這些組織將大腦其他部分包裹起來，形成一道邊界。

隨著哺乳動物的體型越來越大，行為越趨變化（恐龍滅絕後），大腦改造仍持續進行。社會化行為比較高的哺乳動物，尤其是靈長類動物，其大腦則發展出一層新的神經組織，這層新的神經組織繞著邊緣系統一路延展。這個新的大腦皮質就是人類大腦的灰白質。新的大腦皮質前半部特別有趣，因為它有一部分似乎並未專司特定任務（如移動手指或處理聲音）。相反地，它是用來製造新的聯結，以用於思考、計畫及決策——即讓有機體擺脫只能針對眼前情況做出反應的命運，以便進行更複雜的運作。

額葉皮質的出現似乎可以解釋我們現在所體驗到的心理分歧。或許，額葉皮質乃理性之所在：它是柏拉圖所說的馬車夫，是聖保羅所稱的聖靈。額葉皮質已從原始的邊緣系統——柏拉圖口中的劣馬、聖保羅所稱的情欲——手中拿下控制權。我們可以稱這種解釋為普羅米修斯版的人類進化故事，因為普羅米修斯這個希臘神話中的角色從眾神手中偷了火種，然後把火種交給人類。依據普羅米修斯版的人類進化故事，人類祖先的行為原本受原始情欲及邊緣系統的衝動所主宰，一直到他們收到天神所賜予的理性時——這理性就安裝在新長出來的新大腦皮質上——人類才終於擺脫了本能的控制。

普羅米修斯版的人類進化故事聽來頗讓人心動，它使人類的地位高於其他動物，而人類之所以優於其他動物，就是因為人類有理性。同時，這個故事也讓我們注意到，人類還不是神——理性之火對人類來說還是個新玩意兒，人類尚未完全掌握理性的運用。普羅米修斯版的人類進化故事，也相當符合我們對邊緣系統及額葉皮質的一些重要的早期研究結果。例如，當下視丘部分區域直接受到細小電流的刺激時，老鼠、貓等其他哺乳動物會變得貪吃、狼吞虎嚥或性欲高漲，由此我們可看出，邊緣系統隱藏著許多基本的動物本能。相反，當人的額葉皮質受到傷害時，人的性欲及攻擊行為有時會明顯增強，因為額葉皮質是壓抑或抑制衝動反應的要角。

♥ 案例故事

維吉尼亞大學附設醫院最近就出現一個類似的病例。一位四十多歲的男老師突然開始跑去找妓女，逛兒童色情網站，還對年輕女孩子提出猥褻要求。他很快就遭到員警逮捕，被判猥褻兒童罪。被判刑的前一天，他頭痛欲裂，便跑到急診室掛急診，之前他還一時興起想強暴他的房東太太（他太太早在幾個月前就將他趕出家門）。他在跟醫生說話的時候，居然還問經過的護士想不想跟他睡覺。醫生掃描過他的腦部後發現，他的額葉皮質長了一個巨大的腫瘤，嚴重壓迫腦部其他部位，讓他的額葉皮質無法發揮原有功能──抑制不當行為及思考可能後果。動過腫瘤手術後，他這種性欲過度的行為消失了，但是第二年，他的腦部又長出一顆腫瘤，於是同樣的症狀又出現了，直到又動了手術拿掉腫瘤之後，他性欲過度的症狀才再度消失。

不過，普羅米修斯版的人類進化故事有一個缺點：它假設理性是安置在額葉皮質的，而情緒則隱身於邊緣系統中，並由理性來主導。事實上，額葉皮質讓人類感情與情緒的發展變得更豐富。前額葉皮質的下側第三部位稱為眼窩額葉皮質，因為大腦這個部位剛好位於眼睛上方。人類及其他靈長類動物在這個部位的大腦皮質長得特別大，每當人類及其他靈長類動物情緒有所反應時，該部位皮質亦是大腦出現明顯活動的區域之一。當我們在評估種種利弊得失的可能性時，眼窩額葉皮質在此扮演著最重要的角色。只要大腦感覺到眼前有享樂、疼痛或得失的可能時，這個部位的大腦皮質馬上就會反應。每當我們受美食、美景或魅力人士吸引，或對死掉的動物、難聽的歌曲、相親物件感到反感時，眼窩額葉皮質就在強力放送讓我們產生「想要接近」或「想要跑掉」的情緒。看來，眼窩額葉皮質的功能比較接近本我或聖保羅口中的情欲，而非超我或聖保羅口中的聖靈。

以下一份關於腦部傷害的研究，能讓我們更好地了解眼窩額葉皮質對人類情緒反應的重要性。

♥ 幸福探索

神經學家安東尼歐．達馬吉歐（Antonio Damasio）曾研究過因中風、腫瘤或腦部遭到重擊以致額葉皮質部分功能受損的病例。二十世紀九〇年代，達馬吉歐發現，當眼窩額葉皮質某些部位受到損害時，病人會喪失大部分的情緒功能。這些病人告訴達馬吉歐，他們應該感覺到自己的情緒，但他們卻什麼感覺也沒有。針對這些病人的自主反應所做的研究也證實，這些病人沒有產生一般正常人在面對可怕景象或美景時會有的正常身體反應。不過他們分析推理及邏輯思考的能力並未受到影響，在智力測驗及對社會規則與道德規範等知識的測試中的表現也很正常。

這樣的病人接觸外在世界時會發生什麼事？現在，他們已不受情緒干擾，那麼他們是否會變得非常講求邏輯，能看穿蒙蔽其他人的感情迷霧，走向完全理性之路？情況剛好相反，他們會發現自己連簡單的決定或目標都沒辦法做出，整個生活分崩離析。當他們看著外在世界時，會心想：「我現在該幹什麼？」擺在他們眼前有好幾十種選擇，但他們的內心沒有喜惡。因此，每項選擇都必須用理性一一去分析對錯，但是因為他們內心沒有任何感覺，所以也找不到選擇的理由。而其他人面對這個世界時，充滿各種情緒的大腦會立即、自動地評估種種可能性，做出最佳選擇。只有在兩三個選擇都不錯的情況下，我們才需要用理性衡量不同選擇的利弊得失。

我們的理性其實非常依賴複雜的情感，因為只有當充滿情緒的大腦運作順暢時，理性才得以運轉。柏拉圖把理性比喻為控制桀驁不馴馬匹的馬夫，可能有過度強調智慧及馬夫力量之嫌。我認為騎象人騎在大象背上的比喻更貼近達馬吉歐的研究結果：只有理性與情感攜手合作，人才會表現出聰慧的行為，但是情緒（大象）仍負責絕大部分的工作。直到大腦出現新的大腦皮質，騎象人才開始活躍起來，大象也因此變得更加聰明。

自我分裂 4：控制化和自動化

當我逐漸發展出大象和騎象人的比喻時，社會心理學界也開始對人的心理採取類似觀點。曾經長期醉心於訊息處理模式及電腦程式這類比喻的社會心理學家們開始發現，人的心理一直有兩套處理系統在運作——控制化處理過程和自動化處理過程。

♥ 幸福實驗

假設你自願成為以下實驗的受試者。首先，實驗人員會給你幾個跟文字有關的問題，告訴你答完後就過去找他。這些問題很簡單：有幾組各含五個詞的片語，你可利用其中四個詞隨意造句。比如，用「他們／她／打擾／探望／經常」來造句，變成「他們經常探望她」或者「他們經常打擾她」。幾分鐘以後，你做完了測驗，並依照指示從實驗室出來到走道上。這時，實驗人員就站在那裡，但他正和某人聊天，看都不看你一眼。你認為你會怎麼做？嗯，如果你造的句子中有一半的句子有粗魯之意（比如，打擾／厚臉皮的／侵略地），你可能會在一兩分鐘內打斷他的談話，並對他說：「嗨，我做完了。現在我該做什麼？」可是，如果你拼湊的句子中用到跟禮貌有關的詞（他們／她／尊重／看見／通常），那麼你很可能就會乖乖地待在原地，等實驗人員發現你，而且一等就等了十分鐘。

同樣的道理，接觸到與「年老」有關的詞，我們走路會變慢；接觸與「教授」有關的詞，會讓人在玩棋盤遊戲時變得更聰明；接觸到跟「足球流氓」有關的詞，人則會變笨。這些效應不是因為我們有意識地閱讀這些詞所產生，而是當這些詞出現在我們的潛意識裡，這種效應就會發生。也就是說，這些詞是以幾百分之一秒的速度閃現在螢幕上，速度快到連我們的意識都捕捉不了。不過，我們心理的某個部分真的會看到這些詞，並設定出後續動作，而心理學家檢測的就是這些後續動作。

約翰·巴爾（John Bargh）是上述研究的先驅。巴爾的實驗顯示，大部分的心理歷程都是自動發生，根本無須我們有意識地去注意或控制它。大部分的自動化處理過程均屬完全無意識狀態，儘管某些部分顯示出有自覺。比如，我們會覺察到似乎有流動的「意識流」，它遵循自己的聯想規則，無須「自我」花任何感情在上面，或費力去引導。巴爾指出，和自動化處理過程相對的就是控制化處理過程，這種思考相當費神，一切得按步驟來，所以往往占掉我們大部分的意識。舉例來說，為了搭乘六點二十六分的班機，你何時得出門？這種事你得自覺地去思考，先選好到機場的交通工具，然後要考慮到高峰時間會堵車、天氣狀況，還有嚴格的安檢。你不能憑直覺出門。不過，如果你是開車到機場，那麼你在路上所做的每件事都屬於自動化處理：呼吸、眨眼、移動座位、做白日夢，和前車保持適當距離，甚至蹙眉咒罵那些龜速駕駛的司機。

控制化處理有其局限性，我們一次只能有意識地思考一件事，但是自動化處理卻能多軌同時進行，且立即處理許多任務。控制化處理和自動化處理之間究竟是什麼關係？控制化處理是能處理最重要問題，並為比較愚笨的自動化處理制定出具前瞻性政策的明智老闆、國王或總裁嗎？不，這會讓我們又回到普羅米修斯版的人類進化論和神聖理性的結論。為了一勞永逸地驅散普羅米修斯式的神話，我們應追溯人類進化的過程，好好研究我們的心理為何會有這兩種處理過程，為何我們會有個瘦小的騎象人與碩大的大象。

六億多年以前，最初的團狀神經元形成最原始的大腦，之後，大腦的體積一直增大，可見這些團狀物必然賦予大腦機制某種優勢。大腦因為能整合動物身體不同部位所傳來的資訊，以便迅速自動地對周遭的威脅和機會做出反應，所以具有很強的適應力。三百萬年前，地球已生存著各種擁有複雜自動化能力的動物，其中，鳥類有靠星星定位的飛行能力，螞蟻能同心協力作戰並開墾出菌田，而具人類特徵的動物則已開始製作工具。這當中許多生物已擁有溝通能力，但沒有任何一種動物發展出語言。

控制化處理需要語言。你可以透過影像產生千絲萬縷的想法，可是要有語言才能周詳地規畫事情，衡量不同方法的利弊得失，分析過往成敗的原因。沒人知道人類是在多久以前發展出語言的，但大多估計產生於兩百萬到四萬年之間。兩百萬年前，類人動物的大腦已變大許多。四萬年前的洞窟壁畫和其他手工製品則已顯露出現代人類的心理。不論你是贊成兩百萬年前還是四萬年前，語言、推理與規畫能力都是在進化中瞬間出現的。就像一種新軟體，一種可稱為「騎象人版本1.0」的軟體。雖然人類語言的部分運作良好，但在推理和計畫程式方面仍有許多問題。相反地，自動化處理在經過數千次產品週期的考驗後已接近完美狀態。自動化處理和控制化處理的成熟度不同，這可以解釋為什麼便宜的電腦解決邏輯、數學、下棋等問題的能力，勝過任何人類（大多數人做這些事都很吃力）。然而，無論造價多昂貴的機器人，要它走路穿越樹林，一定都會輸給六歲大的小孩（人類的知覺和運動系統是一流的）。

演化從不向前看。它沒有能力規畫出從A點到B點的最佳路線。相反地，當現有形態的細小改變（透過基因突變）擴展到整個物種一定數量時，就能幫助有機物更有效地對現狀做出反應。語言進化時，人類的大腦並未重新設計好將主控權交給騎象人（有意識的語言思考）。一切運作相當順暢，語言能力大幅進展，使得大象能用更好的方式來處理更重要的事。依演化來看，騎象人應該是大象的僕人。一旦有了語言，不管起源為何，語言就會變成一種威力強大的工具，且用途多多。以演化的角度來看，最能善用語言者便是優勝者。

語言的用途之一是讓人類能局部擺脫「刺激性控制」。像史基納（B.F.Skinner）這類行為心理學家便將許多的動物行為解釋為刺激和反應間的連結關係。有些連結是天生的，比如當動物看到或聞到其所吃的食物時，就會引發體內的饑餓和進食反應。有些連結則是後天學來的，以狗為例，早在食物送達前，在狗聽到鈴響的那一刻，狗就開始分泌唾液。行為學派將動物視為環境的奴隸，其學習過程為：不管得到什麼獎賞，都只會盲目做出反應。行為主義者認為，人類和其他動物沒什麼兩樣。從這個觀點來看，我們也許可將聖保羅的感歎改寫如下：「我的情欲受制於刺激。」這樣看來，我們會發現肉體的歡愉真的很值得，也就不足為奇了。人類大腦的通信線路跟老鼠一樣，食物及性的刺激能讓我們分泌出少量的多巴胺，而這種腦部神經傳導物質，能讓我們充分享受有利於基因生存的活動。柏拉圖口中的「劣」馬在食與性上扮演著重要的推動角色，我們的祖先也是靠著食、色兩種反應才得以生存下來。

不過，行為主義者對人的看法並不完全正確。控制化系統可讓人思索長遠目標，免得總是只著眼於此時此地，一看到誘人的事物就立刻自動上鉤。人能想出眼前以外的其他不同抉擇，眼前的快樂跟長期的健康風險到底孰輕孰重，人也知道要先衡量一下。此外，人還能透過聊天學會趨吉避凶之道，以期名利雙收。然而，行為主義者對人的看法也非完全錯誤。雖然控制化系統沒有完全符合行為主義學派的說法，但它對人的行為也幾乎使不上力。透過物競天擇所形成的自動化系統會讓人做出快速、可靠的行動反應，大腦中會讓我們感到歡愉及痛苦的部分（如眼窩額葉皮質），以及大腦中會啟動與生存有關的機制（如下視丘）都包含在自動化系統中。自動化系統可被稱為啟動多巴胺的按鈕。

控制化系統的功能則比較像顧問，像是一個騎在大象背上的騎象人，可幫助大象做出更好的選擇。騎象人看得遠也想得遠，只要跟其他騎象人交談一下，或研究一下地圖，他就能學到寶貴資訊。但是，騎象人無法在違背大象本身意願的情況下命令大象。蘇格蘭哲學家大衛・休姆（David Hume）曾說道：「理性，應該只是激情的奴隸，除了服從之外，沒有其他可能。」我相信休姆這句話比柏拉圖的話更接近真理。

總的來說，騎象人扮演的是顧問的角色，也是一位僕人，他不是國王、總裁，也不是能緊控韁繩的馬夫。騎象人是葛詹尼加所稱的詮釋模組，它是有意識的、控制後的思考。相反地，大象則是騎象人以外的一切。大象包含我們內心的感覺、本能反應、情緒和直覺，這些都是自動化系統的組成要件。大象和騎象人各自擁有聰明才智，只要配合良好，便可造就出傑出的人類，但是兩者的合作關係總是狀況百出。以下就舉出三個日常生活中所出現的怪現象，來說明騎象人和大象之間的複雜關係。

阻礙幸福的三大障礙

幸福障礙1：失能的意志力

♥ 幸福實驗

假定現在是一九七〇年，你才四歲，參加了史丹佛大學教授米歇爾（Walter Mischel）主持的一項實驗。你被帶到幼稚園一間教室裡，然後有一位很和藹的叔叔拿玩具給你，還跟你玩了一會兒。之後，叔叔問你，你喜不喜歡吃棉花糖（喜歡呀），接下來，叔叔又問你，你是要現在盤子裡只有一塊棉花糖的這一盤，還是要盤子裡有兩塊棉花糖的那一盤（我當然要那盤）。然後，叔叔說他得離開教室幾分鐘，如果你能等到他回來，你就能吃到兩塊棉花糖，但是如果你不想等，你就按這個鈴，他就會回來，給你只有一塊棉花糖的那盤。這麼一來，你就不能拿有兩塊棉花糖的那盤了。說完，叔叔就走了。你瞪著棉花糖瞧，口水直流，心裡好想吃，拚命抵抗心裡的欲望。如果你跟大部分四歲孩子一樣，那你只能撐個幾分鐘，然後就按鈴了。

現在，時間跳到一九八五年，米歇爾寄了一份問卷給你父母，問卷上問到你的個性，你是不是個為了將來而會將滿足感擺在後面的人，你面對挫折的能力，還問到你的大學入學考試的成績等。填好問卷後，你父母把問卷寄回給米歇爾，結果米歇爾發現，一九七〇年你在按鈴前所等待的時間，不僅能預測出你父母對你在青少年時期的評語，還可估算出你上一流大學的可能性。四歲時能克服刺激性控制，把滿足感往後多拖延幾秒鐘的孩子，到青少年時期也更能抵擋得住誘惑，把注意力擺在功課上。當事情不如意時，也更能能控制得住自己。

其中秘訣何在？最重要的就是謀略，即孩子運用自己有限的自制力來轉移注意力的方法。在後來的研究中，米歇爾發現，表現優異的孩子懂得擺脫誘惑的控制，或想出其他好玩的活動。這種思考技巧是種情緒智商。一個情商高的人，其內心的騎象人必然技巧高超，懂得在不跟大象的意志直接起衝突的情況下，能富有技巧地分散大象的注意力，把大象安撫得服服帖帖。

單靠意志力，控制化系統是很難打敗自動化系統的。控制化系統跟一緊繃便疲憊不堪的肌肉一樣，很快就疲軟無力，舉白旗投降。不過，自動化系統則是無須費力且全年無休地自動運轉。一旦你了解刺激性控制的力量，就可以改變環境中的刺激，避開惱人的刺激來源。

如果沒辦法這麼做，那你就多想想它們不吸引人的那一面。比如，佛陀為了打破人對肉體的耽溺，便想出白骨觀的方法。只要眼睛瞪著看會讓自動化系統反感的東西，騎象人就能改變大象以後的想望。

幸福障礙2：心理干擾

♥ 幸福探索

美國小說家愛倫坡相當了解人的心理是分歧不一的。在《作怪的心魔》（The Imp of the Perverse）這篇短篇小說中，主人翁執行了完美的謀殺案，繼承了死者的遺產，並靠著這筆不義之財，快樂健康地享受了幾年逍遙日子。每當他的意識隱約出現他曾經謀財害命的念頭時，他就會喃喃自語：「我很安全。」他就這麼平安無事地過了好幾年，直到某一天，他把自己的祈禱詞改成：「我很安全——只要我不要笨到在眾人面前說出真相。」自從他的腦袋出現這個念頭之後，他開始每天坐立難安，努力壓抑那股說出真相的念頭，但他越壓抑，想把真相一吐而快的念頭就越強。最後，他嚇得驚惶失措開始拔腿快跑，大家便開始追他，後來他昏了過去，等他恢復意識後，別人告訴他，他已原原本本說出了自己謀財害命的整個過程。

我很喜歡這個故事，尤其喜歡故事的名稱。每當我站在懸崖邊、屋頂上或高高的陽臺上時，我心裡那個作怪的心魔便會在我耳邊細語：「跳呀！」那不是命令的語氣，只是一個突然跑進我腦中的詞語。每當我參加晚宴，旁邊坐著一位我很尊敬的賓客時，我心裡那個心魔便會趁機作亂，拚命鼓吹我說出最不恰當的話。誰是那個心魔？以下實驗，讓它現出原形——原來，它藏在自動化處理過程中。

♥ 幸福實驗

鬼才社會心理學家丹尼爾·韋格納（Daniel Wegner）就把這個心魔拖進實驗室。在這個實驗中，韋格納要求受試者努力不要去想某樣東西，比如白熊、食物或某種眾人心中已定型的事物。不過這真的很難辦到，更重要的是，你一停止壓抑這個念頭，這個念頭馬上便會排山倒海般地湧入你腦中，這時要擺脫這些念頭就變得更加困難。換言之，韋格納在他的實驗室製造出輕微的強迫症的做法就是要受試者不要著迷。

當控制化處理過程企圖影響大腦思考（不要想白熊）時，它其實已立下一個明確的目標。每當我們追求目標時，心理有一部分便會自動監控進度，以便進行必要的修正或知道目標達成與否。當目標是行動目標時（例如準時抵達機場），大腦的回饋系統就會運轉良好。然而當目標是心理目標時，大腦的回饋系統就出狀況了，因為自動化處理過程會一直自我檢查：「我沒在想白熊吧？」結果大腦一發現沒有在想白熊，白熊的念頭馬上就又跑出來，所以我們得花更大的力氣才能轉移注意力。最後，自動化處理過程跟控制化處理過程會花更大力氣跟對方對抗。不過因為控制化處理過程很快就疲累下來，所以最後精力無窮的自動化處理過程會一路無阻地順暢運作，這時腦中便出現一大群白熊的影像。所以，我們越想擺脫某個令人不快的念頭，這個念頭就越會陰魂不散地纏繞著我們不放。

現在，回到我的晚宴。每次參加晚宴，我的想法都很簡單，就是「不要讓自己出糗」。然而我的腦袋一出現這個念頭，我的自動化處理過程馬上就被啟動，開始搜尋任何跟蠢事有關的蛛絲馬跡。我知道批評別人額頭上那顆痣，告訴別人「我愛你」，或看到肥胖的人便大聲尖叫都是蠢事。但在意識層面，我腦海裡已出現

三個想法：批評那顆痣；說「我愛你」；看到肥胖的人便大聲尖叫。這些不是命令，而是突然跳入在我腦中的想法。

佛洛伊德就是依據這類的心理干擾及自由聯想來建立其心理分析理論的，結果他發現，

心理干擾及自由聯想通常跟性或攻擊性行為有關。但韋格納的研究則提出一個更簡單、更單純的解釋：自動化處理過程每天會產生好幾千個想法及影像，這通常是透過隨機聯想形成的。那些一直纏繞在我們腦中的念頭或影像，通常都是特別令人震驚、一直想壓抑或否認的念頭。我們之所以會壓抑這些念頭，並不是因為內心深處知道它們是真的（有些可能是真的），而是因為它們很恐怖或令人感到羞恥。一旦我們想壓抑卻又壓抑不成，這些念頭就會一直在腦中揮之不去，這就是為什麼我們會相信佛洛伊德所說的：人的內心有黑暗且邪惡的一面。

幸福障礙 3：冠冕堂皇的理由

♥ 幸福探索

茱莉跟馬克是一對親兄妹。大學放暑假，兩人一起到法國旅行。有一天晚上，他倆單獨待在海邊小木屋裡。後來兩人想到一個點子：試試跟對方做愛，這感覺一定不錯。起碼，這是兩人從未有過的經驗。於是茱莉吃了避孕藥，為了保險起見，馬克也戴了保險套。兩人都很享受跟對方做愛的感覺，但也決定僅此一次，下不為例。這晚變成兩人之間的祕密，他們的關係也因此更親密了。

兩個有手足關係的成年人在彼此同意的情況下，決定跟對方發生關係，這種事你能接受嗎？如果你跟我的大部分受訪者一樣，一定馬上就會答道：不能接受。你反對的理由是什麼？大家第一個反駁的理由通常是：亂倫會生出畸形的下一代。即使我提醒說，這對兄妹已用兩種避孕方法來避孕，但還是沒人回答「如果是這樣，那我就可以接受」。同時，大家開始找各種不同的理由，比如，「這會傷害他們之間的關係」。我又說，在這個案例中，性關係讓他們的關係更緊密，這時受訪者就會搔頭皺眉地答道：「我知道這樣就是不對，只是我很難說出我的理由。」

上述研究的重點就是，道德判斷就跟審美判斷一樣。當我們看到一幅畫時，通常馬上就知道自己喜不喜歡。如果有人要我們解釋為什麼喜歡，我們就會亂編出一番說辭。其實我們並不完全了解自己為什麼會覺得這幅畫很漂亮，但我們的詮釋模組（騎象人）就跟葛詹尼加在裂腦研究中所發現的一樣，很會編理由。你想為自己喜歡這幅畫找出一個冠冕堂皇的理由，所以你就會抓住第一個說得過去的原因（可能是顏色或光線）。道德判斷也一樣。兩人對某事意見相左時，其實是感覺在先，後來再來編理由反駁對方。就算你駁倒對方，難道對方就會改變心意，接受你的論調嗎？當然不會，因為你駁倒的，並非對方真正的立場，他的立場是在他有了判斷之後才臨時編出來的。

當有人為道德問題而爭執不休時，你不妨仔細聽聽雙方的說法，有時你會聽到很讓人意外的理由：其實是大象在控制韁繩，導引騎象人，是大象在決定何者對何者錯，何者美何者醜。內心的感覺、直覺及當下的判斷都是自動自發地即時發生（一如葛拉威爾在《決斷2秒間》所形容的在一眨眼瞬間做成的決策），但只有騎象人才能拼湊出語句，把自己反駁的理由告訴對方。進行道德判斷時，騎象人不只是大象的顧問，他會搖身一變，成為法庭上雄辯滔滔的律師，拚命想說服大象接受他的觀點。

這就是我們的處境，也就是聖保羅、佛陀、奧維德等古聖先賢的哀歎。我們的心理其實是由組織鬆散的邦聯組成的，但我們認同與注意的卻只有其中一部分——能有意識地用語言表達出來的思想。我們就像諺語裡那個站在街燈下找車鑰匙的醉漢一樣。（員警問：「你車鑰匙掉在這裡了嗎？」醉漢答道：「不是，我把車鑰匙掉在後面巷子裡，但這裡比較亮，比較好找。」）心理的運作非常龐雜，但因為我們只看得到其中的一個小角落，所以當我們感覺到不明所以的內心衝動、希望及誘

激情為轡，理性為軛。

——本傑明．富蘭克林

惑時，就會大覺意外。我們發了一大堆聲明、誓言，下了無數次的決心，但總是意外地發現自己執行的意志是那麼軟弱。有時候，我們會以為自己在跟自己的潛意識、本我或動物本能對抗，但其實這都是我們整個心理的一部分。我們既是騎象人，也是大象，兩者各有優點及特長。

第2章 是什麼讓你不幸福？

通俗心理學有個重要概念：發生在世上的任何事，唯有透過個人對事件的詮釋才能影響到自己，所以只要我們能控制自己對事件的詮釋，就能控制自己的世界。

美國著名的人際關係學大師——戴爾·卡內基曾在他的著作中提及羅馬皇帝奧里略的名言「你認為生命是什麼，它就是什麼」，無疑是改造人生的箴言。人類行為問題專家菲爾博士（Phil McGraw）則經常宣稱他的十大「生命法則」，其中有一則就是：「沒有事實，只有感受。」有時候看到以下情境，確實相當鼓舞人心：一個多年來飽受怨恨、痛苦及怒氣之苦的人，領悟到了雖然他父親早年拋棄家庭，但其實並沒有直接傷害他，父親只不過是從家裡搬了出去。從道德的角度來看，父親確實不對，但他的痛苦來自他對父親離家一事的反應，如果他能改變自己的反應，就能卸下心中二十年來的痛苦，或許還能借機了解自己的父親。

通俗心理學的厲害之處就在於發展出一套方法，引導人們獲得上述領悟。這是一項相當古老的技巧，就以羅馬哲學家波伊提烏（Anicius Boethius）為例。

波伊提烏於西元四八〇年出生於當時最顯赫的羅馬貴族家庭，自幼接受最好的教育，後來不僅在哲學領域大放光彩，還一路官運亨通。西元五一〇年，他當上了羅馬的執政官（職位最高的官職）。波伊提烏家境富裕，婚姻美滿，他的兒子後來也當上了執政官。西元五二三年，就在他個人權勢與財富達到頂峰之時，波伊提烏被控依舊效忠羅馬及羅馬元老院，背叛哥德國王狄奧多里克，而懦弱膽怯的元老院居然不顧波伊提烏曾為其辯護的情義，譴責波伊提烏通敵叛國，後來波伊提烏的財產與榮譽旦夕之間慘遭剝奪，還被關到一個遙遠的小島，於西元五二四年被處死。

以「哲學式」的態度面對一件事，表示個人能在不哭泣甚至不痛苦的情況下，接受個人所遭受的巨大苦難。我們之所以會用「哲學式」這個用詞，是因為曾有三位古代哲學家——蘇格拉底、塞內卡及波伊提烏在被處死之前，表現出過人的冷靜、自制與勇氣。但在《哲學的慰藉》一書（該書是波伊提烏於獄中所寫）中，波伊提烏承認他一開始面對此事時，根本不是什麼「哲學式」的態度，他整日哭泣，詛咒上蒼對他太不公平，怨歎自己年歲已大，哀怨一直護佑他的幸運女神如今已離他而去。

有天晚上，波伊提烏正在自怨自艾時，莊嚴的「哲學女神」現身在波伊提烏眼前，她責備波伊提烏一點哲學家的樣子也沒有。接下來，哲學女神引導他了解什麼叫「人生的再詮釋」——即現代的認知療法。哲學女神一開始要波伊提烏想想自己跟幸運女神之間的關係。哲學女神提醒波伊提烏，幸運女神向來善變，要來要走，完全隨她意。波伊提烏把幸運女神當做自己的情婦，完全摸透了她的脾胃，所以他才會長期得其眷顧。但是，波伊提烏現在有何權利要求把幸運女神拴在自己身邊呢？哲學女神幫幸運女神說出她的辯辭：

為什麼就我一個人該被剝奪原有的權利？上天給人美好的白天，接著就是黑暗的夜晚。這一年大地肥沃，花朵蔬果亮澄澄地四處綻放，但緊接著就是烏雲蔽日，霜害頻繁的欠收之年。水手航行時，大海時而晴空萬里，平靜無波，時而暴風雨肆虐，讓人嚇破膽。難道為了滿足這個人無止境的貪念，就要我違反本性，總是被綁在同一個人身邊？

哲學女神道出世事無常這個事實——改變本就是幸運女神的權利。波伊提烏曾為幸運女神眷顧，但如今好景不再。這沒什麼好憤怒的，波伊提烏反而應該心存感激，畢竟多年來他一直享有幸運女神的恩寵。現在他應該冷靜地接受幸運女神已離開他的事實。

為了安撫波伊提烏，哲學女神還用了其他幾個技巧。哲學女神告訴波伊提烏，事情發生後，波伊提烏的太太、兒子及父親跟波伊提烏之間的關係比以前更親近，而且這四個人都還健在。哲學女神讓波伊提烏看到，惡運比好運對人更有好處，因為人有了好運就會貪得無厭，但惡運則會讓人更堅強。接著哲學女神便引導波伊提烏去想像，等他死後上天堂，他便可以低頭看著這個世界，那時世界就像一個小點，而渺小的世間人則忙著上演那沒什麼意義的人間悲喜劇。哲學女神讓波伊提烏體認到，功名利祿讓人焦慮不安、貪得無厭，而非平安喜樂。

在波伊提烏學會了這些新的人世觀，自己過往的想法也受到挑戰後，最後終於準備好要接受最偉大的一課，也是佛陀與奧里略在幾個世紀前所揭示的人生大道理：「除非你覺得悲慘，否則沒有什麼是悲慘的；同理，除非你知足常樂，否則沒有什麼事能讓你快樂。」波伊提烏將這番話牢記在心，最後終於得以掙脫內心的牢籠。波伊提烏恢復以往的沉著自持，寫下《哲學的慰藉》這本安慰後世人心靈的書後，從容莊嚴地面對死亡。

我無意暗示《哲學的慰藉》這本書是羅馬時代的通俗心理學，但書中確實說出一個人因為深刻的見解而在最終獲得自由的故事。不過，我個人對此還是抱有質疑的。前章我曾說過，分裂的自我就像一名騎象人騎在大象背上一樣，我們總是過於看重騎象人（即有意識的思想）的重要性。哲學女神就跟今日的心理學大師一樣，把目標擺在騎象人身上，循循善誘，引導騎象人走到靈光一閃的那一刻。如果你的人生曾有過那靈光一閃的片刻，並下定決心改變自己的人生方向與展望，那麼你可能會發現，三個月後，你又回到原點。頓悟可以改變人生，但大部分的結果最後都只是鏡花水月，只有幾天或幾星期的熱度。僅僅是下定改變的決心，騎象人無法命令大象朝新的目標大步向前。改變要持久，唯一的辦法就是要重新訓練大象，但這非常困難。

心理學課程已成功地幫助許多人重新掌握人生，其之所以成功，不只是因為讓你茅塞頓開，更因為其找出以後得以改變人們行為的方法。只要上課的時間夠長，便可重新訓練大象。本章就要分析為何大象這麼容易擔憂、悲觀無望（即不幸福的原因），並介紹騎象人可用來對大象進行再訓練（即改變思維方式）的三種方法。

讓你不幸福的三種原因

不幸福的原因1：情感促發效應

在大象所用的語言中，最重要的字眼就是「喜歡」或「不喜歡」，「接近」或「離開」。即便是頭腦最簡單的動物也必須隨時做決定，是往左還是往右？往前走還是停下來？吃還是不吃？頭腦複雜些的動物會有足夠的能力自動且毫不費力地做決定，因為牠們腦中有一個隨時在運轉的「喜歡計量表」。如果一隻猴子試吃一種以前沒吃過的水果，感覺很甜，這時牠的「喜歡計量表」就會顯現「我喜歡」，這隻猴子就會覺得很愉悅，馬上大咬一口。如果水果吃起來是苦的，那麼猴子就會表現不悅感，也不會再咬這個水果了。這根本不需要評估正反兩種意見，或動用到分析推理系統，其依據就是心中出現的愉悅感或不悅感。

人類也有一個「喜歡計量表」，這個「喜歡計量表」無時無刻都在運轉，對我們產生的影響相當微妙。實驗顯示，我們對於自己經歷的一切事物，都會有「喜歡不喜歡」的反應，即便在無意識的情況下也是一樣。

♥ 幸福實驗

假設你參加了一個叫「情感促發」的實驗。在該實驗中，你必須坐在電腦螢幕前，瞪著電腦螢幕中央一個點。每隔幾秒，這個點所在的位置就會閃現一個詞，如果你覺得這個詞有「好」或「令人喜歡」的意思（如花園、希望、玩樂），你就要用左手敲一下按鍵；如果你覺得這個詞有「不好」或「令人討厭」的意思（如死亡、暴政、無聊），你就要用右手敲一下按鍵。

這個實驗似乎很簡單，但你會發現有些詞會讓你遲疑個零點幾秒。同時，電腦還在你不知情的情況下，在目標詞顯現之前，以每幾百分之一秒的速度在黑點的右方閃現另一個詞。這些詞雖然在你潛意識下顯現，但你的直覺系統還是會快速地讀取並透過腦中的「喜歡計量表」做出反應。如果潛意識看到的詞是「恐懼」，它就會在你的「喜歡計量表」上顯現負面反應，讓你產生一種不快之感；不到一秒之後，當你看到「無聊」這個詞，你就會以比平常更快的速度表示「無聊」這個詞有不好的意思。你對「無聊」這個詞所產生的負面評價，是受到「恐懼」這個詞的負面感覺所促發。但是，如果接在「恐懼」後面出現的是「花園」這個詞，你就得花比較長的時間才會說出「花園」這個詞有好的意思，因為你的「喜歡計量表」從「不好」轉到「好」需要花點時間。

一九八〇年代發現的「情感促發效應」（affective priming effect），開啟了心理學在間接檢測領域的發展。我們終於能避開騎象人，直接跟大象對話，大象說的話有時候聽起來夾雜不清，令人不安。例如，如果在潛意識情況下閃現的不是文字，而是改用黑人及白人的臉部照片，結果如何呢？研究人員發現，不管是哪個年齡、階級或政治傾向的美國人，只要看到黑人的臉或其他與非裔美國人文化有關的影像或文字時，都會產生負面反應。自認對黑人沒有偏見的人，平均而言，其潛意識偏見比較輕微，可見騎象人跟大象各有各的意見。雖然有很多非裔美國人也都有這種偏見，但是其他的非裔美國人則偏好黑人的臉及姓名。所以平衡地看，非裔美國人並無內隱偏見。

在與「喜歡計量表」有關的研究中，最奇特的莫過於布萊特．裴漢（Brett Pelham）的研究，裴漢發現，我們自己的名字會啟動腦中的「喜歡計量表」。只要我們一看到或聽到跟我們的名字很像的詞，我們心裡就會對這個字產生一種愉悅感，覺得這個詞很好。

對自己名字的偏好甚至會顯現於對配偶的選擇上：我們有點偏好於與名字聽起來跟自己相像的人結婚，有時候只是開頭的第一個字相似。當裴漢把他的研究結果交到我們系裡時，我很意外地發現，當時教室裡大部分夫妻檔都印證了裴漢的主張。

裴漢的研究告訴我們，人生的三大決定——做什麼工作，住什麼地方，跟誰結婚，居然都受名字的發聲這種如此細微之事的影響。人生確實是我們認為它是什麼，它就是什麼，但我們對人生的想法其實是在無意識中快速形成的。大象依本能反應，引導騎象人抵達新的目的地。

不幸福的原因 2：負面傾向

有時候，臨床心理學家會這麼告訴我們：有兩種人會尋求心理治療，第一種是需要讓自己緊繃起來的人，第二種是需要讓自己放鬆下來的人。對那些為了讓一切井然有序，努力自制，好為自己前途負責的病人來說，他們之所以就診，無非是希望能讓自己放鬆下來——心情愉快些，不要再為昨天自己在會議上說過的話，或明天午餐約會時肯定會碰到的釘子而煩憂不休。大多數人身上的大象看壞的事看得太多，看好的事看得又實在太少。

這種現象完全合理，如果由你來設計魚類的心理，你會讓魚類對機會及威脅的反應一樣強烈嗎？答案是不會，錯失一個找尋食物的線索，魚不會付出太高的代價，反正大海裡的食物多的是，一次沒吃到也餓不死。不過，如果不小心忽略了掠食者靠近的信號，那麼這條魚很可能就一命嗚呼了。如果魚類的警覺性不夠，基因很快就會遭到淘汰。當然，世界上並不會真的存在一位進化設計師，但物競天擇的結果顯示，所有物種宛如有人特意設計過一般，因為所有物種都顯現出具有自我調整以適應其生態棲息地的能力。動物界某些共同特徵甚至橫跨不同物種，所以我們稱為「物種設計原理」。其中一個設計原理是，對壞事的反應要強於對好事的反應。動物對威脅及討厭事物的反應，要比對機會及喜好事物的反應更快、更強烈、更難以克制。

這項我們稱為「負面傾向」（negativity bias）的原則，充分顯現於人類所有心理層面。在夫妻關係的互動中，一句批評的話或一個破壞性行為造成的傷害，起碼要有五個善意或建設性的行為才能彌補過來。就金融交易及賭博而言，就算輸贏的金額一樣，贏錢的快樂總比不上輸錢的痛苦。我們在評斷一個人的人格時，常會估計一個人要救過二十五條人命，才抵得過殺害一條人命的罪過。準備三餐時，食物很容易遭到污染（只要蟑螂一根觸角碰到就完了），要保持食物的潔淨卻很困難。因此，心理學家一再發現，人類的心理對壞事的反應要比對好事的反應更快、更強烈、更持久。人類的心理就是會主動去搜尋並回應威脅、侵犯及挫敗，所以我們沒辦法強迫自己從好的角度看事情。正如富蘭克林所言：「一點點病痛，我們就感覺得到，而健康得活蹦亂跳，我們卻毫無知覺。」

接下來是另一項動物界的設計原理：相反的系統彼此會互相對抗，以達到某一平衡點，但這個平衡點可以調整。移動手臂時，會有一組肌肉向外伸展，另一組肌肉往內收縮，這兩組肌肉一直處於輕微緊繃的狀態，準備隨時做出各種動作。我們的心跳及呼吸受自律神經系統的控制，自律神經系統由兩組輔助系統組成，這兩組輔助系統以相反方向推擠器官：交感神經系統讓身體隨時做出戰或逃的反應，副交感神經系統則會讓人冷靜下來。這兩組輔助系統隨時處於待命狀態，但反應的速度不同。

我們的行為受兩個相反的動機系統控制：一個是趨近系統，這個系統會引發正面的情緒反應，讓人想接近特定事物；另一個則是迴避系統，這個系統會引發負面的情緒反應，讓人想撤離或避開特定事物。這兩個系統隨時處於待命狀態，不斷監控四周環境，而且這兩個系統會在同一時間產生相反動機（我們有矛盾的感覺時，便處於這種狀態），但最後的平衡點則會決定你接下來的行為。（「喜歡計量表」就是用來描述我們內心求取平衡的一種比喻，以及其時時刻刻發生微妙變動的特性。）這個平衡點可以瞬間改變：出於好奇，你跑到事故現場一探究竟，但一看到血（在這種情況下你早該會預料到），馬上就怕得轉身走開。你想跟陌生人攀談，但一接近對方，整個人卻突然僵住。迴避系統能快速啟動，接管速度較慢（反應較弱）的趨近系統。

迴避系統之所以反應如此迅速、強烈，原因之一就是所有進入腦中的資訊，迴避系統第一個得到情報。所有來自眼睛及耳朵的神經衝動第一個抵達的部位是丘腦，丘腦是大腦的中央交換系統，神經衝動從丘腦傳送到大腦皮質不同器官的處理區，然後資訊再由這些處理區轉接到額葉皮質，資訊便在此與其他更高級的心理處理及源源不絕的意識流結合起來。如果整個資訊傳達到最後，你發現眼前出現一條嘶嘶作聲的蛇，你可以做出趕快逃跑的決定，然後命令大腿開始移動。但是因為神經衝動的移動速度一秒大約只有三十公尺，所以這麼長的傳達路徑，再加上做決定的時間，往往得花上一到兩秒的時間。這時，如果有條神經捷徑就很有幫助，而杏仁核便是那條神經捷徑。杏仁核位於丘腦下方，上端插入流經丘腦的未處理資訊流，而且杏仁核專門處理以往跟危險有關的資訊。此外，杏仁核還連接腦幹中啟動「戰或逃」反應的部位，所以一旦杏仁核發現符合先前經歷過的「恐懼」情況的資訊（例如嘶嘶聲），就會命令身體啟動紅色警戒。

你一定有過類似這樣的經驗：你本來以為房間裡只有你一個人，然而你突然聽到背後有聲音，或是像恐怖片裡那樣，有個揮舞著刀子的瘋子，在沒有背景音樂預警的情況下突然跑進畫面。碰到上述情形，你是不是整個人嚇得縮起來，心跳頓時加快？我們的身體會因為恐懼，而在前十分之一秒做出反應（透過快速的杏仁核路徑），之後的十分之九秒大腦才搞清楚發生什麼事（透過較慢的皮質路徑）。雖然杏仁核也會處理正面資訊，但大腦沒有「綠色預警」系統可立即告知身體眼前有美味的大餐或宜人的伴侶。評估正面資訊要花一到兩秒的時間，再加上大腦對壞事的反應要比對好事的反應更強、更快，所以大象在騎象人看到蛇之前就做出反應了。雖然你告訴自己，你不怕蛇，但如果你心中的大象怕蛇，而且怕到腿都舉起來了，那麼你還是會被摔下去。

最後一項關於杏仁核的重點：杏仁核不只往下連接腦幹，啟動與危險有關的反應，還向上連接額葉皮質，改變我們的思考。它會把整個大腦改成迴避導向，我們的情緒及想法兩者之間是條雙向通路：想法會產生情緒（回想自己所說過的蠢話），情緒也會產生想法，而情緒主要是透過「心理濾除程式」來處理後續資訊。一絲恐懼感會讓你對其他威脅更為警覺；你是透過一個把模糊事件解讀為潛在危險的篩檢程式來看這個世界的。如果有人冒犯你，把你惹火了，那麼在你眼中，那個人的一言一行都會帶有汙辱及侵犯你的意味。哀傷會蒙蔽你的心，讓你再也感受不到快樂和機會。有位罹患憂鬱症的知名人士曾說過：「在我眼中，這個世界多麼令人疲累、陳腐、沉悶且無益！」莎士比亞筆下的哈姆雷特也用自己的話道出與奧里略相同的喟歎：「事情沒有好壞，一切都是人的想法在作祟。」哈姆雷特說得沒錯，但他還可以加上一句：是他的負面情緒讓他自認為這世界上沒有一件好事。

不幸福的原因 3：強大的遺傳基因

哈姆雷特命運坎坷，他的叔叔跟母親密謀殺害他父親。我們從他面對這個人生挫敗的反應——長期陷入極度沮喪的情緒，可推斷出他在另一方面也是個倒楣鬼：他天生是個悲觀的人。

一講到個性，大家都知道先天遺傳及後天環境是影響個性的兩大因素，但大部分人並不清楚先天遺傳的影響有多大，以下就是一個活生生的實例。

♥ 幸福探索

達芙妮跟芭芭拉是對同卵雙胞胎，兩人在倫敦郊區長大，十四歲離開學校，在當地的政府機構做事，十六歲在一個舞會認識未來的先生，兩人同一時間流產，後來都生了兩個男孩、一個女孩。兩人害怕的東西也一樣（怕血，怕高），還有同樣異於常人的習慣（喝冷咖啡，習慣用手背推鼻子）。看到兩人如此相似，你可能並不意外，但當你知道她們是在嬰兒時期由兩個不同的家庭領養，一直到四十歲重逢時才知道對方的存在時，你可要瞠目結舌了吧。而且兩人見面那天，身上穿的衣服幾乎一模一樣。

像達芙妮跟芭芭拉這種相似到無以復加的雙胞胎類似的案例，通常都出現在一出生便由不同家庭領養的同卵雙胞胎身上，但異卵雙胞胎的情況就不是這樣了。所有關於個性特質的研究都顯示，同卵雙胞胎（即所有遺傳基因都相同，一起在同一個子宮待了九個月的時間）之間的相似度遠高於同性別的異卵雙胞胎（即只有一半遺傳基因相同，一起在同一個子宮待了九個月的時間）。

根據這項研究我們可以了解到，對於每一項個性特質，基因起碼都有一定的貢獻。不管是智力高低、內向或外向、膽怯與否、信教虔誠度、政治傾向、喜愛爵士樂或討厭辛辣食物等各種不同的個性特質，同卵雙胞胎的相似度都高於異卵雙胞胎，同卵雙胞胎長大後的相似度通常跟出生時是一樣的。基因並非建構個人特質的藍圖，而是一個人出生後成長發育的獨家秘方。由於同卵雙胞胎是依據同一份食譜製造出來的產品，因此其大腦最後會發育得相當類似（並非完全相同）。正因為大腦非常相似，才會製造出許多相同的獨特個人行為。異卵雙胞胎則是依據兩份內容不同、但製作指示有一半相同的食譜製造出來的產品。異卵雙胞胎長大後的大腦相當不同，從而形成了截然不同的個性——不同到讓人以為他們是來自完全沒有血緣關係的家庭。

達芙妮跟芭芭拉兩人都有著開朗的個性，習慣在話說到一半時爆笑出來。她們兩人是皮質樂透獎得主，即她們是大腦被設定成容易看到世上美好事物的樂天派。其他有些雙胞胎天生則是容易看到世上黑暗面的悲觀派。「快樂」其實是人的個性中最受遺傳影響的特質。雙胞胎的研究顯示，個人平時的心情愉悅的程度有百分之五十到八十可歸咎於基因，而非生活經驗。（至於特別快樂或沮喪的情緒反應，通常得觀察個人情緒傾向與所發生事件之間如何互動，才有辦法深入了解。）

個人平時心情愉悅的程度是指個人的「情感型態」，其中「情感」是指情緒所感覺到或體驗到的。個人的情感型態是指個人的趨近系統及迴避系統兩者之間的平衡點，這個平衡點就標示在你的額頭上。長期以來有關腦波的研究顯示，大部分人的腦波有不對稱的現象——不是大腦右半球額葉皮質的腦波活動比較活躍，就是左半球額葉皮質的腦波活動比較活躍。

威斯康辛大學的理查．戴維森（Richard Davidson）教授發現，腦波不對稱的現象跟個人積極和消極情緒的傾向有關聯。額頭左腦腦波比較活躍者跟額頭右腦腦波比較活躍者相比，自認為心情比較愉快，也不會一天到晚受到害怕、焦慮、羞愧的困擾。後來的研究更發現，這種「皮質左撇子」更不會陷入沮喪情緒，遇到不如意的事也復原得比較快。

皮質右撇子跟皮質左撇子不同的情緒反應傾向，從嬰兒時期起便已顯現：同樣是十個月大的嬰兒，右腦腦波較活躍的嬰兒跟左腦腦波較活躍的嬰兒相比，前者一離開媽媽便容易哭鬧不休。嬰兒時期反映出的個性特質，會一路維持到成人。右腦腦波較活躍的嬰兒成長到幼兒階段時，一到陌生的環境就容易焦躁不安；青少年時期，會比較懼怕約會及社交活動；成人之後，很有可能要借助心理治療才會放鬆下來。出生時沒拿到「皮質樂透獎」的皮質右撇子，一輩子都得跟過度活躍的迴避系統苦苦搏鬥，以掙脫後者的箝制。

我有個朋友，就是一個有負面情感型態的人。有一回又在一旁唉聲歎氣，有人建議他，何不搬到別的城市，換換心情，結果他答道：「我不想搬家，因為我搬到哪裡都不會快樂。」他也可以引用米爾頓（John Milton）的話來重述奧里略的感歎：「我的心是一國之主，可以讓地獄變成天堂，天堂變成地獄。」

你屬於皮質左撇子，還是皮質右撇子？來檢測一下吧！

♥ 大腦掃描檢測

請問下列哪一組敘述內容比較符合你的個性？

第一組

．只要是新鮮有趣好玩的事情，我就願意嘗試。
．如果有機會得到自己想要的東西，我就會馬上採取行動。
．如果遇到好事，我就會樂不可支。
．我會在第一時間採取行動。

第二組

．我很擔心自己會犯錯。
．我會對別人的批評或責罵耿耿於懷。
．一旦在重要的事情上表現不好，我就會憂心忡忡。
．跟朋友比起來，我老是怕東怕西。

比較符合第一組描述的人，個性傾向於「趨近導向」的情感型態，平均而言，其左腦的皮質活動較為活躍；而比較符合第二組描述的人，個性傾向於迴避導向的情感型態，平均而言，其右腦的皮質活動較為活躍。

（此量表改寫自 Carver&White，1994.Copyright©1994 by the American Psychological Association. Adapted with permission.）

改變情感型態的三種方法

如果我有一個同卵雙胞胎兄弟，那麼他很可能是個穿著邋遢的傢伙。我這個人很討厭逛街，只認得出六種顏色，有幾次我痛下決心想改頭換面，甚至讓步到跟著女性朋友去逛街，但根本沒用。每一次的改頭換面，我都很快便故態復萌。早期我的穿衣哲學成了半吊子，我沒辦法靠自己的意志力去改變自己的穿著，讓自己徹底改頭換面。後來，我找到一個變通的辦法——我結婚了，現在我有一衣櫃的漂亮行頭，也熟背了幾套衣著搭配原則，還有一位服裝顧問隨時提供各種搭配建議。

你也可以改變自己的情感型態，但單靠個人意志是辦不到的，你必須採取一些行動來改變自己原有的想法。以下就是三種最有效的變身秘訣：靜坐、認知療法及百憂解。這三種方法都會對大象產生影響，相當有效。

方法 1：靜坐

假定有一種藥丸，只要每天吃一顆，就可減輕你的焦慮感，讓你對生活更滿意。如果真有這種藥丸，你會不會吃？假定這種藥丸會產生幾種副作用，但都是好的副作用：提高自尊心，讓你更有同情心，更能信任別人，甚至還能提升記憶力。又假定這種藥丸是純天然，而且完全免費，現在，你願不願意吃？

這世上真的有這種藥丸，就是靜坐。許多傳統宗教都了解靜坐的力量，早在佛陀之前，靜坐便已在印度廣為流傳，佛教將靜坐引進主流的西方文化中。靜坐可分成幾種不同的方式，其共同點是：有意識地去控制自己的想法，專注凝神，頭腦放空。靜坐聽起來很簡單：坐好（大多用這個姿勢），把注意力放在自己的呼吸或一個字、一個影像上，將其他的文字、想法或影像排出腦外。靜坐一開始非常困難，頭幾個星期你會一再失敗，但這是在教導你心中的騎象人如何學會謙卑與耐心。靜坐就是要改變自動化思考過程，馴服你心中的大象。一旦你解除心中的依戀，就表示你已馴服了你心中的大象。

我家的狗安迪心中有兩大依戀，牠透過這兩種心理依戀來解讀家裡發生的一切：有肉吃，以及沒被單獨留在家裡。只要我跟我太太一靠近前門，安迪就開始焦躁不安，只要我們拿出鑰匙，打開門，說了一句「要乖」，牠的尾巴、頭甚至連屁股頓時就可憐兮兮地垂下來。但是，如果我們說的是「安迪來」，牠就像通了電一樣，「咻」地一聲從大門衝出去。安迪害怕被獨自留在家裡，所以整天焦躁不安，有幾個小時則是掉到絕望的谷底（牠單獨留在家時），只有幾分鐘歡欣雀躍（牠不再孤單）。安迪的快樂與痛苦取決於我跟我太太。如果對壞事的感覺比好事強，那麼安迪跟我們分開時的痛苦絕對大於重逢時的喜悅。

大部分人的心理依戀遠比安迪多，但是人類心理跟狗的心理其實非常類似。比如，瑞秋很需要別人尊重她，所以她一天到晚都在注意有誰對她出言不遜，只要有人冒犯她，她就要難過好幾天，別人尊重她，她可能心裡很受用，但別人不尊重她時，她心裡的痛苦要比受尊重時更為強烈。查理很喜歡賺錢，整天都在注意賺錢的機會，每當他接到罰單或金錢上的交易有損失時，他就會難過得輾轉難眠。對查理來說，賠錢的痛苦遠大於賺錢的快樂，即便他越來越有錢，賠錢帶給他的不快樂也大於他擁有金錢的快樂。

對佛陀來說，心理依戀就像在賭輪盤一樣，是別人在轉輪盤操控這場賭局：越沉迷其中，就輸得越慘。唯一的制勝之道就是，離開賭桌。離開賭桌，不去在乎人生起落的唯一方法就是：靜坐，馴服不安的內心。你放棄贏的快樂的同時，也放棄了輸的痛苦，而後者絕對高於前者。

我會在第 5 章探討以上做法對大多數人而言是否有效。如果能連續幾個月都堅持每天靜坐，我們心中種種恐懼、負面、縈繞心頭的想法就會大幅減少，我們的情感型態也會獲得改善。正如佛陀所言：「已飲獨居味，以及寂靜味，喜飲於法味，離怖畏去惡。」

方法 2：認知療法

靜坐是典型東方式的人生問題解決之道，其實在佛陀之前，中國的老子就說過：「智慧之道，在安靜無為，無欲等待。」典型西方式的解決方法則是，拿出工具箱，把破掉的東西修一修。這也是哲學女神的解決方法，即提出許多論述及詮釋技巧。一九六〇年代，亞倫．貝克（Aaron Beck）將這套工具箱予以現代化。

貝克是位精神科醫生，他跟其他精神科醫生一樣，都受過佛洛伊德式的訓練，認為「少年時代決定一個人的未來」，即你現在的心理問題都是孩童時期發生的事件所致，想要改變自己，唯一的方法就是喚起深埋心中、壓抑多年的記憶，診斷出事件的前因後果，從而解開心中無解的衝突。不過，貝克根據既有文獻及自己臨床的經驗發現，這套佛洛伊德式的療法對那些飽受沮喪之苦的病人根本沒什麼效果。他越讓這些病人自我批判、自我反省，這些病人的情形就每況愈下。後來，貝克決定放棄當時盛行的佛洛伊德式療法，改用哲學女神的做法，詰問病人為何會有如此不理性、自我貶抑的想法。結果，病人經此治療後，情緒大為改善。

於是，貝克決定放手一搏，他摸索沮喪憂鬱者慣有的扭曲思考過程，借此訓練病人找出、質疑自己思考的漏洞。當時，貝克飽受其他推崇佛洛伊德療法的同行們的指責，他們認為貝克這種治療方法是頭痛醫頭，腳痛醫腳，忽視表面病症下的真正病因，但是貝克勇敢地堅持下去，他的努力終於獲得回報。貝克創造出的認知療法是醫治沮喪、焦慮等心理問題最有效的療法之一。

我在前一章曾提到過，我們之所以說理，為的不是找出真理，而是想找到理由來支持我們直覺所認定的想法（即大象所認定的想法）。沮喪的人心裡有三種認知，我們稱其為貝克的認知三元素：即「我這個人很糟糕」「我的世界一片黑暗」「我的未來毫無希望」。沮喪憂鬱的人腦中的自動化思考，常充斥種種毫無建設性的灰色念頭，尤其在事情出錯時，這種傾向就更加明顯。鑒於這類病人都有這種類似的思考扭曲的毛病，貝克還為這些毛病命名。例如，有個原本就沮喪憂鬱的爸爸，有一回他在旁邊看著女兒的時候，女兒不小心跌倒撞到頭，於是他馬上這麼怪罪自己：「我這個爸爸真糟糕」（貝克稱這種想法為「個人化」，指一種將外在事件的發生歸咎於個人身上，而不是把它當做一個輕微的意外）；「為什麼我老是這麼不小心，讓孩子受傷」（這是「過度概括」，而且思考時常用二分法——總是／從不）；「現在我女兒腦部受傷了」（這是「誇大」）；「所有人一定恨死我了」（這是「主觀推斷」，或是沒有證據便驟下結論）。

沮喪憂鬱的人思考時會扭曲事實，進而產生負面情緒，而負面情緒又讓扭曲的思考更為嚴重，於是在惡性循環之下，永無寧日。貝克讓我們了解到，只要改變想法，就可打破這種惡性循環。認知療法最重要的，就是訓練病人掌握自己的想法，把自己的想法寫下來，指出扭曲之處，之後找出替代方案及更正確的思考方式。幾個星期後，病人的思考會越來越貼近真實，打破了思考扭曲的惡性循環，使病人的焦慮、沮喪跟著消融大半。

認知療法之所以成功，是因為它教導騎象人如何訓練大象，而不是直接跟大象說理，把大象打敗。治療的第一天，騎象人還不知道是大象在控制他，是大象的恐懼在左右騎象人的想法。時間一久，病人逐漸學會幾種心理技巧：質疑原本自動化思考的過程，當理不出頭緒時會出門買份報紙，讓頭腦清醒一下，而不是整天躺在床上胡思亂想。這些可當做家庭作業，每天都要做（每天練習，大象學得最快；一個星期跟心理治療師見一次面是不夠的）。每次的再詮釋，每一個小小練習的完成，病人都會覺得自己受到獎勵，內心就會感到一點點放鬆或一點點快樂，而這一點點快樂就像給大象一個香蕉，獎勵牠有好的表現。你想在拔河中贏一頭氣得半死或害怕驚慌的大象？門都沒有，只有一點一滴地改變自己自動化的思考過程，才能在過程中改變自己的情感型態。許多心理治療師其實是把認知療法跟行為主義所主張的技巧結合起來，創造出現今我們所稱的「認知行為療法」。

貝克跟佛洛伊德的不同之處在於，他在一個控制良好的實驗中檢測自己的理論，飽受沮喪之苦的病人接受認知療法治療之後，情況大為改善；改善速度比那些苦候名師來治療的病人來得快；最起碼，他們病情改善的速度比接受其他療法的病人更快。

認知療法一旦發揮效力，其治療沮喪的效果就會跟百憂解一樣好，但認知療法有一個優點是百憂解比不上的——認知療法停止之後，因為大象已重新訓練過，所以治療效果會持續下去，而百憂解一停用，效果就消失了。

我無意吹噓認知行為療法是唯一有效的心理治療法，大部分的心理治療法都有一定的治療效果，有些研究還表明，所有心理治療法效果都一樣好。其實問題在於合適與否：有人對某種療法反應特別好，有些心理問題用某種療法治療好得特別快，情況不一而足。如果你常常對自己、對自己所處的環境、對自己的未來自動衍生負面想法，這些想法又導致你產生長期性的焦慮感或絕望感，那麼你應該找出一種認知行為療法來改善自己的心理問題。

方法3：百憂解

法國知名作家普魯斯特曾寫道：「真正的旅程……不是造訪異地，而是透過別人的眼睛來看這個世界。」

我曾服用抗憂鬱症藥劑百可舒（Paxil，一種類似百憂解的藥）八個星期。頭幾個星期，我的身體出現一些副作用：有點噁心，晚上睡不好，還有一些其他我從來不知道的身體反應，例如，我只能用「我的腦部覺得很乾燥」來形容我的感覺。之後，第五個星期的某一天，整個世界變了顏色，那天早上醒來，我不再對沉重的工作負擔及沒有終身職位保障的教授生涯感到焦慮不安。我感覺就像有人對我施了魔法一樣，多年來，我一直希望改變自己——放鬆下來，心情愉快些，接受自己的錯誤，不要老是耽溺其中。一夜之間，全部實現。

不過，百可舒有一個致命的副作用：服用百可舒後，我很難記住事情及姓名，連熟人的名字都記不住。當時，我在路上碰到自己的學生跟同事，想叫對方的名字，但最後卻只能跟對方說：「嗨，你好。」後來我想，如果我還想繼續當教授，我的記憶力就比平靜的心更加重要，所以我便不再服用百可舒。五個星期後，我恢復原有的記憶力，當然，我的憂慮也跟著出現。我所記得的是，我曾用全新的雙眼，戴著玫瑰色的眼鏡來看這個世界。

百憂解是我們一般所稱的「選擇性血清素再吸收抑制劑」（簡稱SSRI）第一類抗憂鬱症的藥物，我在這裡用百憂解代表所有這類抗憂鬱症的藥，因為其效用基本上大同小異，這類抗憂鬱症的藥包括百可舒、樂復得（Zoloft）、喜普妙（Celexa）、依地普倫（Lexapro）等。

一般大眾對於百憂解及其他類似的抗憂鬱症藥劑其實都不大了解，尤其對其如何發揮效用更是一知半解。百憂解先進入神經突觸（神經元之間的縫隙），但它是選擇性地只影響使用血清素作為神經傳導的突觸。一旦進入這類神經突觸，百憂解就會抑制再吸收的過程。在正常過程中，剛剛釋放出血清素到神經突觸的神經元，會把血清素再吸收進神經元中，然後在下一次神經衝動時再釋放出血清素。服用百憂解的人，腦部某些神經突觸的血清素會比較高，所以相連的神經元的反應就會比較頻繁。

百憂解聽起來是否有點像是古柯鹼、海洛因等我們認為與特定的神經傳導有關的毒品？服用百憂解的一天之內，腦中的血清素便會增加，但其效用不會超過四到六個星期，不過神經突觸另一側的神經元已適應新的血清素濃度，透過這個適應的過程，百憂解效用可能開始浮現。另一種有關百憂解的說法則是，百憂解提高了大腦中海馬（腦部專司學習及記憶的部分）神經成長激素的濃度。顯現負面情感型態的人，其血液中的壓力激素濃度通常比較高，這些壓力激素一高，很容易殺死海馬中重要的細胞，而海馬的功能之一就是切斷會殺死自己的壓力反應。因此，顯現負面情感型態的人，其腦部的海馬可能常常受到輕微的神經傷害。只要在服用百憂解四到五個星期，百憂解就會讓腦部釋放神經成長激素，如此一來，受損的神經就可予以修復。

雖然我們不清楚百憂解如何發揮效用，但我們知道它真的有效：不管是哪方面的心理疾病，如沮喪、焦慮所引起的失調、恐慌症、社交恐懼症、經前期綜合征、飲食失調症及強迫症等，百憂解的效果都比安慰劑或非治療性的控制組好。

大眾對百憂解存有爭議主要出自兩大理由。第一，這是走捷徑的做法，大部分研究顯示，百憂解的療效幾乎跟認知療法一樣好，兩者不分伯仲，但是服用百憂解比採用認知療法簡單多了。服用百憂解，你不用每天做家庭作業，學什麼困難的心理技巧，也不用每個星期跟治療師約治療時間。如果你是崇尚刻苦精神的清教徒，以「吃得苦中苦，方為人上人」為人生座右銘，那麼你可能不大能接受百憂解的這種治療方法。

第二，百憂解不只能舒緩症狀，有時候它還會改變病人的個性。在彼得．克拉馬（Peter Kramer）所著的《神奇百憂解》一書中，克拉馬提出好幾個實際案例，這些病人原本長期飽受沮喪或焦慮之苦，但服用百憂解後，不僅病症完全消失，病人的個性還整個來了一百八十度的大轉變——變得有自信，更能面對生活的挫敗，享受人生的歡樂，種種改變讓他們的事業及人際關係也大幅改觀。這些案例符合最理想的醫療境界：一輩子飽受疾病之苦的病人；醫學技術的突破治癒這項疾病；病人終於擺脫疾病的枷鎖，重獲新生；原本自閉的人也能與孩子一起展顏歡笑、揮別疾病。

克拉馬還提到一些稱不上「心理疾病」的案例，即大部分人多多少少都有些古怪個性——怕別人批評，沒交到異性

整個宇宙就是無止境的改變，你認為生命本身是什麼，它就是什麼。

——羅馬皇帝馬可．奧里略

朋友就快樂不起來，很容易過度苛求及過度控制配偶和孩子等，這些個性特質都很難改變，但談話性治療就是針對這類問題來設計療程。治療通常改變不了人的個性，但它能告訴人們如何面對自己有問題的個性特質。類似這類案例，在克拉馬給病人開百憂解後，病人惱人的個性特質便消失了。一輩子難改的積習一夜之間消失得無影無蹤（開始服用百憂解五個星期後），有的人做了好幾年的心理治療，一點效果也沒有。這就是為什麼克拉馬會創造出「心理美容精神藥物學」（cosmethc psyciopharmacology）這個專有名詞的原因，因為百憂解可讓精神科醫生幫病人打造完美的心靈，這與整形醫生為病人雕塑完美身材沒有兩樣。

不過，百憂解的療效是一種進步，還是人類打開了潘朵拉的盒子？回答這個問題之前，請先回答以下問題：以下兩種說法，你覺得哪個為真——「表現出所有自我」或「忠於自我」。

西方文化支持以上兩種主張，即持續不斷的自我成長與求真的精神，但是我們通常會避開兩者間的衝突，把自我成長詮釋成求真的精神。為了受教育，我們得花十多年的時間接受學術訓練，同樣，人格發展也應該花一輩子的時間。只有不斷努力奮鬥，才能鍛鍊出個人的道德修為。要一個九歲的孩子真誠地面對自己，不是靠保持九歲時的心理及人格；在父母持續不斷地要求下，一個九歲的孩子在課後與週末，會被父母送去學鋼琴、接受宗教洗禮。學習藝術及運動，只有透過如此不懈的努力才能達到理想的自我。就在日積月累的努力下，孩子開始改變，這是孩子努力的成果，孩子的改變會得到眾人的贊許，這樣的改變就是求真精神的體現。不過，這世上假設有一種藥丸能提升你的網球技巧，或是有一種簡單的手術，可以把精湛的鋼琴技巧直接、永遠地植入頭腦，將會怎樣呢？這種把自我精進及求真精神一分為二的做法，只會讓許多人嚇得不敢領教。

我對令人害怕的事最有興趣，尤其這事又不會有人受害，會更讓我興致勃勃。我曾研究過一般人對無害禁忌會產生的道德反應，比如，在雙方同意下的亂倫及私底下褻瀆國旗等行為，大多數人即使說不出理由，也都會覺得不能接受這類行為（我會在第9章對此進行深入分析）。

我在研究中發現，我們心中有一小部分天生的道德直覺在引導並控制世上的種種道德規範，其中一個直覺就是，身體是一座神聖的廟宇，裡面住著靈魂。就算是不信上帝或是不相信人有靈魂的人，如果有人拿他的身體當遊樂場，拿他的身體開玩笑取樂，他也會覺得受到冒犯或不舒服。如果一位害羞的女士跑去隆鼻、隆胸，全身鑽了十二個環洞，還請醫生開百憂解讓她服用，那麼我想大多數人碰到這位女士的反應，都會跟看到一位牧師把自己的教堂改建成嬪妃的閨房一樣，被嚇得目瞪

諸法意先導，意主意造作。

——佛陀

口呆。

牧師亂改建教堂可能會把教區內幾個教友嚇得突發中風而亡，但是為了改造自己而違背「忠於自我」信條的人，其實傷害不了任何人。如果有位女士一直因自己過度敏感的個性整日鬱鬱寡歡，壓抑自我，她雖然接受過心理治療，但效果非常有限。如果真的如此，她為什麼還要忠於一個自己已不想要的自我？她為什麼不能改變自己，讓自己變得更好？我自己在服用百可舒後，原本既有的情感型態變了，我變成了一個完全不同的人，這樣的個性是我長久以來的夢想：一個不再憂心忡忡，覺得世界處處充滿希望而非威脅的人。百可舒改變我內心趨近系統及迴避系統間的平衡點，要不是因為百可舒有副作用，我一定會持續服用到現在。

因此，我不禁要質疑以下論調：精神科醫生過度濫用百憂解及其他類似的抗憂鬱症藥物。天生樂觀派的人，可以輕鬆地到處宣揚辛勤努力有多麼重要，靠服用化學藥物改善病症是違反自然等，但是有些人本身並沒有犯錯，卻天生就是負面情感型態的人，難道不能靠百憂解來平衡一下天生不公平的皮質錯誤嗎？認為身體是聖殿的人，當然會認為心理美容精神藥物學是一種褻瀆。當精神醫生不再把病人當人來醫，而是當做一台引擎來聽，看看是哪個螺絲鬆了要調整時，其中有些精神治療的真諦就已蕩然無存。

不過，如果「百憂解能強化腦部海馬功能」的說法確實成立，那麼許多人就真的需要調整腦部機制。這就像一輛開了好幾年的老車，緊急剎車只勉強能用，這時花五個星期的時間，透過實驗來看看剎車放掉時會發生什麼情況，應該值得一試。從這個角度來思考，百憂解不再只是一種心理美容，更像是讓一個原本視力不良但勉強看得到東西的深度近視的人戴上隱形眼鏡，終於可以看清世界。這並不是背棄一個人「真正的自我」，而是利用合理的捷徑，讓自己的身心得以正常運作。

人生取決於我們自己如何看待，而我們的人生就是自己心理創造出來的產物。只有在我們了解自我是分裂而非一體的（騎象人及大象），了解人有負面情緒傾向及不同情感型態後，這樣的說法才能真的幫助我們面對人生。一旦了解「為什麼人要改變」有這麼困難，我們就可以放棄以前那種用盡吃奶力氣仍徒勞無功的老方法，改用更有心理技巧的新方法來改善自己。

佛陀說得沒錯：想馴服大象，就要用對方法，想改變自己的心理，就要一步一步慢慢來。靜坐、認知療法及百憂解是三種相當有效的方法，只是適用物件有所不同，但我認為應該廣為宣傳，讓大家能輕鬆方便地使用這三種良方。你認為生命本身是什麼，它就是什麼，而且只要透過靜坐、認知療法及百憂解，你就能以全新的眼光看待自己。

Part · II

我們如何相處

【大象的力量】

第3章 互惠

每當那些智慧大師要選出淩駕所有價值之上的字眼或原則時，最後出線的不是「愛」就是「互惠」。事實上，「愛」與「互惠」講的是同樣的東西，它們都是一股將我們跟別人連結在一起的力量。

我們為何需要互惠

電影《教父》一開始就生動、微妙地呈現出人與人之間的互惠之道。那天是教父唐·柯里昂女兒的大喜之日，但一位同樣從義大利移民來美國發展、事業頗為成功的生意人邦納賽拉卻跑來找柯里昂求救。原來，邦納賽拉的女兒被她的男友及另一個年輕男孩打得遍體鱗傷，所以邦納賽拉想好好教訓那兩個畜牲，為他女兒出口氣。邦納賽拉把女兒如何被打，那兩個傢伙如何被捕及後來法院開庭審理的過程，一一告訴柯里昂，法官最後判這兩人緩刑，還當庭放他們走。面對這樣的審判結果，邦納賽拉不僅氣得七竅生煙，更覺得飽受屈辱。所以，他跑來找柯里昂幫他伸張正義。柯里昂問他到底想怎麼做，他便在柯里昂耳邊輕聲說著。當觀眾們看到這一幕，百分之百確定他講的是：「把這兩個傢伙給殺了。」柯里昂當場拒絕，柯里昂告訴邦納賽拉，在他心裡，邦納賽拉實在是連朋友都稱不上，他幹嘛插手管這件事。邦納賽拉承認自己以前很怕惹上「麻煩」，電影中對話如下：

柯里昂：我懂，你在美國找到自己的天堂，生意興隆，生活也過得挺不錯，平時有員警罩著你，法律也挺管用的，所以你不需要我這種朋友。但是，現在你卻突然跑來跟我說：「柯里昂，你要幫我主持公道。」你對我表現出了一點基本的尊敬嗎？你不想跟我交朋友，甚至連稱呼我一聲「教父」都沒有，反而在我女兒出嫁這天跑來找我，還要我為了錢幫你去殺人。

邦納賽拉：我求你幫我主持公道。

柯里昂：這是哪門子公道，你女兒還活著。

邦納賽拉：那就讓這兩個傢伙看看我女兒所受的苦是什麼滋味。我該付你多少錢？

柯里昂：邦納賽拉……邦納賽拉……我到底做了什麼事，你怎麼會對我這麼放肆？如果你是以朋友的名義來求我，我告訴你，今天我就讓那個傷害你女兒的人渣痛不欲生。如果有人與你為敵，那他也就是我的敵人，那時他們就會怕你了。

邦納賽拉：我的好友，教父（向柯里昂鞠躬）。（他親吻柯里昂的手）

柯里昂：很好（停頓），有一天，希望以後不要有這麼一天，但有那麼一天，我會叫你幫我做一件事。今天我就幫你主持公道，當做我女兒大喜之日的禮物。

這是影片中非常重要的一幕，也為全片充滿暴力、家族情仇及道德糾葛的主題揭開序幕。不過同時更讓我驚訝的是，我們這些非義大利裔的觀眾也可以輕易了解義大利黑手黨社會中那種複雜的人際互動。只要憑直覺，我們就可以了解為什麼邦納賽拉想殺那兩個男孩，為什麼柯里昂會拒絕。當我們看到邦納賽拉笨拙地想靠錢來要求柯里昂為他主持公道時，我們不禁皺起眉頭，因為我們知道邦納賽拉與柯里昂之間缺少的是交情，不是錢。我們也了解為什麼邦納賽拉以前不太敢去培養關係——因為只要你收了一個義大利黑手黨老大的「好處」，從此你就被「套住」，而不只是被「綁住」而已。

這些複雜的人際關係，無須費力，馬上就能一目了然，因為我們是戴著有「互惠之道」顏色的隱形眼鏡在觀察這個世界。人跟人之間彼此互惠，是一種深埋在我們心中的本能，也是群體生活的基本往來之道。邦納賽拉借此為自己復仇，整個過程就是一種互惠之道。柯里昂則借此來操縱邦納賽拉，把邦納賽拉納入柯里昂不斷擴大的黑幫家族中。接下來我會說明，人類如何將互惠之道當做群體生活的籌碼，又如何將之運用得淋漓盡致。

超強群居性使然

動物會飛，似乎違反物理學的基本原理，但只要我們多懂一點物理學知識，動物會飛也就不足為奇了。在動物界，飛行的進化起碼有三次：昆蟲飛行能力的進化，恐龍飛行能力的進化（包括現代的鳥類），以及哺乳類（蝙蝠）飛行能力的進化。以上三類動物的體型都有符合流體力學的特徵（例如，鱗片加長變成羽毛，有了羽毛後，動物就能滑翔）。

和平共存營造出大規模群體的動物，似乎違反了進化的原理（競爭之道及適者生存），但只要我們深入了解進化，就會明白其中的道理。超強群居性——幾百或幾千隻動物靠著群體的分工合作，共同營造出大規模社群，這種現象在動物界起碼進化了四次：膜翅目昆蟲（蟻類、蜜蜂及黃蜂）的進化、白蟻的進化、裸（無毛）鼴鼠的進化，以及人類的進化。以上四類動物都有彼此互助合作的特質。這三種人類以外的具有超強群居性的物種，其共同特徵就是：以基因為導向、為了家族的生存願意犧牲自我。動物願意冒著生命危險來保護自己孩子的安全：在進化的生存競賽中，唯一「制勝」之道就是讓你身上的基因一代一代傳遞下去。不只是你的孩子帶著你的基因，你的手足與你之間的關係，跟你的孩子與你之間的關係一樣緊密（身上都有二分之一的基因跟你一樣）；你的侄子、侄女身上則有四分之一基因跟你一樣，你的表兄弟姊妹則是八分之一。如果從嚴格的達爾文觀點來計算，你救一個自己的孩子所要付出的代價，相當於你救兩個侄子、侄女或四個表兄弟姊妹。

所有彼此合作群居共生的動物幾乎都屬近親共生，所以動物界這種「犧牲自我以利家族」（親緣利他）的行為，剛好印證這句格言：「基因相同，利益便相同。」不過，家譜表每分出一支，家族成員間共同的基因就越來越少（表兄弟姊妹間共同的基因只剩三十二分之一），所以這種「犧牲自我以利家族」的行為，只能解釋以幾十隻或頂多一百隻動物為一群的動物家族為何可彼此合作、過群居生活。按照以上邏輯，在以「千隻」為單位群居生活的動物群中，只有非常低百分比的成員，值得動物冒著自己的生命危險為對方拚命。因為以達爾文的觀點來看，其他無共同基因的動物都是自己的生存競爭對手。

許多物種因為有「犧牲自我以利家族」的行為才得以群居生活，蜜蜂、白蟻及裸鼴鼠成功地運用這個機制，建立起群居性超強的動物群體：所有動物都屬同一家族的成員。以上三類物種都進化出獨特的繁殖系統——由一隻蟻后（蜂后）生殖所有後代，所有後代不是不育（蟻類），就是生殖能力遭到壓抑（蜜蜂、裸鼴鼠），所以這三類動物建立的蜂巢、蟻穴其實就是一個大家庭。你身邊的每隻動物都是你的家人，如果你身上的基因要靠家族裡的「母后」才能延續下去，那麼自私行為便意味著基因自殺。這類群居性超強的動物表現出高度合作及自我犧牲的行為，不僅讓研究這類動物的動物學家肅然起敬，也帶給後者很多啟示。比如，有些螞蟻一輩子都掛在蟻穴上端，好讓別的螞蟻拿它的腹部當食物儲藏袋。

群居性超強的動物進化出家族性超強的特性，家族性超強的動物則自動衍生出高度合作的行為模式（如蟻類或蜂群共同建造、保衛自己的蟻穴或蜂巢）與大規模的分工（蟻群會分成不同的階級，如士兵、糧食員、保育員及食物儲藏袋等），因此，蜂巢才能溢出奶與蜜，或其他用來儲存多餘食物的物質。

人類為了擴大這種「犧牲自我以利家族」的精神，幫跟自己沒有血緣關係的人虛構出家族稱謂，比如，我們會要孩子稱呼自己的朋友鮑伯叔叔、莎拉阿姨等。黑手黨就是以「家族」來區分，之所以會有「教父」這種稱呼，就是為了在其他黑手黨成員與這個沒有血緣關係的「教父」之間，建立一種類似家族的關係。家族關係對人類是很有吸引力的，充斥著社會的裙帶關係就起因於「犧牲自我以利家族」這種觀念。不過即便是黑手黨，「犧牲自我以利家族」的觀念也不是萬靈丹，家族關係有其限度，你還是得跟沒什麼血緣關係的人打交道，這時你可得有兩把刷子才行。

互惠是種本能

如果有陌生人寄給你一張聖誕卡，你會怎麼做？真的就有一位心理學家隨機將聖誕卡寄給不認識的人，借此研究收件人的心理。結果，大多數收到卡片的人都回寄了聖誕卡給他。

心理學家羅伯特．席爾迪尼（Robert Cialdini）在他的《影響力》一書中便引用上述研究及其他研究來證明，人有一種無心、自發式的互惠本能反應。人類跟其他動物一樣，當外在環境出現某些行為模式時，我們就會表現出相同的行為模式。銀鷗的幼鳥只要一看到母鳥的嘴露出紅點，就會自動去啄那個紅點，然後母鳥就會反芻食物來哺育幼鳥。同理，當幼鳥看到鉛筆末端的紅點，它也會拚命去啄那個紅點。全世界的貓在跟蹤老鼠時，都是採取「壓低身體、扭動前進、一撲而上」的擒鼠技巧。但是當貓看到一根線尾端吊著一顆毛線球時，它也會採取同樣的擒鼠技巧來撲抓毛線球，因為這條線啟動了貓的「老鼠尾巴偵測模組」。席爾迪尼認為，人類的互惠行為也是一種類似的行為學反應：認識的人給你好處，你會想要回報那個人。就算是陌生人送給我們不具有實質意義的好處，我們也會想回報對方。前述收到陌生人寄來聖誕卡，而回寄卡片者就是實例。

互惠的應用

拿動物與人類類比並非完全恰當，銀鷗跟貓都是因為接收到視覺刺激，身體才立刻產生特定行為反應的，而人則是先判斷出某種情況所代表的「意義」，進而產生相對應的行為動機，幾天後再做出行為反應。因此，產生於人類腦中的就是互惠應用的「策略」。

以牙還牙

以牙還牙，就是一報還一報，別人怎麼對待我們，我們就怎麼對待對方。這種策略是在雙方第一回合互動時產生的。在和善地對待對方之後，則是依據對方在第一回合對待你的方式來回應對方。「以牙還牙」的對應模式讓人類走出「犧牲自我以利家族」的限制，開啟與陌生人互助合作的契機。

動物間的互動（家族以外者）基本上是零和遊戲：這個動物得到好處，就意味著另一個動物遭受損失。不過事實上，如果動物能找出共同合作，而非剝削傷害對方的方法，那麼彼此便可互惠互利。靠捕獵為生的動物老是要面臨食物來源極不穩定的窘境：有時候一天捕獵到的食物多到吃不完，但有時候卻連續三個星期找不到東西吃。所以，懂得在豐收時拿食物跟別的動物交換，以備來日食物匱乏時還有食物來源者，比較能安然度過各種生存危機。

比如，吸血蝙蝠只要某晚大豐收，它就會反芻胃中的血，把血吐入當晚沒吸到血的吸血蝙蝠嘴裡，而後者跟前者並非同一家族的蝙蝠。吸血蝙蝠這樣的行為似乎違反達爾文有關物種競爭的觀點，除非吸血蝙蝠記得哪些吸血蝙蝠以前幫過它，否則它不知道要回報對方。事實上，吸血蝙蝠真的會一報還一報，跟電影《教父》裡面演的一樣，其他群居性強的動物也都有這樣的習性，尤其是群體、穩定性高、成員彼此認識的群居動物，這種行為更為明顯。

然而，如果互助合作的行為不能持續下去，那麼「以牙還牙」的行為模式就僅能整合到以百為單位的群體。一旦群體成員太多，「品行不好」的吸血蝙蝠每天晚上都可以從不同的吸血蝙蝠嘴裡討到東西吃，但是等到給過牠食物的吸血蝙蝠來跟牠要東西吃時，牠就會用翅膀把自己的頭蓋起來，裝睡蒙混。那些被騙的吸血蝙蝠會怎麼做？如果是人，我們知道他們會這樣做：先把這個忘恩負義的傢伙打得滿地找牙再說。

報復與感恩是隱藏在「以牙還牙」行為背後的道德情緒。動物之所以會進化出有恩報恩、有仇報仇的行為，是因為這種互動模式可讓不同個體建立起合作關係，走出零和遊戲的困境，讓彼此獲利。知道要有恩報恩、有仇報仇的物種可以形成更有規模、彼此更能協調合作的群體，因為「品行不好」的成員雖能一時得逞，但牠會因樹敵過多而嘗到苦果。相反，慷慨大方的成員則會結交到朋友，得到更多好處。

人類這種一報還一報的天性讓我們有恩報恩、以罵還罵、以眼還眼、以牙還牙。有些人甚至提出一種說法：人的大腦中有一個「交換器官」，這個「交換器官」專門負責追蹤自己跟別人之間的公開對待關係，例如，有沒有欠別人人情債，或別人有沒有虧欠自己等。「交換器官」這個用語是一種比喻說法，沒人真的認為可以在大腦組織中找到一個專責處理人際互惠的器官。不過，最近有證據顯示，大腦搞不好真的有一個「交換器官」，因為大腦中的各個功能系統通常是由分開的神經組織共同協調運作，以執行特定功能，如果從這種比較寬鬆的角度來定義「器官」，那麼「交換器官」的說法就可成立。

♥ 幸福實驗

假設你獲邀參加一個名為「最後通牒」的遊戲，這是一個由經濟學家發明的遊戲，用來研究「公平」及「貪念」兩者間的對立關係。遊戲規則如下：你跟另一位素昧平生的受試者來到實驗室，實驗人員給其中一人二十一美元的紙鈔——假設不是你，而是另一位受試者，然後要求這位受試者依照自己想要的方式來分這二十一美元。結果，這名受試者給了你最後通牒：要或不要，悉聽尊便。遊戲的重點是，如果你不要這些錢，或你回答不要，那麼你們兩個人便一塊錢都拿不到。如果你們兩人如經濟學家預測的那麼理智，那麼對方就會給你一塊錢，因為她知道你寧可要一美元，也不願意什麼都沒有，而且你會接受對方的條件，因為她對你的判斷完全正確。然而，經濟學家對你們兩人的判斷錯了。

在真實的生活中，沒有人會只給對方一美元，大約有一半的人都會給對方十美元。不過，如果對方給你七美元呢？五美元？三美元？大部分人會接受七美元，但不會接受三美元。大部分人願意付幾美元，但是不會超過七美元，他們寧願以雙方都得不到錢來結束遊戲，以此懲罰在他們看來是貪得無厭的搭檔。

亞倫．桑菲（Alan Sanfey）跟他普林斯頓的同事讓受試者待在一個功能性核磁共振造影（functional magnetic resonance imaging，fMRI）掃描器內，進行這個「最後通牒」遊戲。研究人員密切地觀察，當受試者受到不公平待遇時，其大腦哪個部位會出現明顯反應。結果研究人員發現，有三個部位會出現明顯反應（拿受到不公平待遇及公平待遇來相比），其中反應最明顯的部位是腦島（frontal insula），它是大腦下側的額葉皮質區。我們已經知道，當我們內心產生最消極或不愉快的情緒，尤其是生氣或噁心等反應時，腦島就會出現明顯反應。另一個出現明顯反應的部位則是背外側前額葉皮質，該部位剛好位於額頭兩側下方，會在我們進行推理及計算時出現明顯反應。

在桑菲的研究結果中，最讓人印象深刻的是人們的最後反應——只要在受試者按鍵做決定前觀察其腦部變

「你討厭的事，就不要施加在別人身上。」這句話就是整個《摩西五經》的核心精神，其他內容只是在進一步闡述這個核心精神。

——猶太哲人，希勒爾拉比

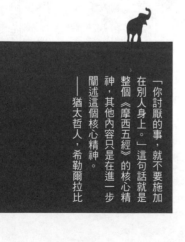

化，便可準確預測出他是否會接受對方條件。一般而言，腦島反應比背外側前額葉皮質反應明顯的受試者，會拒絕接受不公平待遇；相反，背外側前額葉皮質反應比腦島反應明顯的受試者，則願意接受不公平的條件（行銷人員、政治顧問及特工人員等為何會對神經造影及「腦神經行銷學」這麼有興趣，想來也就不足為奇了）。

正因為人類有「知恩圖報」及「有仇必報」這兩種心理，才得以形成群居性超強的社會。事實上，「知恩圖報」及「有仇必報」這兩種心理可說是一體的兩面，兩者缺一不可。一個知恩圖報但卻不會報仇的人，很容易會變成被人利用的犧牲品，而一個有仇必報但卻不知感恩的人，則很快就會遭到所有人的排擠。黑手黨的運作之所以得依靠知恩圖報及有仇必報這兩種心理，絕非偶然。黑手黨的教父端坐於巨大的人際網路中心，這個人際網路的建立，靠的就是人情債及各種利益的交換。教父每幫一個人，他的權力便增加幾分，因為他知道只要他開口，曾經有求於他的人就一定得照辦，畢竟沒有人會拿自己的性命開玩笑。普通人一般不會涉及什麼深仇大恨，但只要你在一個地方工作得夠久，你就知道怎麼去對付那些欺負你的傢伙，回報那些曾經幫助過你的人。

用語言造勢

之前我曾說過，人們對付忘恩負義的傢伙，會先打到他滿地找牙再說，但我漏掉了一個條件。一般而言，在開始修理這些忘恩負義的傢伙時，我們可能會先私底下講對方的壞話，把他的名聲搞臭。在別人背後說長道短，是人類得以建立超群居社會的另一關鍵因素，這大概也是為什麼我們會有一個這麼大的腦袋的原因吧。

電影導演伍迪．艾倫曾說過，他的頭是他「第二喜愛的器官」。要維持這顆腦袋的運作，我們得付出相當高昂的代價。人的腦袋只占身體體重的二%，卻得消耗掉身體二十%的能量。人的大腦在出生時還處於未成熟狀態（其他哺乳類動物出生時，其大腦大約已可控制身體行動，但人類則不能），之後便越長越大，但即便是未成熟的大腦，要通過產道也還是相當困難的。胎兒脫離子宮後，與大得不成比例的大腦相比，身體顯得幼小而無助，完全無法獨立生活。所以剛出生的嬰兒有一、兩年時間需要有人無微不至的照顧。人類從與黑猩猩有共同祖先的時代起，一路進化到一個孩子從出生到成人得花費父母巨額費用的現代社會，其大腦成長有三倍之多，這背後一定有重要原因。有人說，這是因為狩獵及製造工具所需，有人則說大腦可幫助我們的祖先找到水果。唯一解釋為何動物大腦體積大小不一的理論則指出，動物大腦體積大小與其群體數量多寡有直接關係。牛津大學人類學家羅賓．鄧巴（Robin Dunbar）就曾說明，在特定脊椎動物中，靈長類、肉食動物、有蹄動物、鳥類、爬蟲類或魚類，其大腦體積大小的對數，幾乎跟其群體規模的對數完全成正比。換言之，在動物界，大腦越大，其可以管理的群體就越大。群居性的動物都是聰明的動物。

鄧巴還指出，黑猩猩的群體大概以三十隻為單位，而且黑猩猩跟其他群居動物一樣，花很多時間幫其他同伴梳理毛。從人類大腦體積的對數來看，人類群體大約以一百五十人為單位。鄧巴曾研究過狩獵民族、軍隊及城市居民的電話本，結果發現，一百～一百五十人是人類能直接認識彼此，知道對方長相、名字，以及彼此關係的「自然」群體規模。如果梳毛是黑猩猩的重要社交方式，又如果我們祖先開始擴大其群體規模（比如，為能準確預測風險，好利用新的生態位），這時光靠梳毛就不足以維繫成員間的關係了。

鄧巴認為，語言的進化就是用來取代梳毛功能的。有了語言，群體規模較小的成員便能很快地建立彼此的關係，了解其他成員間的關係。鄧巴指出，人類使用語言，談的其實都是別人的事——想知道誰對誰做了什麼事，誰跟誰在一起，誰跟誰吵架等。鄧巴還指出，在人類這種超群居社會中，社交關係處理得好的人容易成功。重點不在於你知道什麼，而在於你認識誰。簡言之，鄧巴認為，人類之所以會進化出語言，是因為人要靠語言來說長道短。不管溝通方式有多原始，消息靈通的人總是比消息不靈通的人有優勢。人一旦開始說人長短（流言），就會出現一場難以控制的比賽——所有人無不使出渾身解數來操控別人，破壞別人的關係，或保護自己的名聲，凡此，皆要有超強腦力才能辨得到。

子貢問曰：「有一言而可以終身行之者乎？」子曰：「其恕乎！己所不欲，勿施於人也。」

——《論語》

沒人知道語言是如何進化出來的，但是我對鄧巴對語言進化提出的看法深表欽佩，所以我非常樂於向大家宣揚他的觀點。如果你跟我一樣，一知道新奇的事便迫不及待想告訴朋友，那麼這種迫不及待的心理就是支持鄧巴的最佳例證：我們有一種想跟朋友互通資訊的心理；有時候我們甚至會說「我忍不住了，這件事我一定得說出來」。如果你真的把一條很有趣的消息告訴你的朋友，接下會怎麼樣？這會啟動他心裡急需與人互通資訊的本能反應，他會覺得他也應該投桃報李一下，如果他對你剛提的八卦主角或八卦事件也有所聽聞，那麼他很可能會這麼說：「真的嗎？其實我聽說他……」一則流言會引出更多流言，靠著流言，我們無須親眼目睹別人行徑，仍可以掌握每個人的名聲。流言為我們創造出非零和遊戲，因為跟別人交換資訊，我們不用付出任何成本，但彼此卻能得到更多資訊。

我個人一直都對流言在道德領域扮演的角色相當感興趣，所以我們系裡的研究生霍莉告訴我她想研究「流言」這個主題時，我心裡非常高興。

♥ 幸福實驗

霍莉有一項研究是，要求五十一個受試者填寫一份簡短的調查問卷，問卷調查的內容主要針對過去一個星期他們曾跟別人進行的對話，談話時間最短要有十分鐘。我們後來只篩選出以第三者為談話主題的問卷調查，整理出來後我們發現，每個人每天大約有一次對話是以「第三者」為主題的。研究結果表明，流言真的很惡毒，談的都是別人如何如何傷風敗俗的事。（以大學生而言，大家談的就是他們的朋友及室友誰不愛乾淨，誰喜歡喝酒之類的八卦。）

有時候我們也會講別人做了什麼好事，但好人好事的故事大概只有傷風敗俗流言的十%。當你說出一則內容豐富（非常有料）的「八卦消息」時，你會覺得自己更有力量，更能評論事情的對錯，同時還會拉近我們跟一起聊八卦的談話對象間的距離。

霍莉的第二項研究發現，雖然大家都喜歡說長道短，但大部分人對流言及愛說閒話的人其實都沒什麼好感。在我跟霍莉拿大家對流言的態度與流言的社會功能相比較之後，我們都認為大家低估了流言的重要性。如果我們生活在一個沒人說長道短的世界裡，那麼犯了殺人罪的人是難逃法網的，而粗俗無禮、自私自利、違背社會風俗的人則可恣意妄為，無須為自己侵犯別人的行為負責。流言是我們的一項很重要的道德武器，在一個大家說長道短的世界裡，我們不只會報復傷害我們的人，感激幫助我們的人；就連素昧平生的人，我們一聽到他們的囂張行徑，也會心生鄙夷與憤怒，而知道別人有心計，貪婪不已及不為人知的缺點遭到曝光時，我們會有羞愧丟臉及難堪不安的感覺。流言具有維持社會秩序與進行社會教化的功能，一旦沒有流言，我們的世界就會陷入混亂及無知之中。

很多物種都有互惠的行為，但只有人類會說長道短，人類談的「八卦消息」主要就在評論別人懂不懂人與人間的互惠之道。

借此，我們才得以建立一個超強的群居社會。在這樣的世界裡，我們知道不要欺侮弱小，要幫助懂得感恩圖報的人。我們希望能一報還一報，也就是說我們會與人為善，但不會輕易被騙，也希望幫自己建立好名聲：做人做事恰如其分。流言及名聲的壓力，讓因果報應很快出現——你對人殘忍，別人就對你殘忍，你和善待人，別人就和善以對。有了流言及名聲的作用，因果報應在現世就會出現，不需要等到來生。在人類這種知恩圖報、有仇必報及說長道短的心理作用下，如果每個人都會遵循這種「一報還一報」的遊戲規則，人際關係的運作就會臻於完美。（不過，事實並非如此，因為我們受制於自身偏見及高度偽善行為的影響。詳細內容，請參見第 4 章。）

模仿，人際關係的黏合劑

孔夫子以「己所不欲，勿施於人」作為我們為人處事之最高箴言，可以說是極富智慧。互惠之道就像一根魔杖，可為我們在人際叢林中導引出一條康莊大道。不過讀過《哈利波特》

的讀者都知道，魔杖也可以拿來對付我們自己。

席爾迪尼曾花好幾年時間研究人如何借助隱晦的人際技巧來影響別人：席爾迪尼定期去應徵親訪業務員及電話行銷人員的招聘廣告，還跑去參加訓練課程，學習銷售技巧。最後，他為那些無法抗拒「誘引專家」的人寫了一本克敵手冊——《影響力》。

席爾迪尼指出，業務員有六大推銷技巧，其中最基本的就是互惠之道。那些想從我們身上得到東西的人會先給我們一點甜頭嘗嘗，這就是為什麼我們會從慈善組織拿到一大堆免費貼紙跟明信片的原因，其實都出自其行銷顧問的巧思運用。

克里希那協會（Hare Krishna Society）就將這個技巧發揮得淋漓盡致：他們把花朵或廉價的《薄伽梵歌》塞到路過的行人手中，然後出其不意地要對方捐獻。依據席爾迪尼在芝加哥奧海爾國際機場的研究，他發現克里希那協會的人會跑到垃圾桶邊，把路人剛剛丟進去的花撿回來，重新再塞進別的路人手中。很少有人想要這種花，但一開始時，大部分路人拿到這種花後都會忍不住想回饋對方一點好處。結果，克里希那協會就靠著人們這種互惠的本能反應積聚了大筆財富——直到大家知道克里希那協會這種行徑，懂得避開這種「天上掉下來的禮物」後，才不再有人受騙。

不過，還有其他行銷大軍正等著我們呢！超市及直銷商會送我們一大堆免費試用品，引誘我們買更多的產品。餐廳的服務生會在帳單盤上放一顆薄荷糖，希望你多給他一點小費。

還有人會在郵寄問卷調查中附上一張五美元的「玩具假鈔」，以鼓勵收件人完成這項問卷調查，調查者還告訴收件人，只要完成這項問卷，便會奉送五十美元。如果你平白無故得到好處，一方面你可能心中暗自竊喜，但另一方面你心裡的大象——自動化處理系統，就會伸手去拿皮夾，掏出錢來給對方。

討價還價

人們在討價還價時也會用到互惠技巧。席爾迪尼曾碰到過一個男童向他推銷電影票，但是席爾迪尼對那部電影不感興趣，所以席爾迪尼就說他不想買，結果那個男童就說，不然你買幾根巧克力棒好了。後來，席爾迪尼真的買下了自己一點都不想吃的巧克力棒。這名男童一做出讓步的動作，席爾迪尼就自動跟進了。不過，這次經驗並沒讓席爾迪尼氣得抓狂，反倒讓他得到了寶貴的資訊。

♥ 幸福實驗

席爾迪尼設計了一套調查計畫，在大學校園內隨機詢問大學生，問其願不願意帶一群少年犯到動物園一日遊。結果，只有十七%的受訪學生回答願意。然而在另一次研究調查中，訪員先問學生願不願意連續兩年每星期花兩小時時間當義工，結果全部的受訪學生都回答不願意，而當訪員接著問對方願不願意帶一群少年犯到動物園一日遊時，居然有五十%的受訪學生回答願意。

你一讓步，對方就跟會著讓步。在金融交涉中，那些先提出極端苛刻的條件然後再往後退讓一步的人，會比那些一開始就提出合理條件之後便不再讓步的人，更容易完成交易。

先提出極端苛刻條件，之後再讓步，不僅會讓你得到比較好的條件，還會讓你得到一個愉快的合作夥伴：因為你讓對方覺得他們自己有決定最後結果的影響力，所以對方比較會同意接受這項條件。人與人之間的施與受，會讓彼此產生一種夥伴關係，就算對接受的一方，也會有類似的效果。

因此，下次有推銷員給你免費禮物或免費諮詢，或做出什麼讓步時，記得趕快躲開，不要讓對方啟動你的互惠的本能反應。席爾迪尼建議，碰到這種狀況，最佳的應對之道就是，以其人之道還治其人之身。如果你能重新評估這名推銷員的真正意圖——想利用你，你就可以反過來利用對方。你應該帶著勝利者的姿態，接受對方這項禮物或讓步——因為你是在利用一個總是在利用別人的傢伙，而不要於無心之間回饋對方。

如何提升互惠技巧

並非只有對付男童及惱人業務員時才需要用到互惠之道，朋友間的相處、情侶間的關係，也需要我們發揮互惠之道的精神。所有關係在一開始時，都處於非常微妙的階段，付出過多（似乎給人一種不顧一切之感）或付出太少（你好像有點兒冷漠且拒人於千里之外），都會毀掉彼此的關係。健康的關係來自平衡的施與受，尤其是適當地互送禮物、互相幫忙、互相關心、互吐心聲，都是培養彼此關係的重要技巧。前三種技巧大家都懂，但互吐心聲的技巧可就沒那麼好拿捏了。當對方告訴你他過去的感情經歷時，會讓你覺得你也應該談點兒自己過去的情史才對。然而，如果對方太早打出這張牌，你可能就會覺得有點兒矛盾——一方面，你的互惠本能反應會讓你也想說出自己過去的感情，另一方面，你卻又覺得不想把自己私密的感情生活告訴一個幾乎陌生的對象。然而，如果時機成熟，雙方互相交代過去的情史，就會是使彼此成為真正情侶的重要關鍵。

「互惠之道」可以說是處理所有人際關係的一劑大補帖。只要使用得當，便會對我們的人際關係產生強化、延長及活化的效果。互惠之道之所以能產生這麼好的效果，部分原因是因為我們心中的大象天生就是一個模仿高手。比如，當我們跟自己喜歡的人相處時，會不自覺地想模仿對方的一言一行。對方拿腳打拍子，你就可能拿腳打拍子，對方摸自己的臉，你就可能也摸自己的臉。我們不只會模仿喜歡的對象，也會喜歡模仿我們的那些人。我們會比較樂於幫助喜歡模仿我們的人，對後者的態度也比較和善。懂得模仿顧客的女服務生，小費總是拿得比較多。

模仿是一種人際關係的黏合劑，一種表達「我們是同一夥」的方式。這種模仿的樂趣在同步舉行的活動中最為明顯，例如，跳方塊舞、啦啦隊表演，以及一些宗教儀式等，參與者都在同一時間做同樣事情。人類有部分天性像蜜蜂一樣，屬高度群居性的生物，這是本書未來幾章將探討的主題，但在現代社會中，現代人在大部分時間裡都過著離群索居的生活。互惠跟愛一樣，是一股讓我們與別人連結在一起的重要力量。

第4章 自以為是

嘲笑偽君子真的很好玩。在這點上，美國人倒是有不少這類題材可供大家茶餘飯後閒聊。

♥ 幸福探索

拉什．林博（Rush Limbaugh），這位言論保守的電臺節目主持人就是一個活生生的實例。林博有一次在回應黑人毒品犯罪率過高的議題時，誇誇其談地說道，應該把吸食毒品的白人抓起來，直接送到監獄，結果二〇〇三年，在佛羅里達官員發現林博大量非法購買一種俗稱為「土海洛因」的長效止痛藥時，當場讓林博灰頭土臉。

另一個實例則發生在我的家鄉維吉尼亞州，維吉尼亞眾議院議員埃德・施羅克向來直言反對同性戀、同性戀婚姻合法化，以及同性戀服役。他曾在談到跟同性戀共處的恐怖經驗時說道：「想想看，他們會跟你一起淋浴，在同一個餐廳一起吃飯。」結果二〇〇四年，施羅克在某色情互動電話熱線的留言錄音帶被曝光。在錄音帶中，施羅克描述自己喜歡哪一種男性軀體，自己做愛時愛做哪些動作等。當然，這位已婚的國會議員也因此名聲掃地。

主張高道德標準的人一旦在道德上犯了自己指責的錯誤，就總會顯得格外具有諷刺意味，旁人奚落起來也覺得特別有趣。這就跟一些老笑話一樣。有些笑話的效果跟單句笑話一樣，但是大部分笑話都是三段式：這類笑話通常是，有三個傢伙一個接一個走進一家酒吧，或有一位修士，一位牧師，跟一位猶太教祭司在一個救生艇上。頭兩個人定下規定，然後第三個人違規。所謂的「虛偽」就是，偽君子說教在先，虛偽的行為則變成笑柄。

我們之所以喜歡把醜聞當娛樂，是因為醜聞會讓我們心生輕視別人之感，這種道德情緒也會讓我們產生道德優越感。最棒的是，大家可以一起輕視別人。一般人說東道西，最常說的就是誰做了不道德的事，這也是電臺談話類節目最主要的談話主題，這種閒聊可以讓大家一起表態確認彼此的道德立場。如果你告訴友人一個挖苦人的可笑事件，說完後兩人都搖頭不以為然地嬉笑一番，當下，兩人的默契就產生了。

是什麼讓我們虛偽

現在，不要再嬉笑辱罵了。古今中外最具普世真理的箴言就是：我們每個人都很虛偽，當我們蔑視別人虛偽之時，更顯得自己加倍虛偽。社會心理學家已把這種「對自己眼中的梁木視而不見」的心理機制孤立出來進行研究，但研究結果讓人不大好受。

事實上，它挑戰了我們心中對道德最有把握的認知。不過，也讓我們得以從極具毀滅性的道德論及分裂人格的「自以為是」中掙脫出來，解放自己。

重視道德表象勝過道德真相

研究人員在研究人類如何進化出利他及合作行為時，會安排好幾個人（或是以電腦進行模擬）一起進行遊戲。在每一個回合的遊戲中，參與遊戲者會跟另一位參與遊戲者互動，前者可以選擇合作策略（把餅做大，彼此共同分享）或貪心策略（為自己拿下最大好處）。幾回合下來，研究人員會計算出每位參與遊戲者累積的點數，找出從長遠看最具效益的策略。

這些遊戲基本上是簡化版的人生遊戲，在所有策略之中，效益最高的就是「以牙還牙」策略。從長期來看，不管在哪種環境下，樂於與人合作但保持警戒不受騙，絕對都是最優策略。不過，這些遊戲仍有流於「過度簡化」之嫌。每到一個關卡，參與遊戲者都有兩種選擇：是跟對手合作還是背叛對方。每位參與遊戲者都會針對對方在上一回合的作為做出反應。

不過，在真實人生中，我們並不是針對別人的行為來做出反應，而是依據自己心中認為的別人的行為來做出反應，而真實行為及個人認知兩者間的落差就要靠「印象管理」的技巧來彌平了。如果生命是「你認為它是什麼，它就是什麼」，那麼何不把時間精力拿來打理自己的外表，讓別人相信自己是個有德行又值得信任的對手呢？

權謀大師馬基維利在五百年前寫道：「大部分人都非常滿足於外表建構的假象，樂於把假象當成真實，事物的表象比事物的真相更具影響力。」跟政治一樣，物競天擇也是以適者生存的方式運作，許多研究人員都主張，人類經過不斷進化，學會以「馬基維利式」的權謀手段來玩人生遊戲。所謂的「馬基維利式的以牙還牙策略」就是，不管真相為何，重點就是要竭盡所能，為自己博得可靠又謹慎的名聲。

要為自己博得處事公平的好名聲，最簡單的方法就是以公平公正的態度處世，但在真實的人生及心理學實驗中，有時候我們會被迫在表象及真實之間做選擇。

♥ 幸福實驗

心理學家丹・巴特森（Dan Batson）巧妙地設計了一項實驗來研究人如何選擇，其研究結果看起來不大美妙。巴特森先讓學生受試者認為他是在研究不公平的回饋如何影響團隊合作，然後他把受試者單獨帶進自己的實驗室，之後他向學生解釋實驗的流程：兩人一組，其中一人如果答對問題，就能得到一張高額獎金的獎券，但另一個人什麼都沒有。他還告訴學生，這個實驗還有另一個目的，就是研究「控制權」的效應：你可以決定你們兩個人誰能得獎券，誰不能得獎券。你那一組的另一位夥伴已經來了，就在另一個房間，不過你們倆不會碰面，你會告訴你的夥伴誰能得獎純粹靠運氣。你可以依照自己喜歡的方式來決定誰可以得獎。結果，大部分的受試者都認為丟硬幣是做出公平決定的好方法。

之後，受試者就被單獨留下來做決定，大約有一半的受試者用到了硬幣。巴特森之所以能知道有一半的受試者用到了硬幣，是因為他事先用塑膠袋將這些硬幣包了起來，最後發現有一半的塑膠袋都被打開了。在沒有丟硬幣做決定的受試者中，有九十％的人選擇對自己有利的決定。在用丟硬幣的方法做決定的受試者中，還是有九十％的人選擇對自己有利的決定，也就是說，概率在這裡發揮不了作用。

在進行本項實驗之前幾個星期，巴特森就已針對道德領域的議題給這些受試者做過不同的問卷調查（這些受試者都是來學心理學的學生），所以他可以對比出學生的道德性格與其實際行為之間的差距。巴特森的研究結果如下：在問卷調查中表示自己很關心別人的權益及社會責任者，確實更可能用丟硬幣的方式做決定，但這並不表示他們就更會做出對別人有利的決定。也就是說，自認道德感特別強的人確實更可能「做出正確決定」去丟硬幣，但是如果丟硬幣的結果不如意，他們就會當做沒這回事，做出對自己有利的決定。巴特森把這種重視道德表象勝過道德真相的做法稱做「道德虛偽」。

在實驗中用丟硬幣的方法的受試者（在問卷調查中）表示，自己已做出符合道德標準的決定。第一次實驗結束後，巴特森認為或許這些受試者會故意含糊不清地欺騙自己，故意不先清楚地確定到底是丟出正面還是反面才算對自己有利（正面，嗯，就是我可以拿獎券）。因此，後來巴特森就在硬幣的正反兩面都做出清楚的標示，但結果還是一樣。只有在受試者正前面擺一面大鏡子，並一再對受試者強調公平的重要性後，才會影響到受試者的決定。人們只有在被迫思考何謂公平，且發現自己正在作弊的情況下，才會放棄自利的行為。正如耶穌及佛陀在本章一開頭所言，當我們向外看時，很容易就能發現騙子，但自我內省時，卻很難發現自己欺瞞的行為。

我們看得到別人身上的七個缺點，卻看不到自己身上有十個缺點。（日本俗諺）

公羊不知自己臭。（奈及利亞俗諺）

人性本自私，或只要知道自己不會被發現，人有時候就是會騙人。在所有研究中比較隱蔽的是，我們並不認為自己做錯事了，再真實的人生也是如此。不管是在高速公路上超車的飆車族，還是設置集中營來殺人的納粹，大部分人都認為自己是好人，且自己的所作所為都是出於善良動機。馬基維利式的「以牙還牙」策略之所以風靡世界，前提在於大家都只重外在、不求真實，例如，明明惡事做盡，卻又對外宣稱自己做了多少好事。

一如羅伯．賴特（Robert Wright）在其傑作《性、演化、達爾文》一書中所言：「人類這種動物一講到道德就頭頭是道，但可悲的是人自己總是誤用道德，最慘的是，誤用道德後還渾然不知。」

如果賴特所言為真——人類對自己的虛偽渾然不知，那麼古聖先賢一再告誡我們不要取笑別人的敗德行徑，不然就跟勸心情沮喪的人不要再坐困愁城一樣了，這根本沒有意義。單靠意志力，我們根本無法改變內心的「心理篩檢程式」，我們必須借助靜心或認知療法重新訓練我們心中的大象。心情沮喪的人起碼還會承認自己心情沮喪，但要對付人的虛偽可是難上加難，因為我們自己並不認為自己有什麼問題。在這個馬基維利式的權謀世界裡，我們可是全副武裝，是隨時為維護自己名聲而戰鬥的戰士，但我們最重要的武器卻是——自認自己並非戰士。你覺得在這種情況下，我們能掙脫虛偽的束縛嗎？

先做判斷，再編造說辭

還記得第1章裡的茱莉跟馬克這對亂倫兄妹嗎？雖然他們的行為並未傷害任何人，但大部分人還是蔑視他們的行為，而且還會編造各種理由，甚至是惡毒的理由來強化自己的立場。在研究道德判斷這個議題時，我發現人很會為自己的直接反應找理由：騎象人就像是大家找來幫自己在輿論法庭為自己辯護的律師。

大家之所以會看不起律師，有一個理由就是，律師只為客戶的利益辯護，不管事實真相為何。好的律師通常就是高明的騙子。很多律師不會直接說謊，但他們會把不利於客戶的事實掩蓋起來，巧妙地編出一套可信的說辭來取信法官及陪審團，而這套說辭有時候連律師自己都知道是虛構的。我們自己內心的辯護律師也是如此，不同的是，我們真的相信這套說辭。一定要當場捉個正著，我們才會了解自己內心的辯護律師如何思考運作，而且壓力不同，其反應也會有所不同。

我們有時候會問我們的律師某項做法合不合法，我們會這麼說：你不要覺得有壓力，只要照實告訴我這麼做合不合法即可。這時，律師就會查閱相關法律及判例，然後直接回覆：可以，有一條法律及判例對此有明確規範。他也可能會說：以律師的身分，我建議你不要這麼做。好的律師會周全地考慮所有問題點，仔細推敲所有可能的情況，最後再建議客戶採取另一種替代方案，但周詳與否在一定程度上取決於客戶的態度——客戶是真的想聽取律師的意見，還是他只想知道律師贊不贊成他這麼做。

有關人們日常思考推理的研究指出，我們心中的大象並不是好奇的客戶。每當人們要思考難題時，比如，你認為政府是否應調升最低工資，人們通常會先做出贊成或反對的決定，然後再來思考可支援自己立場的理由。例如，有人本能地認為政府應該調升最低工資標準，採取這個立場之後，再來找支持自己立論的證據。這時她心裡想的是：她的阿姨只拿最低工資，阿姨單靠最低工資沒辦法支付一家人的開支，所以沒錯，政府應該調升最低工資標準，就是這樣。認知治療師德亞娜．庫恩（Deanna Kuhn）曾深入研究過人們平常是如何思考推理的，發現人們常會拿出「我的阿姨」這種身邊實例的「假證據」。大部分人對自己的立場都提不出真實的證據，也不會費力去找不符合自己立場的證據。

哈佛大學的心理學家大衛．帕金斯（David Perkins）曾苦心致力於研究如何改善人們的思考推理，也發現了相同的結果。他指出，一般人都採用「先選定自己的立場，再來找支持自己立場的證據」的思考方式。如此便足以證明自己的立場是「有道理的」，之後所有思考便戛然而止。在壓力小的情況下，如果有人從相反的立場提出不同理由及證據，那麼我們還比較願意改變心意，但是我們不會自發地去做這樣的反向思考。

現在，來看看壓力大時我們會如何反應。假設有個人被稅務單位發現自己報稅不實，於是她急忙打電話給她的律師，她不是打電話來懺悔似地問律師說「我這樣做可不可以」，而是這樣告訴她的律師：「趕快想想辦法。」這時律師得快速採取行動，評估各種不利於客戶的證據，翻找判例，搜尋法律漏洞，找出一個可以把客戶個人開支解釋成公司支出的說法。客戶已經給這位律師下了軍令狀：「要不擇手段讓我全身而退。」

有關「特定動機思考推理」的研究指出，出於特定動機做出結論的人，其思考推理比庫恩及帕金斯的研究對象更有偏差，但其內心的思考機制是一樣的：一面倒地只想找尋支持自己立場的證據。社會智力測驗考不好的人，會想盡各種理由來懷疑該測驗的效度；看過不利於自己壞習慣的研究報告者——例如喝咖啡對健康不好，則會非常努力找出這個研究的缺失，而不喝咖啡的人是注意不到這些缺失的。不同的研究一再顯示：人會先設定自己的認知，再去尋找支持自己偏好的想法及行為的理由。因為我們這種思考模式常常無往不利，所以我們就會產生自己是一個公正客觀的人的假象。我們總是自認為自己的立場理性客觀，絕對沒問題。

富蘭克林就曾識破自己這種自欺的行徑。他自認為自己是個素食主義者，但有一回在海上航行時，他看到有人在烤魚，這時他開始流口水：

我本來陷入天人交戰，但在我看到魚被人開腸剖肚，小魚被人從大魚胃裡取出來後，我便在個人原則及個人偏好之間找到平衡點，後來我想，如果你吃了一條魚，那別人有什麼理由不吃你。之後，我便不覺得鱈魚有那麼大的吸引力了，此後跟別人一起吃飯，我仍以吃素居多。

由此，富蘭克林得出這樣的結論：「要當個講理的人其實很容易，不管你想做什麼事情，你都可以幫自己找到或編出一個理由。」

無意識的自我膨脹

我不想把所有過錯都怪到律師頭上，畢竟，律師（也就是我們心中的騎象人）其實就是我們心中有意識、會思考推理的「自我」，他不過是接收大象（我們心中自動化及無意識的自我）發出的指令。事實上，騎象人及大象兩人共謀合作，希望靠馬基維利式的「以牙還牙」策略，在人生競賽中打勝仗，只是雙方都不承認自己有這樣的意圖。

要想在人生競賽中打勝仗，就必須把自己最好的一面表現出來，以昭世人，我們必須表現得很有美德（不管自己是不是真的很有美德），而且不管自己有沒有資格，都必須得到合作的好處。不過，因為每個人都在玩一樣的把戲，所以你也得提防別人——謹防別人的表面功夫。人際往來原本就是大家互比手腕。我們一定得拿自己跟別人比，拿自己的所作所為跟別人的所作所為相比，還得編出對自己有利的說辭。（之所以會出現憂鬱，就是因為自己編的這套說辭走了樣，變成了貝克的三種錯誤認知〔參見第2章〕：我很爛，這個世界很可怕，我的未來一片黑暗。）

我們在拿自己跟別人比時，要嘛就是膨脹自己的價值，要嘛就是貶低別人的價值。這兩種做法大概都會派上用場，不過心理學的研究發現，我們對別人的評估其實相當精確，而自我評價卻常常扭曲失真，因為我們往往透過玫瑰色的眼鏡在觀察自己。

在蓋瑞森・凱勒（Garrison Keillor）虛構的草原小鎮中，鎮上所有女人都很堅強，所有男人都很帥，所有孩子都是中上資質。如果這世上真的有這樣的居民，那麼他們的胃口絕對不止如此：鎮上大部分居民都會認為自己比其他鎮民更堅強、更好看、更聰明。如果你要美國人及歐洲人衡量自己的美德、技藝等其他優異特質（如智力、駕駛技術、做愛技巧及倫理道德等），大部分人都會認為自己有高於平均的水準。（在東亞各國這種情況較不明顯，在日本則不存在這種現象。）

♥幸福實驗

尼克·艾普利（Nick Epley）及大衛·鄧寧（David Dunning）曾做過一系列相當出色的實驗，來探討人類如何評估自我。

在第一次實驗中，他們詢問康乃爾大學的學生，本校即將舉行一項慈善活動，請預估自己及其他該校大學生會在該慈善活動中買多少花。接下來，他們觀察學生實際的行為，結果發現：學生會過分高估自己的善行，但對別人的行為倒是估算得相當準確。

在第二次實驗中，艾普利及鄧寧要求學生預估自己在一項金錢遊戲中的行為——是採取自私策略，還是合作策略。第二次實驗的結果跟第一次實驗的結果一樣：有八十四%的學生預測自己會採取合作策略，但卻預期（平均）其他人只有六十四%會採取合作策略。實驗進行之後，有六十一%的學生採取合作策略。

在第三次實驗中，艾普利及鄧寧付給每位參加實驗的學生五美元，然後問他們，如果在這次實驗結束後有人要他們為慈善捐款，請預估自己及其他人會捐出多少錢。結果，學生預測（平均）自己會捐二·四四美元，但別人只會捐一·八三美元。不過，艾普利及鄧寧後來真的要求這些受試者捐錢時，這些受試者平均只捐了一·五三美元。

接下來是艾普利及鄧寧最精彩的實驗，研究人員先跟一組新的受試者解說第三次實驗的細節，然後再要求這些受試者預測，如果「真的」得捐錢，自己會捐多少錢，康乃爾大學的其他學生又會捐多少錢。這一次，受試者仍然預測自己會比別人慷慨，但後來研究人員告訴這組新的受試者：參加第三次實驗的受試者實際捐款金額平均只有一．五三美元。在得知以上消息之後，研究人員給新的受試者一次更正預估金額的機會，他們真的更正自己預估的金額，但他們只是降低了自己對其他人捐款金額的預估數字，卻沒有改變自己對自己捐款金額的預估數字。換言之，受試者會善用基礎率資訊來修正自己對他人的預估，卻拒絕將其應用到自我預估上，對自己仍然充滿玫瑰色的幻想。

在判斷別人時，我們會依據對方的行為來做判斷，但是對自己，我們卻認為自己「裡外如一」，所以我們很容易便可為自己的自私行徑找到開脫的理由，然後一味沉溺在「自己高人一等」的幻想中。

模糊不清會助長我們的幻覺。因為很多特質（例如領導能力）有多種不同的定義，所以我們就會隨意挑一個最符合自己特質的標準來諂媚自己。如果我是個有自信的人，我就會把領導能力定義為自信心。如果我對人很有一套，我就會把領導能力定義為了解、影響別人的能力。當我們拿自己跟別人相比時，我們的思考過程如下：先把議題定出來（無意識地、自發地），如此我們所認定議題中的特質，就會跟自己自認的優點連結起來，之後我們再來找證明自己擁有該優點的證據。一旦我們找到一項證據，就會覺得「果然如此」，之後一切就戛然而止，這時我們不再思考，開始自我陶醉。

難怪在一項針對一百多萬名美國高中生的研究中，有七十％的學生認為自己的領導能力超過平均水準，但只有二％的學生認為自己的領導能力低於平均水準。每人都可以找出某項跟領導能力有關的特質，然後再找到某項可證明自己擁有該特質的證據。（就本研究而言，大學教授比高中生更沒有自知之明，居然有高達九十四％的大學教授認為自己的領導能力超過平均水準。）不過，一旦沒有模糊的空間——例如，你身高多少，大家的反應馬上就變得更貼近實際情況了。

如果這種四處可見的自我膨脹大頭病只是讓人自我感覺良好，就不會造成問題。有證據表明，對自我、自己的能力、自己未來的遠景秉持積極幻想的人，會比缺乏這種幻想的人更幸福，其心理更健康、更受人喜愛。不過，這種幻想會讓你覺得自己理應比別人獲得更多，從而在自己與他人之間引發無盡的紛爭，因為別人也認為他該得到同樣的好處。

我大一住校時，跟室友老是吵個不停。那時，宿舍的家具大部分是我的（包括一臺很貴的冰箱），公共區域的清潔工作也大都是我在做。過了一段時間，我不想老是做得比別人多，所以我便放手不管，讓公共區域變得一團糟，看看有沒有人會接手去收拾。結果，根本沒人管。不過，其他室友卻恨起我來，幾個人還連成一條戰線。第二年，我們不再同住，反而變成好朋友。

大一時，我爸爸開車把我和我的冰箱送到宿舍，他告訴我，上大學要學的最重要的東西，在課堂上是學不到的，他說的沒錯。跟室友同住幾年之後我才明白，我大一時實在是個傻瓜。我當然會覺得自己做得比別人多，因為我每做一件小事都記得清清楚楚，但是對別人的貢獻，我卻只注意到一小部分。我確實做了那些事，但我卻「自以為是」地只算自己做的部分——我只挑自己在意的事情，例如清潔冰箱，所以我就在這部分給自己打了A^+。

與其他的人際比較一樣，在模糊的情況下，我們會專挑對自己有利的來做比較，然後再去找可證明自己確實比較懂得與人合作的證據。有關這類「無意識的自我膨脹」的研究顯示，丈夫與太太在估算各自所承擔的家務時，雙方估算的數字總共加起來高達一百二十％；MBA研究小組的學生在估算各自對小組的貢獻時，其數字總共加起來高達一百三十九％。只要是需要我們跟別人合作的情況，自私的偏見往往就會把互利變成互相憎恨。

「天真實在論」

如果連配偶、同事，以及室友之間都會發展到互相憤恨，那麼彼此間沒有感情基礎或共同目標的人要談判協商，就難上加難了，這就是為什麼我們得耗費龐大的社會資源來處理訴訟案件、罷工、離婚糾紛及和平談判破裂後的暴力衝突的原因，因為人類的這種自私的偏見會激起人們心中的偽善憤慨。面對這種高壓狀況，律師（真正的律師及象徵性的律師）會不眠不休地找尋對自己客戶有利的證據。任教於卡內基美隆大學的魯文斯坦（George Loewenstein）教授及同事便找出一種研究這類思考過程的方法。

♥ 幸福實驗

魯文斯坦等人先將受試者分為兩人一組，再將一份真實的法律案例（一件發生在德州的摩托車事故）發給受試者讓他們細讀，然後指定其中一名受試者擔任被告，另一位擔任原告，隨後真的發給他們一筆錢讓他們去協商賠償金額。研究人員會告訴這兩名受試者雙方必須達成公平協定，並警告兩人，如果協商破裂，研究人員就會強制雙方和解，而且從這筆金額中扣下「法庭費用」，這麼一來，原告跟被告只會更慘。

兩位受試者從開始知道自己擔任的角色起，各自閱讀的案件資料便有所不同，因此對法官在真實案件中所做的和解安排，猜測的方向也完全不一樣，所以雙方的辯論立場都相當偏頗。結果，有超過二十五%的小組無法達成協議。不過，如果受試者是在閱讀過所有資料之後才知道自己是扮演原告或被告的，那麼雙方的立論就都會比較合理，最後只有六%的小組未能達成和解。

然而在現實生活中，我們不可能把談判雙方的身分隱瞞到最後一刻，於是魯文斯坦便著手找尋其他可「去除偏見」的方法。他試過讓受試者閱讀主題為「自私的偏見會影響人們立場」的文章，看看受試者是否會因此矯正自己的偏見。結果徒勞無功，受試者雖然會運用這個資訊來更準確地預測出對手的行為，但卻絲毫沒有改變自己的偏見。一如艾普利及鄧寧的研究，人們對於有助於自己預測他人行為的資訊確實持較開放的態度，但卻不願調整自己的自我評價。在另一項研究中，魯文斯坦採用婚姻治療師的諮詢方法，要每位受試者從對方的立場寫一份非常具有說服力的文章，結果情況更糟。這種方法之所以會起到反效果，可能是因為站在對方立場思考反而會刺激自己更加努力去思考如何辯駁對方立場。

不過有一種方法確實奏效：在受試者讀過有關「自私的偏見」等文章後，研究人員要求受試者針對自己的缺失寫一篇文章，這時，受試者先前那種自以為是的態度開始鬆動，態度變得相當公平公正，反應與在閱讀過所有資料之後一樣。可是，先別太樂觀，我們要了解，魯文斯坦是要求受試者找出自己在案件中的缺失——即其辯護立場，而不是自己性格上的缺點。如果你想勸誘別人去看自己不願面對的事，他們的抗拒只會更為激烈。

普林斯頓大學的艾蜜莉．普羅尼（Emily Pronin）教授及史丹佛大學的李．羅斯（Lee Ross）教授曾企圖幫助人們克服自私的偏見，他們先向人們講解何謂偏見，然後再問對方：「好了，你知道人有這些偏見，現在你會想改變自己的自我評價嗎？」經過多次研究，結果都一樣：大家都很樂於了解各種自私的偏見，也知道應用這些知識來預測別人的反應，但是自己的自我評價還是不動如山，就算你拉著對方的衣領，搖著他的身體告訴他：「仔細聽著！大部分人的自我評價都是自我膨脹，你應該務實一點！」他們也根本不信你這套說法，還是會自言自語道：「別人可能有偏見，但是我真的是個優秀的領導人才。」

普羅尼及羅斯在深入研究這種抗拒面對真實自我的態度後，稱這種現象為「天真實在論」（naive realism），即我們每個人看到的、感覺到的世界是最真實的世界，我們相信自己看到的事實，每個人也都看得到，所以別人應該跟我有一樣的想法。如果別人有不同的想法，要嘛就是他們沒有看到真正的事實，要嘛就是他們被自己的利益及意識形態蒙蔽。

人們承認自己的想法會受自己的背景影響，但是這種經驗應該會加深個人洞察力，例如身為醫生，可讓你更深入地了解醫療行業的問題。不過，別人的背景則可解釋其為何會有那樣的偏見，及其背後所隱藏的動機，例如醫生會認為，律師對民事侵權行為改革的立場之所以與醫生不同，並非因為律師與在醫療事故中的受害者合作，而是因為律師自身的利益影響其思考，從而產生偏差。因此，「天真實在論」認為，每個人都會受自身意識形態及利益所影響，只有自己例外，只有自己看事情是絕對實事求是的。

如果我說我可以找出「阻礙世界和平及社會和諧的最大障礙」，那麼這就是「天真實在論」，因為不管是個人還是團體，「天真實在論」的說法都很容易引起爭議——我們這個團體的立場才對，因為我們一向實事求是。跟我們意見不合者顯然受其信仰的宗教、意識形態或自身利益的影響，才會滿懷偏見。「天真實在論」告訴我們，這個世界非黑即白，善惡分明，這讓我們不得不思考古聖先賢對虛偽下的斷語：善與惡存在於我們的想法中，我們認為是善就是善，我們認為是惡就是惡。

為何會有邪惡與殘暴

一九九八年的某一天，我收到鎮上一位我不認識的女士寫給我的一封親筆信。這位女士在信上寫道，犯罪、毒品及未成年少女懷孕等問題已完全失控，撒旦已張開翅膀，社會快速敗壞。這名女士邀請我到她的教會尋找精神庇護所。

我在看這封信時，相當同意她所說的：撒旦已張開翅膀。不過，我認為撒旦是張翅飛走，讓世人享有平靜。因為一九九〇年代後期是世界的黃金時代，冷戰結束，民主及人權已獲解放，南非的種族隔離政策終於廢除，以色列與巴勒斯坦歷經艱難萬苦終於簽下「奧斯陸協議」，朝鮮問題也出現改善的契機。在美國，犯罪率及失業率大幅下跌，股市迭創新高，整個國家財富快速累積，眼見就可消除巨額赤字。甚至連蟑螂都不見蹤影，因為大家都用「克蟑」殺蟲劑來滅蟑螂。因此，這位女士到底在胡言亂語什麼東西？

如果要寫一九九〇年代的道德史，標題應該是「迫切尋找撒旦的年代」。眼見世界和平，社會祥和，美國人開始找尋壞蛋的替身。先是拿毒販開刀（中樞神經興奮劑的流行現象一下子就消失了），再就是誘拐小孩的綁匪（常常是小孩的父親或母親幹下的壞事）。文化右翼分子拚命把同性戀妖魔化，文化左翼分子則拚命詆毀種族主義者及討厭同性戀者。當我在思考以上這些壞蛋時，我突然了解他們都有以下三大特質：他們是無形的（單看外表無法辨識這些壞蛋）；其邪惡具有感染性，所以我們要保護易受影響的年輕人，不要讓其染指；只有我們團結一致，才可以打敗這些壞蛋。我頓時明瞭，人們希望相信自己正在執行上帝交付給他們的任務，或他們是為了世界的良善所奮鬥（動物生存權、胚胎生存權、女性權利等），缺了戰友及敵人，你怎麼可能完成這項神聖的任務。

善惡之戰

善惡之戰，是許多宗教自創立以來最困惑的問題，如果上帝是全善全能的，那麼這世上之所以存在著惡，是因為上帝允許其存在（這就表示上帝並非全善），抑或上帝也在對抗邪惡（這就表示上帝並非全能）。宗教一般會從以下三個答案中選其中一種說法來解決這個矛盾。

第一個答案是二元論：世界上有善、惡兩股力量，兩者力量相當，彼此抗衡，永遠不斷地對抗。人類是善惡戰場上的一部分，我們身上有一部分為善，一部分為惡，所以我們必須決定自己要站在善的一方，還是惡的一方。發源於波斯及巴比倫的宗教，如拜火教，就是持這種論調，這種論調也影響了基督教中的摩尼教的教義。

第二個答案則是一元論：主張世界上只有一個上帝；是上帝依世界所需創造這個世界，邪惡是一種幻象，發源於印度的宗教大都持這種論調。這些宗教主張，整個世界——或起碼掌握我們情緒者，就是一個幻象，只有打破這個幻象，人的內心才能清明。

第三種論調是基督教的論調，這種論調將二元論及一元論混合起來，得出一種折中的說法：上帝的全善及全能與撒旦共存。不過，這個說法實在太過複雜，讓我根本搞不清楚。根據我從維吉尼亞州一家福音電臺的講道內容可知，很多主張馬基維利式的觀點，主張上帝及撒旦在打一場永遠的戰爭的基督徒，也聽不懂這個論調。事實上，不同的宗教各有不同的教義，但不同時空下的宗教所呈現的撒旦、魔鬼及其他邪魔的形象倒是都相當類似。

從心理學的觀點來看，摩尼教的說法最有道理。正如佛陀所言，「我們的人生是心理創造出的產物」，我們的心理慢慢學會使用馬基維利式的「以牙還牙」策略。我們每個人都會做出自私、短視的行為，但我們內心的辯護律師則會確保自己不會把過錯怪到自己身上。如此，我們就會確信自己做的都是對的，但卻能很快看出別人充滿偏見、貪婪及口是心非的那一面。我們總能正確地判斷出別人的動機，但一旦自己遇到衝突，就會開始誇大自己的善行，編出一個善（自己這一邊）惡（別人那一邊）大戰的故事。

收到上述來信後，我花了不少時間去思考人為何對邪惡有那樣的心理需求。於是我決定針對這個主題寫一篇文章，運用現代心理學的技巧，從新的角度切入分析。不過我才剛要著手進行，就發現自己慢了一步。

一年前，當今最具創意的社會心理學家羅伊．鮑麥斯特（Roy Baumeister）已針對這個困擾人類三千年之久的問題，提出了一個完整、引人入勝的心理學分析。在《惡向膽邊生》一書中，鮑麥斯特分別從被害人及加害人的角度檢視邪惡的面貌。從加害人的角度來看時，鮑麥斯特發現，這些我們眼中十惡不赦的壞蛋（從對配偶暴力施虐到進行種族滅絕的惡行），很少有人承認自己做錯過事。他們幾乎都認為自己只是合理地回應別人的攻擊及挑釁。他們常覺得自己才是被害者。

當然，我們馬上就看出來這是他們推卸責任的手法，因為我們可以輕易看出別人會用偏見來維持自己的自尊。鮑麥斯特的研究讓人感到不安的是，我們常會自我扭曲地把自己當做被害人，還會正義凜然地為受害人伸張正義。鮑麥斯特從他翻閱過的所有文獻中發現一個事實：被害人通常也得為整個事件負部分責任。

大部分謀殺案都是挑釁及報復不斷迴圈升級後而導致的慘劇，而且最後死的也很可能是出手殺人的人。在所有家庭糾紛中，有一半的案件雙方都使用過暴力。鮑麥斯特還指出，即便是員警濫用暴力的案件，案件真相也往往比媒體報導的要複雜許多。以一九九一年羅德尼．金（Rodney King，一名違反交通規則的黑人青年）在洛杉磯慘遭洛杉磯員警暴力攻擊為例，整個過程被錄下來了，在該錄影畫面被媒體披露之後，洛杉磯警方馬上成為眾矢之的，惡名昭彰。（電視新聞就是要滿足人們那種「邪惡正在美國四處猖獗」的心理，才有觀眾要看。）

「邪惡至極」的迷思

鮑麥斯特之所以是個非常優秀的社會心理學家，部分原因是他堅持追求事件真相。確實有無辜的人會莫名其妙地碰到邪惡的壞事，但大部分的案件其實都很複雜，鮑麥斯特則願意打破「不要怪罪被害人」的禁忌，堅持找出事實真相。人們通常不會無緣無故地使用暴力，之所以使用暴力，大多是因為自認遇到不公平的待遇所以反手報復，或出於自衛。然而，這並不表示加害人及被害人得負起同樣責任：通常是加害人反應過度且誤解對方意圖（受自私的偏見所影響）。不過，鮑麥斯特指出，我們對暴力及殘忍有一種心理，一種被鮑麥斯特稱為「邪惡至極」的心理，該迷思最重要的想法就是：壞人做壞事的動機都非常邪惡（無非是出自虐待及貪婪等動機）；被害人則是完全無辜（平白無故地受害）；邪惡來自外界，並與別的團體或攻擊我們的力量結合起來對付我們。而且，誰質疑這套說法，誰膽敢挑戰這套道德論，蹚這潭渾水，誰就是選擇站到邪惡那一邊。

「邪惡至極」的迷思就是自私偏見的最終版，也是「天真實在論」的終極版，還是雙方長期陷入暴力迴圈的最終原因，因為兩邊都用這套說法讓自己陷入善惡之戰。當美國總統布希說，「九一一」事件的恐怖份子之所以做出這樣的暴行，是因為他們「怨恨我們所享有的自由」，這充分表明他完全不懂這些恐怖份子的心理。不管是劫機犯還是賓拉登，他們對美國女性可以開車、投票、穿比基尼並不在意，許多極端分子之所以想殺美國人，其實是因為他們都用這套「邪惡至極」迷思來解釋阿拉伯世界的歷史及現今的事件。在他們眼中，美國就是撒旦。透過這套扭曲的「邪惡至極」神話論，他們做出這些恐怖行動，只不過是在回應美國在中東的行動及影響。恐怖分子把所有平民百姓一律視為「敵人」，恣意地濫殺無辜，確實非常駭人，從心理學角度來分析起碼還說得通，但是如果說他們因為怨恨我們享有的自由而做出這些壞事，則是完全站不住腳的。

邪惡與殘暴的四個成因

鮑麥斯特還得出另一個令人不安的結論，他發現邪惡及殘暴有四大主要成因。前兩個是邪惡的屬性：貪婪、野心（例如搶劫案，個人為了能直接獲利而使用暴力）及虐待狂（從傷害別人中得到樂趣）。不過，貪婪、野心只解釋了小部分暴力事件的成因，虐待狂則幾乎不成原因。除了在給兒童看的卡通及恐怖片中，人們很少會單純地以傷害別人來取樂。

邪惡兩個最大的成因是：自尊心太強及道德理想主義。在我們眼中，這兩項都是好的德性，而且我們也常以此鼓勵我們的孩子。自尊心強並不會直接導致暴力，但是如果你的自尊心過強，造成自己脫離現實或過度自戀，你就會很容易覺得受現實所迫。而當面對這些威脅時，特別是年輕人，往往會激烈抨擊社會。因此，鮑麥斯特便質疑學校不該推行提高孩子自尊心的課程，而是應該教孩子一些可讓其自傲的技藝。因為直接強化孩子的自尊心，很可能會讓孩子陷入自戀的泥淖中。

從個人角度來看，自尊心受威脅確實是暴力事件的主要成因，而理想主義則是造成大規模殺戮事件的主要原因——因為秉持這種想法的人認為，自己的暴行是追求道德目標的一種手段。

執行二十世紀大規模殺戮事件的劊子手，不是認為自己正在創造一個烏托邦，就是認為自己正在保家衛國。理想主義之所以危險，是因為理想主義總是認為目的可以讓手段合理化。如果你是為了善或上帝而戰，那麼重要的是結果，而不是過程。大家都不重視法律規定，但是重視形成所有法規之基礎的道德原則。不過，一旦道德使命與法律相抵觸，我們通常就會站在道德使命這一邊。

心理學家琳達・斯基特卡（Linda Skitka）發現，人們一旦對某項爭議性議題產生強烈道德感情——即對此負有「道德使命」，就比較不在意法律上是否符合程序正義。他們只希望讓「好人」無罪釋放，讓「壞人」受罰。這就是為什麼布希政府一再主張，在面對「打擊恐怖主義的戰爭」時，一些不經司法審判的處決，未經審判的入獄，以及對囚犯殘酷地用刑都是合法、合宜的措施的原因。

如何尋得完滿之道

以前在大學上哲學課時，常常聽到「世界是一種假象」這樣的說法。我在那時一直搞不懂這句話的真正含意，只覺得它聽起來非常深奧，但在花了二十年時間研究心理學之後，我終於理解了這句話的含意。人類學家柯利弗德・格爾茨（Clifford Geertz）曾寫道：「人類是一種懸浮在自己所編織的意義之網中的動物。」也就是說，我們生存的世界並不是真的由岩石、樹木等實物建造而成，而是一個由辱罵、機會、身分象徵、叛徒、聖人及罪人構築的世界。這些都是人類的心理創造出來的，它們也算得上真實，但不是岩石、樹木的那種真實。這些人類的心理創造的產物就像巴利（James.M.Barrie）所創作的彼得潘一樣，只有在你相信他們時，他們才會存在，他們就像電影《駭客任務》的母體，是彼此共同創造出來的幻覺。

我們內心的辯護律師、透過玫瑰色的鏡子看自己，「天真實在論」以及「邪惡至極」的迷思，以上種種心理機制共同為我們編織出我們賴以為生的意義之網，而天使與魔鬼就在其中打得你死我活。我們的內心一直不斷地做出贊成及反對的心理反應，並確信自己一直站在天使這一邊。從這個觀點來看，我們所認為的高道德標準、自以為是的態度及虛偽等，實在都是非常愚蠢。而且，這不只是愚蠢，還是可悲，因為人類永遠都無法達到平靜及和諧的境界，我們到底應該怎麼辦？

第一步就是把人生當做一場遊戲，不要看得太認真，古印度給人類最重要的啟示就是，我們體驗的人生是一場名叫「生老病死輪迴」的遊戲。在這場人生遊戲中，每個人都要完成他在這場巨大人生遊戲中的角色。在人生的生老病死輪迴裡，碰到好事，我們就快樂；碰到壞事，我們就會生氣或悲傷，如此好壞交替，直到死亡為止。等到我們「轉世投胎」重新來到人間，生老病死的輪迴就又重新啟動。古印度道德文本中的《薄伽梵歌》講的就是你無法完全離開這場人生的遊戲；在宇宙的運轉中，你有你要扮演的角色，所以你必須演好自己的角色。不過，你應依正道而行，不可依自己行為所帶來的「好處」或結果來行事。克里希那大神說道：

我喜愛無恨無喜之人，無悲無欲之人……對朋友及敵人一視同仁之人，不管被尊敬或被鄙視態度一樣之人，不管冷熱，不管苦樂，態度一樣之人，擺脫依戀且寵辱不驚之人……以及逆來順受之人。

佛陀的立場則更進一步。佛陀也主張對人生的高低起伏，不用在意，但祂要我們完全離開這場人生的遊戲。佛教就是在教導我們如何逃離生老病死的輪迴，以及無止境的轉世投胎。雖然佛教徒對於人如何面對人世的立場有分歧，但是佛教徒都一致強調人應訓練自己的內心，如此心才會停止做判斷。中國禪宗大師僧璨曾在禪詩中提出將「不做判斷」的主張作為人追求「完滿之道」的先決條件。

至道無難，唯嫌揀擇。
但莫憎愛，洞然明白。

你自己眼中有梁木，怎能對你弟兄說：容我去掉你眼中的刺呢？你這假冒為善的人！先去掉自己眼中的梁木，然後才能看得清楚，去掉你弟兄眼中的刺。

——《聖經》馬太福音

毫釐有差，天地懸隔。
欲得現前，莫存順逆。
違順相爭，是為心病。

「強做判斷」確實是內心的毛病：我們會因此憤怒、苦惱，陷入衝突。不過，這也是心理的正常反應——大象一直在做評估，不斷地說著「我喜歡」或「我不喜歡」。如何才能改變自己的自動化反應呢？我們已經知道，僅僅是下決心不去批判別人，或不再當個偽君子是無法輕易就達到目標的。然而，正如佛陀的教誨，騎象人可以慢慢學會馴服大象，靜心就是一個好方法。靜心可以讓我們冷靜下來，不再那麼執著於人生的起伏與不順。靜心是東方式的自我訓練，是讓自己學會從哲學的角度面對自己的人生。

認知療法也能發揮同樣的效果。在《好心情手冊》這系列暢銷的認知療法手冊中，作者大衛·柏恩斯（David Burns）用一整章的篇幅告訴讀者如何用認知療法處理憤怒的情緒。柏恩斯建議的方法跟貝克建議我們用來對抗沮喪的方法幾乎一模一樣：先把自己的想法寫下來，找出自己想法的扭曲之處，然後再做合情合理的思考。柏恩斯著重在我們常出現的「應該如何如何」的思考——我們會有這個世界「應該」如何運作，人們「應該」用什麼態度對待我們這類的想法。一旦有人侵犯我們心裡的這種「應該如何如何」的想法，我們就會憤恨不已。柏恩斯也建議我們要有同理心：面對衝突，要從對方的觀點來看事情，這樣你才能理解對方並非無理取鬧。

我基本上同意柏恩斯的做法，但是一旦雙方開始動怒，要彼此產生同理心，去了解對方立場，可能就有點兒緣木求魚。遇到這種情況，耶穌的話比較實際：「先去掉自己眼中的梁木。」（巴特森跟魯文斯坦都發現，受試者一旦被迫審視自己，原有的偏見就會消失。）只有在非常刻意的努力之下，我們才會看到自己眼中的梁木。

現在，你可以試試這個方法：回想最近你跟某個自己在意的人起衝突的情景，找出自己行為不當之處，例如自己做了冒犯對方（就算有權如此）、傷害對方（即便出於好意）或言行不符（就算找得到理由）的舉動。在你發現自己的過錯後，你就會聽到自己心裡的辯護律師拚命幫自己找理由開脫，把過錯怪到別人頭上，這時，不要聽他的。你現在的任務是找出一件自己所做的錯事。把梁木移走的那一刻真的很痛，但一下子就不痛了，而且接下來你會覺得放鬆下來，甚至很愉快。人一旦發現自己的過錯，心裡就會很難受，但不會太久，如果你能承認自己的過錯，反而會因此感覺到一股混合著驕傲的愉快感。這就是一個人為自己的行為負責後感覺到的快樂，這就是榮譽

易見他人過，自見則為難。揚惡如颺糠，己過則覆匿，如彼狡博者，隱匿其格利。

——佛陀

感。

虛偽及亂下判斷是重創人際關係的兩大殺手，找出自己的過錯，也是克服這兩項惡習的關鍵所在。當你發現自己也是造成雙方衝突的元兇時，你心中的怒氣就會降下來——或許你的怒氣不會完全消失，但起碼可以恢復一點理智，承認對方也有對的地方。你可能還是認為自己是對的，對方是錯的，但現在的立場已修正為自己大部分是對的，對方大部分是錯的，這時雙方就可以找到一個不傷彼此感情的臺階。你可以這麼告訴對方：「我不應該做 X 這件事，所以你會有 Y 這種感覺，我可以理解。」在平等互惠的壓力之下，對方可能會覺得自己也應該有所表示：「你做了 X 這件事，我真的很不高興，不過我也不應該做出 P 這件事，你會有 Q 的反應，我完全可以理解。」互相報復的心理，一旦有自私的偏見在一旁火上澆油，雙方就會陷入交相指責中，讓情況變得更不可收拾，但是我們可以把互相報復的心理逆轉成互相理解的心理，以終止衝突，保住彼此的關係。

經過不斷地進化，人類學會了馬基維利式的「以牙還牙」策略，而且內心還隱藏著虛偽、自以為是，以及道德衝突等心理。了解心理的結構及運作策略，我們就能走出這種人際操縱的遊戲，走進自己選擇的遊戲。只要我們能找出自己眼中的梁木，就不會再那麼受自身偏見所困，不會再那麼愛說教，也不會再那麼容易與人爭論、與人衝突。你終於可以開始追求人生的完滿之道，一個因了解接受而尋得的追求幸福的方法——也就是下一章的主題。

Part · III

追 求 幸 福 的 方 法

【駁象之道】

第5章 幸福來自何處？

如果金錢及權勢可以買到幸福，那麼《舊約聖經》〈傳道書〉的作者應該能登上狂喜的巔峰。〈傳道書〉的主要內容是耶路撒冷一位國王回顧自己的一生，回憶自己對幸福及滿足的追逐過程。這位國王決定用自己的財富追求幸福，測試金錢能否買到幸福。

我曾做過的大事——為自己建造房屋，栽種葡萄園，修造花園，在園中栽種各類果樹，又擁有大群牛羊，勝過任何比我先在耶路撒冷的人所擁有的。我又為自己積蓄金銀，以及列王和各省的財寶。我又為自己招募男女歌手，納了許多妃嬪，是世人所以為樂的。於是我日漸壯大，超過任何比我先在耶路撒冷的人；我的智慧仍然與我同在。我眼中所求的，我都不禁止。

不過，作者接下來卻發現，這些身外之物其實讓人空虛（接下來這段話可能是人類最早出現的關於「中年危機」的記載）。

然後，我省察我所做的一切，以及我勞碌換來的成就，想不到一切都是虛空，都是捕風，在日光之下毫無益處。

〈傳道書〉的作者告訴我們他追求幸福的種種方法——艱苦奮鬥、學習、品嘗美酒，但是這些東西都無法讓他滿足，而且這些身外之物也無法趕走他心中的空虛感：跟動物相比，自己的人生並不存在任何更本質或具有更高目標的價值。從佛陀及斯多噶學派哲學家愛比克泰德的觀點來看，〈傳道書〉作者的問題再明顯不過：他太努力去追求幸福。

佛教及斯多噶學派教誨我們：追求身外之物，或強求世事如己所願，最後只是一場空。幸福只能內求諸心，斷除對身外之物的執著，對一切採取接受的態度。（佛教徒及斯多噶學派可以有感情關係，也可以工作，或擁有身外之物，但是對這些身外之物不得有執念，以免因失去而憤恨煩憂。）這種想法可以是本書第 2 章的延伸：你認為生命本身是什麼，它就是什麼。你的心態決定你如何看待事物。不過，心理學近來的研究指出，佛陀及斯多噶學派可能有過度引申之嫌。有些身外之物仍然值得我們追求，而且幸福有一部分是可外求的，只要你知道其來處。

幸福的兩個原則

幸福原則1：進展原則

〈傳道書〉的作者面對的不只是人生沒有意義的恐懼，他還得面對成功會讓人失望的事實。得到自己想要的東西固然讓人幸福，但這種幸福通常很短暫。你成天夢想自己能升官、進名校、完成一個大項目。除了睡覺時間之外，你無時無刻不在工作；你可能會幻想自己達到目標時，不知道會有多幸福。

之後，你真的成功了，好運的話，你可能有一個小時或一天的時間，會處於興奮愉悅的狀態，尤其如果是意料之外得到成功。那麼在事實揭曉的那一刻，你一定會樂歪。不過，人是「得不到」愉悅感的。當你發現成功在望，心裡的感覺應該是鬆了一口氣——一種事情了結、可以放鬆下來的幸福。在這種時候，我第一個想法很少是「萬歲！太棒了」，而是「好了，現在我該怎麼辦」。

我們面對成功時的淡然態度其實是正常的。當動物做出有利於自己的進化、可讓自己在生存遊戲中保持領先地位的行為，其人腦就會分泌多巴胺，這是一種會帶來快感的神經傳導物質。食物及性交會帶來快感，這種快感會變成一種增強物，以後就成為動物找尋食物與性交的動機。不過，人類的情況比較複雜。在人生遊戲中，有良好的社會經濟地位、博得好名聲、與人建立情誼、找到最好的伴侶、累積各種資源、養兒育女，這才算成功。

人有許多人生目標，所以快樂的來源也就各式各樣。你可能會認為，每當我們達成重要目標，我們的大腦就會持續不斷地分泌大量多巴胺。然而強化作用就是這麼詭異：行為剛發生後的頭幾秒鐘（不是幾分鐘或幾小時），才是強化作用效果最強的時候。這就像你想訓練你的狗去撿東西，但是如果你每次都在它把東西咬回來十分鐘之後才給它一塊大牛排，就行不通。

大象也採取相同的運作方式：每當大象做對一件事，大象就會有快樂的感覺。大象會記住每種行為立即產生的快樂（或痛苦），但是如果行為是星期一做的，成功則是在星期五才實現，大象就沒辦法把兩者連結在一起。心理學家理查．戴維森指出，人有兩種積極的情感。他稱第一種為「達成目標之前的積極情感」，這是我們朝著目標前進時感覺到的情緒。他稱第二種為「達成目標之後的積極情感」，並說這是我們達成目標後感覺到的情緒。後者是大腦在目標達成後，前額葉皮質區活動趨緩，使人感覺到短暫釋放的滿足感。換言之，追求目標時真正重要的是過程，不是結果。因此，先為自己設定目標，每朝著目標前進一步，我們都會感覺到朝著目標前進的幸福與滿足。成功來臨的那一剎那，我們心裡的感覺其實是像走完漫長的旅程卸下沉重背包時的那種如釋重負之感，而不是欣喜若狂。人們總是朝著目標，全力以赴，以為自己達成目標時會欣喜異常。然而當成功降臨時，我們其實只是感覺到一點點短暫的幸福感，這時我們不禁要問：難道就是這樣？於是我們會忍不住去貶低自己的成就，認為自己的努力根本是一場空。

我們稱此為「進展原則」，即朝著目標前進比達成目標要幸福。莎士比亞說得好：「成功之時，一切已結束；努力的過程是最幸福的。」

幸福原則2：適應原則

如果我給你十秒鐘時間，要你說出你覺得最幸運及最倒楣的事情，我猜你的答案可能是：前者是中得獎金高達兩千萬美元的彩券，後者則是頸部以下完全癱瘓。彩券中獎可為我們帶來自由，讓我們免除生活中許多煩憂及限制。有了這一大筆錢，我們就能追求自己的夢想、幫助別人、享受舒適的生活，其帶來的快樂應該比單一的多巴胺分泌來得持久。身體癱瘓帶來的限制，絕對比坐牢還嚴重。這時幾乎所有的人生目標及夢想，你都得放棄，性生活沒了，以後所有的吃喝拉撒全得依靠別人。很多人一想到下身癱瘓，就覺得還不如死掉算了，這樣也許更快樂些。其實這個想法不對。

當然，彩券中獎絕對比癱瘓要好，但是兩者的差距並沒有我們想像的那麼大。因為不管發生什麼事情，我們終究會慢慢適應，只是事情剛剛出現時，我們不知道自己有這樣的能耐。我們很不善於準確地預測自己未來的情緒，往往會高估自己情緒反應的強度及持續性。不管你是中了彩券還是下身癱瘓，不出一年（平均而言），你就會恢復原有的幸福基準線。中獎者會買一棟新房子，買一輛新車，辭掉原來的無聊工作，吃穿花用樣樣比以前高檔，現在的生活跟以前的生活相比，真有天壤之別。不過幾個月後，這樣的對比開始變得模糊，原有的快樂也慢慢淡去。人的心理對變化特別敏感，但是對於絕對狀況，心理的反應就會鈍化。中獎者之所以開心，是因為他的財富突然間暴增許多，但幾個月後，新的財富已變成他新的生活水準基準線。對此他也覺得理所當然，但他的財富已不可能再增加，更糟的是，金錢會破壞原有的人際關係，朋友、親戚、騙子、陌生人全都跑來纏著他不放，想盡辦法想從他身上分一杯羹（還記得自私的偏見嗎？每個人都能找到理由來說明別人虧欠自己）。這就是為什麼中獎者常常飽受騷擾，以至於不得不搬家，躲起來，切斷原有的關係，最後只好彼此安慰，組成中獎者支持團體，共同面對新的生活難題的原因。（不過，幾乎所有中獎者都還是很慶幸自己中獎。）

最倒楣的四肢癱瘓患者，一開始會以為自己從此將與幸福絕緣。他覺得自己的一生完了，得放棄自己原來的希望，心中哀傷不已。不過他跟中獎者一樣，情況發生變化時，心理感覺最敏感，但面對絕對情況時，敏感度就會降低。因此幾個月後，他也開始適應新的情況，設定比較平實的人生目標。他發現物理治療能改善自己的體能。既然四肢癱瘓，哪兒也去不了，只能坐著，所以每進步一點，他就能感覺到一種「進展原則」帶來的幸福。物理學家史蒂芬．霍金二十歲出頭時就被醫生診斷得了運動神經元疾病，從此身體便一直萎縮，無法自由行動，但是霍金仍然持續地進行宇宙演化研究，而且解答了許多重要問題，獲獎無數，並出版了最暢銷的科普書。二〇〇四年，他在接受《紐約時報》專訪時，記者問他為何能保有這樣的鬥志及精神，他答道：「二十一歲時，我對人生的期盼降到零，從此以後，所有事情在我眼中都是上天給我的額外恩賜。」

這就是「適應原則」：人對現況的判斷，是以比自己現已適應的更好或更壞為基準。「適應」其實是神經元的一種特性：當新的刺激出現時，神經細胞會產生強烈反應，但之後，神經細胞會逐漸「習慣」，對已經適應的刺激反應會趨於緩和。蘊涵關鍵資訊的是改變，不是常態。當人類認識到自己碰到極端狀況時，就會去適應，而且不只是習慣，還會自我校正。我們會為自己制訂各種目標，每達成一個目標，就訂下另一個目標。一次又一次成功之後，我們就會把目標調高，但是一旦碰到巨大的挫敗（例如跌斷脖子），就會把目標調低。我們不會追隨佛陀及斯多噶學派的教誨——放下所有執著，順其自然，而是會為自己制訂各種目標，設定希望及期望，之後再隨著情況演變而時喜時悲。

當我們了解適應原則的原理，又發現人的平均快樂程度是跟遺傳基因有很大的關係時，就得面對一個驚人的事實：從長遠來看，人生際遇如何其實並不重要，不管是好運還是壞運，最後都會回歸自己的幸福起始點，即大腦系統預設的快樂程度，而這基本上是由我們的基因決定的。一七五九年，早在世人知道有基因這種東西之前，經濟學之父亞當．史密斯便得出同樣的結論：

在恒常狀況下，即不預期會出現變化的情況下，每個人的心理遲早都會恢復平常的自然平靜狀態。碰到順境，一段時間後，我們的心理就會恢復平常的平靜；遇到逆境，一段時間後，情況亦然。

如果以上說法成立，那麼我們每個人其實都被困在所謂的「幸福水車」上。踩水車時，我們可以依自己的意思來加快速度，但是我們其實一直都停留在原地。在真實的人生裡，你可以拚命努力，累積大筆財富，擁有滿園果樹等，但是你最多也只能如此，因為你無法改變自己「平常的自然平靜狀態」，你積聚的財富只是讓自己對金錢有更高的渴望，但你並不會比有錢之前還要幸福。因為不了解追求身外之物只是徒然，所以我們才會不停地追逐，努力讓自己成為人生遊戲中的贏家。我們一直想擁有比現在更多的東西，追呀，追呀，追個不停，就像一隻在轉輪上跑個不停的倉鼠。

古代的幸福假設

佛陀、愛比克泰德，以及其他許多古聖先賢都看出：追求身外之物只是徒然，所以強烈地要大家不要追逐身外之物。他們提出一套幸福的假設：幸福來自我們的內在，強求這個世界順應自己的欲望是找不到幸福的。佛陀教誨我們執著是苦，並告訴我們斷除執念的方法。古希臘斯多噶學派的哲學家則教育追隨者們，把所有注意力放在自己可以完全控制之物上，也就是自己的想法及反應。其他的事物，如命運的賞賜或詛咒，都是外物，真正的禁欲主義者是不為外物影響的。

佛陀及斯多噶學派並不是要大家縮進洞裡，兩派的教義其實都在教導大家如何在一個充滿背叛及變動不居的人的世界中找到平靜及幸福，所以其教義一直都是世人心中的明燈。兩派的教義都是以經驗法則為基礎，主張追求外在世界的物質及目標並不能為人帶來永遠的幸福，人必須修煉自己的內在世界才能找到快樂。如果以上假設為真，那麼它對現代人如何生活、如何教養子女、如何花錢就具有深遠的意義。不過，這項假設是否為真？這就要看我們所談的是哪一種「外物」。

兩個幸福發現

研究人員研究幸福時有兩大發現：第一，基因對個人的平均幸福程度影響很大；第二，大部分的環境因素及人口統計因素對幸福影響甚微。

♥ 幸福探索

假設有鮑勃及瑪麗兩個人，你可以選擇跟鮑勃或瑪麗交換身分，請問你會選誰？他們的情況如下：鮑勃現年三十五歲，單身未婚、白人、頗有個人魅力、喜愛運動。鮑勃年收入十萬美元，住在天氣晴朗的南加州，頭腦很聰明，空閒時喜歡閱讀、逛美術館。瑪麗跟她的先生則住在多雪的紐約州水牛城，兩人的年收入只有四萬美元，瑪麗六十五歲，黑人、體重超重、外表其貌不揚，瑪麗很愛交朋友，空閒時大都參加教會的活動。她的腎有問題，所以必須洗腎。

兩個人比較起來，似乎是鮑勃擁有一切，我想本書讀者很少有人會選擇跟瑪麗交換身分，不選鮑勃。如果真的要打賭，你應該賭：瑪麗比鮑勃幸福。

瑪麗擁有鮑勃所沒有的人際關係。良好的婚姻是影響人生及幸福最重要且持續的因素之一。幸福造就婚姻，幸福的人比較早婚，而且比那些幸福起始點較低之人的婚姻更持久。之所以如此，是因為幸福的人在婚前約會時就比較有吸引力，結婚後也比較好相處。幸福最大的效益就是，這種特質可以形成真實、持久、可靠的伴侶關係，而這種關係是人類一種基本需求；無論伴侶關係是否存在，人其實都無法完全適應。瑪麗還有宗教信仰，平均而言，有宗教信仰的人比沒有宗教信仰的人更快樂。原因在於，參加宗教團體會形成社會網路連結，自己還會有一種與比自我更神聖之物產生連結的提升感。

鮑勃擁有的是權勢、身分、自由、健康及陽光等客觀存在的優勢，但這些優勢都受制於「適應原則」。美國白人確實不用承受美國黑人要遭受的許多問題及屈辱，但是平均而言，白人比黑人更幸福的程度其實相當有限。男性也比女性享有更多自由及權勢，但是男性並不會比女性更幸福（女性確實比較容易沮喪，但是她們的快樂也比較強烈）。年輕人對未來的期許比老年人要光明燦爛許多，但是生活的滿意度確實是隨年齡的增長逐漸上升，一直到六十五歲為止，有些研究甚至指出，六十五歲這個界線還可以再更高。一般人聽到「老年人比年輕人幸福」的說法，都會覺得相當意外，因為老年人要面對許多健康問題，但是其實對於大部分的慢性病，慢性病患者都能逐漸適應。（不過，逐漸惡化的病症確實會降低病患的幸福感，近來更有研究指出，平均而言，人無法完全適應殘障生活。）寒帶的居民都會認為住在加州的居民會比較幸福，其實他們錯了，還有人認為有魅力的人比毫無魅力的人更加幸福，這也是錯誤的想法。

鮑勃真正擁有的是他的財富，但是說到錢，問題就比較複雜。心理學家埃德・迪納（Ed Diener）博士根據自己的調查得出以下結論（媒體已經多次披露這個結論）：不管在哪個國家，擁有起碼收入的人確實可以用錢買到幸福，這些每天都要為三餐溫飽操勞煩憂的人確實比其他人更加不幸福。不過，人一旦基本需要得到滿足，躋身於中產階級之後，財富及幸福之間的關係就變得沒那麼明顯了。平均而言，有錢人是比中產階級幸福，但是程度並不明顯，而且其中有一部分是逆相關性而造成的：幸福的人財富累積的速度較快，這跟在婚姻市場中幸福的人比較吃香的道理是一樣的，因為幸福的人比較有魅力（在老板眼中），而且幸福的人的情緒反應大多比較積極，可讓自己專心一意地推動專案，努力工作，投資自己的未來。

財富本身對幸福的直接影響其實相當有限，因為財富產生的只是「幸福水車效應」。舉例而言，許多工業化國家在過去五十年內，全國財富呈兩三倍的增長，但是這些工業化國家國民的幸福水準及生活滿意度並沒有多大改變，反倒是憂鬱症越來越普遍。

國內生產總值的大幅增加確實改善了生活的舒適度——住房變大，汽車、電視全面普及，出外用餐如家常便飯，健康情況改善，壽命更長，但這些生活水準的改善已變得正常，大家都已適應這樣的生活，且視為理所當然，所以不會因此而更加幸福、滿足。

人無法從外在事物中找到幸福

佛陀及愛比克泰德要是聽到前述研究結論，一定會鼓掌贊同，因為他們早就發現，人無法從外在事物中找到幸福。現代人跟古代人一樣，把自己的時間和精力拿來追求一些不會讓自己更幸福的目標，卻在盲目追逐的過程中忽略了個人內在成長及精神層面的修為，而這才是真正能帶給我們滿足感的東西。古聖賢哲一再教誨我們，要懂得放手，不要再汲汲營營，選擇一條新的人生道路。轉向自己的內在，最重要的是，不要再強求外在世界符合己之所願。克里希那指出，人有劣根性，而且克制不了這些劣根性，人會用各種希望把自己捆上幾百個手鐐腳銬，內心充滿怒氣與欲望，用盡各種不公義的手段積聚財富，以滿足自己的貪欲。

克里希那用諷刺的語氣道出這些貪婪人魔的嘴臉：

> 今天我得到這個，明天一時興起我就要滿足另一種欲望；這是我的財富，以後還會有更多財富。誰要成了我的敵人，我就殺了他，有多少敵人，我就殺多少人。我是這裡的大王，我高興怎樣就怎樣，我是個快樂、成功的強者。前面這段話只要把「殺人」改成「打敗」，

就可充分描寫出現代西方世界的理想境界——起碼能非常鮮活地描繪出弱肉強食的商業界。因此，就算鮑勃跟瑪麗一樣快樂，但是如果他是一個傲慢、強勢、對人惡劣的壞人，從精神層面及美學層面而言，他的生活也仍然比較差。

幸福方程式

一九九〇年代，研究人員從有關幸福的研究中得出兩大發現（一個人快樂與否與基因的關係密切，與後天環境則不太相關）。這兩項發現重創了心理學界，因為這兩項發現不只適用於幸福，還適用於其他大部分個性特質。自佛洛伊德以來的心理學家幾乎對以下觀念秉持著虔誠的信念：人的個性主要受童年時期環境的影響。這項原理被心理學界奉為牢不可破的信念，但是有關這項原理的證據，則幾乎全部都是父母的行為與子女行為兩者間相關性的瑣碎實例，而且只要有人主張兩者的相關性是基因造成的，馬上就會被扣上「化約論」的大帽子。

不過，雙胞胎的研究卻告訴我們，基因對一個人個性的影響確實相當深遠，相形之下，家庭環境的影響便顯得較無足輕重。

此時，古代對於幸福提出的假設便顯得相當合理。或許，是不是每個人的大腦真的都被設定一個起始點，就像恒溫器被設定在攝氏十四．四度（相當於華氏五十八度鬱症患者的起始點）或攝氏二十三．八度（相當於華氏七十五度，樂天派的起始點）一樣？或許追求幸福之道，是要改變一個人內在的設定值（透過靜心、服用百憂解或借助認知療法），而不是改變環境？

在心理學家們苦思「先天」及「後天」孰輕孰重，生物學家也解開人類的基因組之後，我們對先天遺傳及後天環境的影響終於有了比較深刻的了解。沒錯，基因對一個人的影響確實遠超乎我們的想像，但是基因本身對環境因素的反應也相當敏感。沒錯，每個人都有個人專有的幸福基準線，但是這個幸福基準線看起來並非是類似於可能範圍或概率分布這樣的起始點。決定我們內心落在「快樂可能範圍」的高點或低點的因素，有很多都屬於外在因素。

當馬汀．塞利格曼在一九九〇年代末期創立正向心理學時，他把不同專家組成小組，針對特定問題進行研究。其中有一個小組專門研究影響幸福的外在因素。心理學家索妮亞．柳波莫斯基（Sonja Lyubomirsky）、謝爾敦（Ken Sheldon）以及施卡德（David Schkade），檢查手上所有的證據後發現，影響一個人幸福與否的外在因素基本上可分成兩大類——個人本身的生活條件，以及個人選擇的自發性活動。

所謂的個人生活條件，是指自己不能改變的事實（種族、性別、年齡及殘障等），以及自己能改變的事實（財富、婚姻狀況及居住地等）。這些生活條件起碼會在人生中持續一段時間，所以我們大抵都能適應。自發性活動則是出自個人選擇，如靜心、運動、學習新技能、放假等。因為這些自發性活動一定是出於個人選擇，且需要花相當多的時間和精力才能完成，所以這些自發性活動自我們意識中消失的方式，跟個人本身生活條件消失的方式，就會有所不同。自發性的活動能帶給個人更多幸福，不像適應原則，時間一久，人的反應就遞減。

正向心理學提出的最重要概念，就是柳波莫斯基、謝爾敦、施卡德以及塞利格曼所稱的「幸福方程式」：

H＝S＋C＋V

我們真正感受到的幸福持久度（H），取決於我們天生遺傳的幸福的範圍（S），加上我們的生活條件（C），再加上我們自己可以控制的因素（V）。正向心理學的挑戰，就在於如何以科學方法找出到底是哪些C和V，可將H提升到我們的幸福可能範圍的上限。極端生物學觀點的幸福假設主張H＝S，認為C跟V不具意義。不過，先賢對V的說法（對外在事物秉持淡然的態度），相當值得我們肯定，因為佛陀提出「八正道」的觀念，而愛比克泰德則主張，人要借助自己的思維讓自己對外在事物秉持淡然的態度。因此，為正確檢驗這些古聖先賢的主張，我們必須檢討這個假設：H＝S＋V。V能讓我們坦然接受事實，減輕心中執著的自發性活動或刻意安排的活動。如果真的有許多C會影響我們的幸福，又如果各種自發性活動真能讓我們懂得學會放下執著，那麼古聖先賢的說法就不成立，人不該一味轉向自己的內心尋求幸福。

值得改變的外在因素

事實證明，有些外在因素真的會影響個人的幸福。生活中有些我們可以改變的事情，不會完全受制於適應原則，但事情改變後確實可以讓我們持久幸福，因此這些外在因素值得我們努力去完成或做出改變。

因素1：噪音

我住在繁華城市的經驗讓我學到房地產方面很重要的一課：如果你必須買下一棟緊臨馬路的房子，那麼千萬要確保這棟房子附近沒有紅綠燈。因為每隔九十五秒你就得聽四十二秒汽車發出的轟鳴聲，接著是十二秒的引擎加速聲，不時還會穿插不耐煩的喇叭聲。我一直沒辦法適應這些噪音，所以後來在我跟我太太打算到夏洛特維爾買房子時，我就告訴我的房屋仲介，就算真的有維多利亞式的房子要賣，但是只要在馬路邊，我也不考慮。

研究顯示，那些必須長期適應新產生的噪音的人（比如，家附近新修了一條高速公路），是一直無法完全適應噪音的干擾的，甚至有研究顯示，人有時為了適應噪音，認知功能會因而受損。尤其各式各樣、間歇出現的噪音都會干擾我們的注意力，並增加壓力。因此，消除噪音是一個值得努力的目標。

因素2：通勤

很多人為了住大一點的房子，寧願住到離公司較遠的地方。不過，人雖然很快就能適應空間變大的好處，卻不能適應長時間通勤的痛苦，尤其是自己開車的塞車之苦。即便是通勤多年的通勤族，一路擠車擠到公司上班時，壓力指數還是很高（理想的開車狀況是開心、放鬆地開車）。因此，改善通勤時間是一個值得我們努力的目標。

因素3：自我掌控感

噪音及通勤有一個重要特點，即這兩項因素之所以讓人惱火，是因為我們無法控制它們。

♥ 幸福實驗

大衛・格拉斯（David Glass）及傑羅姆・辛格（Jerome Singer）在一項研究中，讓受試者暴露在間歇出現的陣陣雜訊中。研究人員告訴其中一組受試者：只要按下按鈕，就可停止雜訊，但是除非萬不得已，否則不要去按那個鈕。結果，這個小組的所有受試者都沒有去按那個鈕，因為他們認為自己可以控制雜訊，所以這個想法讓他們覺得雜訊沒那麼煩人。在接下來的實驗中，自認有掌控能力的受試者，遇到難度高的拼圖遊戲，更能堅持不懈地完成任務。然而，其他無法控制雜訊的受試者則一遇到困難就輕易放棄不做了。

另一個有名的研究則是艾倫・蘭格（Ellen Langer）及裘蒂絲・羅丁（Judith Rodin）所做的實驗。他們針對一所養老院的老人展開研究，受試者是分住在兩個不同樓層的老人，研究者決定給這些老人一些福利，比如，幾盆擺在房裡的植物，或是一星期找一天看場電影。研究者讓住其中一層樓的老人享有掌控權：住這層樓的老人可以選擇自己喜歡的植物，但自己要負責澆水。老人們還可以自己選擇要哪天晚上看電影。對於住另一層樓的老人，研究者則直接把同樣福利發放下去：由護士選擇植物，護士澆水；護士決定一星期中哪天晚上要看電影。小小的掌控權最後產生了很大的影響：有控制權的老人活得更開心，更活躍，頭腦也更清楚（不只是老人自己反應，護士也做了客觀評量），而且十八個月後，其正面效益還非常明顯，因為十八個月後，享有掌控權的老人不僅身體比較健康，死亡率也只有另一層樓的一半（十五%比三十%）。

我跟羅丁在事後的研究報告中得出一個結論：改變組織的環境來增強組織中成員的掌控感，有助於提升該組織的員工、學生、病人或其他使用者的參與度、活力及快樂。

因素4：羞愧

整體而言，有魅力的人並不會比沒魅力的人更加幸福，但是我們也意外地發現，在一個人的外表有所改觀後，確實會讓人變得比較幸福。動過整形手術的人普遍表示對整形過程非常滿意，甚至在動過整形手術多年之後，還說整形手術提升了其生活品質，減少精神病症（如焦慮及沮喪等）。在所有整形手術中，效果最明顯的就是胸部整型手術，不管是豐胸還是縮胸，都能給當事人帶來很大的影響。要了解這種看似膚淺的改變為何對人產生如此持續且深遠的影響，我認為要從羞愧感在日常生活中的影響著手。自認自己的胸部比理想中要大或小很多的年輕女性，常常會反映自己每天都意識到自己的身材缺陷。很多人只好靠調整姿勢或衣著來掩飾自己身材的缺點。一旦卸下這個心理負擔，當事人就會變得更自信、更快樂。

因素5：人際關係

在影響一個人幸福與否的所有外在因素中，最重要的因素就是人際關係的好壞及多寡。良好的人際關係讓人開心快樂，快樂的人比不快樂的人享有更多、更好的人際關係。我將會在下一章探討人際關係的重要性，在此我只強調，當人際關係出現衝突時，例如，有個討厭的同事或室友，或跟配偶長期不和，一定會讓人不幸福。我們永遠無法適應人與人間的衝突；這種傷害每天都會一直持續，就算我們沒看到對方，兩人之間的衝突也還是會縈繞在腦海中。

還有很多透過改善生活狀況讓自己更快樂的方法，尤其是人際關係的改善、工作環境的提升及對壓力來源的掌控，對個人的幸福都有很積極的影響。因此在幸福方程式中，C（我們的生活條件）確實成立，有些外在因素真的會影響一個人的幸福。有些事情確實值得我們努力，正向心理學可以幫助我們找出這些外在因素。我相信佛陀本人可以完全適應雜訊、塞車之苦，面對無法自我控制及身體缺陷的困境，但即使在古印度，要當時的人仿效佛陀也是一件非常困難的事，而要求活在現代世界的人追隨佛陀的正道，對世事採取「不作為、不費力追求」的態度，恐怕更是難上加難。因此英國小說家夏綠蒂．勃朗特便要大家放棄佛陀的正道，全心全意放手去做：「說人類應該對平靜感到滿足，不過是徒然，人必須有所行動。如果找不到平靜，就得自己去追求。」

如何尋找幸福

並非所有行動都能讓人找到內心的平靜。比如，追逐財富名聲會起到反作用。全力追求名利、外貌者，往往比不以物質欲望為人生目標者更加不幸福，甚至健康狀況也比後者差。那麼，什麼才是有利於人心的自發性活動？幸福方程式中的V到底是什麼？

「心流」體驗

出生於匈牙利、與塞利格曼共同創立正向心理學的芝加哥大學心理學家米哈里・契克森米哈伊發明了一個名叫「經驗取樣法」的檢測工具，幫助心理學家們回答上述問題。

♥ 幸福實驗

契克森米哈伊在研究中，要求受試者隨身攜帶一個傳呼機，這個傳呼機每天會響好幾次。每響一次，受試者就得拿出一個小筆記本，把他當時正在進行的事情記錄下來，還要寫下自己對該活動喜歡的程度。在這個研究中，受試者多達數千人，傳呼機的鈴響次數也高達數萬次。透過如此龐大的研究資料，契克森米哈伊找出人們真正喜歡的活動，而不是人們記憶裡喜歡的活動。契克森米哈伊發現，人們喜歡的活動可分為兩大類，第一類是肉體或身體享受到的快樂。平均而言，「用餐」為人帶來的快樂指數最高。「吃」對人來說真的是一大享受，尤其是一群人一起大吃大喝，最是快活，而且吃飯時，大家都很討厭有人打電話來干擾，而最最煞風景的就是做愛時電話鈴響。不過，人不可能一整天都沉醉在肉體歡愉中，因為人對食色的需求很容易因飽足而生厭。不管是食還是性，一旦超過一定程度，就會讓人覺得噁心。

契克森米哈伊最重要的發現是，很多人認為有一種狀態比做愛之後吃巧克力還要令人沉醉，那就是全心全意地沉浸在一份極具挑戰性、與自己能力相當的工作中。這就是人們所說的「境界之內」，契克森米哈伊稱這種狀態為「心流體驗」。一旦達到這種狀態，我們只需跟著感覺走就對了。心流通常發生在我們進行體能活動，像滑雪、在彎曲的鄉間公路開快車，或兩隊上場對決較勁時。

配合音樂或其他人的行動，能讓人更能達到沉浸其中的暢快狀態，因為兩者的加乘效果會為我們的行為製造出一種時間結構，例如，跟合唱團一起唱歌、跳舞，或跟朋友展開一場唇槍舌劍的辯論等。個人獨自進行創造性活動時也能達到這種忘我的沉浸狀態，如畫圖、寫作或攝影等。心流體驗的關鍵在於，這是一個能讓你全心投入的挑戰，你也具備面對這項挑戰的實力；在進行活動的過程中，每進一步，你馬上就得到回饋（進展原則），每一回合的交涉攻防，每唱對一個音，每畫對一筆劃，都會讓你心中閃現一陣又一陣的積極感受。在「心流」的狀態中，象與騎象人配合得天衣無縫。這時，大部分都是象（自動化過程）處於主導，一路順暢地向前奔跑，而騎象人（有意識的思想）則完全沉浸其中，搜尋問題與機會，協助象順利運作。

塞利格曼依據契克森米哈伊的研究成果，將愉悅及滿足感做出清楚的區分。愉悅有很強的感官和情緒成分，如食物、性愛、抓背及微風輕拂等帶給我們的歡愉，滿足感則是我們全心投入、發揮所長，到達忘我境界的感受。滿足感能讓我們達到心流的沉浸狀態。塞利格曼認為V（自己可以控制的因素）就是可幫助我們妥善安排生活及環境，提升我們的愉悅及滿足感的活動。

愉悅必須有所節制，否則就無法維持原有效果。一個下午就吃一大筒冰淇淋，新買的CD馬上連聽十遍，這種不知節制的行為很快就把我們的胃口破壞殆盡，以後要享受愉悅，就越來越難。這時就是騎象人出馬的時候了，因為大象很容易會有不知節制的反應，騎象人就得及時出現，鼓勵大象繼續向前，進行下一個活動。

「愉悅」應慢慢品嘗，多求變化，法國人便是熟諳此道的高手。法國人也吃很多油膩的食物，但是他們卻比美國人苗條、健康，法國人吃東西時總是細嚼慢嚥，注重食材風味，他們能從吃中得到許多樂趣，而正因為他們懂得品嘗，所以最後反而吃得比較少。反觀美國人，吃東西時總是大口大口地把高油脂、高碳水化合物的食物塞進嘴裡，而且還常常一邊吃飯一邊做別的事情。

為求變化，享受更多用餐的樂趣，法國人會把食物分成好幾道菜來慢慢品味，美國人最喜歡的則是以大分量的食物招攬顧客的餐廳。變化可為生活帶來更多趣味，因為求新求變是適應的天敵，超大分量會讓適應效果達到最大化。古希臘少數幾位提倡感官享樂的哲學家之一的伊比鳩魯曾說的「智者食不重量但重質」，剛好為法國人的飲食之道做出最好的詮釋。

哲學家們之所以對感官享樂普遍秉持戒慎警惕的態度，原因之一是因為感官享樂的效益並不持久，感官享樂當下感覺很強烈，但是很快就會消退，而當事人事後則不會因此而多長智慧或變得更強。更糟的是，感官享樂會引誘人沉溺其中，讓人遠離對自己更有益的活動。滿足感就不同了，滿足感會不斷鞭策我們，挑戰自我極限，逼迫我們使盡全力發揮潛能。我們通常是在完成、學會某事物後，心中會感受到一份滿足感。一旦進入「心流」的狀態，再難的工作都會變得像不費吹灰之力般輕鬆。

掌握自身優勢

人都有一種想發揮潛力、磨練技巧、展現優勢的「渴望」。塞利格曼認為，掌握自身優勢是人們能否找到滿足感的一大關鍵。正向心理學的一大貢獻就是發展出一套人格優勢列表。

我曾要求心理學導論課的三百五十位學生上網做這套人格優勢測驗，之後再要求他們花幾天時間進行以下四種活動。第一種是放縱感官的活動，例如下午休息時間吃冰淇淋，好好品嘗美味的冰淇淋。這是學生們最喜愛的活動，但是跟其他感官享樂一樣，這份快樂很快就消失無蹤。其他三種是可能為學生帶來一份滿足感的活動：去聽一場自己平常不會去聽的演講或課程；對一個比較友善的朋友表現自己的善意；把自己對某人心存感激的理由寫下來，然後打電話或親自上門拜訪對方，表達自己對對方的感謝之意。以上四種活動，學生們最不喜歡的就是聽演講——只有好奇心強、愛學新東西的學生例外。我們發現，對人表達善意及感激可以改變人的心情，其效果比感官享樂活動更為持久。雖然大家一想到要對人表達善意及感激就會緊張不安，因為這些舉動有時違反社會規範，當事人還得冒著出糗的風險，但是一旦付諸行動，當事人事後一整天心情都會很好。很多學生還說，他們的好心情會持續到第二天——可沒人說冰淇淋有這樣的效果。人格優點中具備待人和善與懂得感激的學生，做完這類活動後的效果最為明顯。

所以V（自己可以控制的因素）的影響確實為真，且其作用不止是可讓人從事件中抽離。只要我們善用自己的優點，就能讓自己更幸福，而加強人際關係的連結——幫助朋友，感謝幫助我們的人的效果尤佳。要人每天行善的確很容易乏味，但是如果你知道自己的優點，列出五種活動並持之以恆地進行，那麼你每天至少會有一份滿足感。有一項研究要求受試者每星期做一件善事，或計算自己幾星期來得到多少祝福。該研究結果表明，這些事情可以略微提升受試者的幸福指數，且效果會一直持續下去。所以，主動出擊吧！找出能讓你產生滿足感的活動，持之以恒（但不要弄到自己生厭的程度），如此便可提高你整體的幸福基準線。

為何會患「奢侈病」

經濟學原理假定人依據理性來追求自利，這就是市場運作的機制，也是亞當．史密斯所稱的「看不見的手——自利」。不過到了一九八〇年代，有一些經濟學家開始研究心理學，從此便推翻了這個行之多年的經濟學模型。當時，主導這個新的經濟學觀念的是康乃爾大學的經濟學家羅伯特．法蘭克（Robert Frank），於一九八七年出版《理性中的熱情》一書，該書分析並指出人們的一些行為並不符合純粹的經濟學模型，例如：在一間離家很遠的餐廳給小費；就算得付出高昂代價，還是想報仇；雖然有更好的機會，但還是選擇忠於原來的朋友及伴侶。法蘭克指出，這些行為只有從道德情感（如愛、羞恥、復仇心或罪惡感）的角度來看，才有道理可言。演化讓我們學會在某些時候做出「策略上不符理性」，但最終卻對自己有好處的行為。例如，一個一旦被騙就氣得火冒三丈，且會不計代價一心報仇的人，能為自己立下威名，讓別人不敢再欺騙他。而那些精心計算復仇成本，只在報仇利益高於報仇代價時才報仇的人，則會屢屢落得被騙的下場。

在法蘭克近年出版的《奢華狂潮》一書中，他用同樣方法來分析人的另一種不理性行為：人常常費心追求許多與自身幸福相衝突的人生目標。法蘭克在書中一開始便提出一個問題：為什麼有些國家財富不斷增加，但人民卻沒有變得更幸福？法蘭克一開始認為，之所以會如此，可能是因為基本需求一旦滿足，金錢就無法為人們買到更多幸福。不過在仔細檢視過相關證據後，法蘭克得出以下結論：認為金錢無法買到幸福的人，是因為不知如何花錢所致。

炫耀性消費

事實上，有些購買行為並不受制於適應原則，法蘭克想知道人們為什麼甘心花大錢買奢侈品，雖然這些奢侈品完全受制於適應原則，但卻不太願意把錢花在能讓自己持續幸福下去的事物上。比如，人只要多休假，多「花」時間跟家人、朋友相處，就會更幸福、更健康，但是美國人卻往往反其道而行之。另外，只要縮短交通時間，就算住的房子小一點，我們就會過得比較幸福，但是美國人還是寧可住大房子，將更多的時間浪費在交通上。再者，多休假，就算少賺一點錢，我們也會比較幸福、健康，但是美國人休假的時間越來越短，歐洲人也一樣。人們只要購買基本、功能性的家電，汽車及手錶，然後把存下來要消費的錢拿來投資，就會比較幸福，財富也可以累積下來，但是美國人幾乎是賺多少花多少，有時候甚至還入不敷出，都把錢拿來消費，還常常花大錢買名牌設計師的商品。

對以上這些行為，法蘭克有一個非常簡單的解釋：人的炫耀性消費與非炫耀性消費的心理是不同的。炫耀性消費指的是別人看得到的，被我們拿來當做個人身分地位象徵的消費品，這些商品就像一種武器競賽，其價值並非來自其客觀資產，而來自別人對該商品的評價。如果辦公室的每個人都戴天美時手錶，那麼第一個買勞力士的人馬上就獨領風騷。等到每個人都戴勞力士時，戴得起一只兩百萬美元的百達翡麗的人才稱得上有身分地位，勞力士已滿足不了大家的胃口了。

炫耀性消費是一種零和遊戲：個人藉由自己地位的提升來貶低別人。而且，我們很難說服一整群人或是屬於這種次文化的人放下這種競爭心理，回歸基本需求的消費行為。就算這群人可以因此而過得更好，他們也聽不進這種話。相反，非炫耀性消費指的是其價值來自商品及活動本身，且多屬私底下消費的行為，其消費的目的並不是為了展現身分地位。起碼對美國人而言，休最長的假或交通時間最短是不會為自己贏得任何好名聲的，所以這種非炫耀性消費不在武器競賽之內。

大家不妨試著回答以下兩個問題。有這樣兩份工作，你願意選哪一份：第一份工作的年薪是九萬美元；但其他同事平均年薪為七萬美元；第二份工作的年薪是十萬美元，但其他同事平均年薪為十五萬美元。很多人選擇第一份工作，但卻表示這份工作對他們來說起碼有十萬美元的價值。

現在再試著回答第二個問題：有一家公司，一年給你兩個星期年假，但其他員工的平均年假只有一星期；另一家公司，一年給你四個星期年假，但其他員工的平均年假卻有六個星期，請問你願意選哪家公司？大部分的人都選年休假為四個星期那份工作。

休假是一種非炫耀性消費，不過只要我們花大錢去度假，故意讓別人看到自己度假時有多大手筆，而不是在休養生息，我們馬上就可以把度假變成炫耀性消費。

幸福實驗

有關「行為／擁有」效益的研究同樣也支持法蘭克的結論。心理學家范波文（Leaf Van Boven）與吉洛維奇（Thomas Gilovich）先要求受試者回想一次能讓自己更快樂更享受、花費金額超過一百美元的消費行為。他們要求其中一組受試者回想某實物消費，要求另一組受試者回想一段經驗或活動。在敘述完自己的購買行為後，他們要求受試者填寫一份問卷。描述某段經驗者（比如，滑雪、聽音樂會或享用一頓大餐）在回想自己的購買行為時，覺得該購買行為確實讓自己變得更幸福，也覺得自己的錢花得比那些花錢買實物（比如，衣服、珠寶或電子用品）的人更划算。

經過幾次類似的實驗，得出的結論也都相似，於是范波文與吉洛維奇便得出以下結論：經驗之所以比實物更能讓人幸福，部分原因是經驗帶有較高的社會價值。大部分要花一百美元以上的活動都是我們跟別人一起進行的活動，但是昂貴的實物消費行為往往有部分原因是出於想讓人豔羨的心理。活動能讓我們與別人建立連結，物質卻

> 善人離諸（欲），不論諸欲事。苦樂所不動，智者無喜憂。
>
> ——佛陀

會加大我們與別人之間的距離。

現在你知道要怎麼花錢了，不要再去跟有錢人比排場，也不要再浪費錢買炫耀性消費品了。第一步就是，減少工作量，少賺點兒錢，少積聚財物，「多花」時間跟家人相處，多度假，多做有益身心的活動。老子就曾提出警言，要大家做出正確選擇，不要一味盲從，跟著別人追求物質欲望：

> 馳騁畋獵，令人心發狂；
> 難得之貨，令人行妨。
> 是以聖人為腹不為目，故去彼取此。

然而很不幸，一旦大象死抱「珍寶」不肯放手，要一個人放棄原有觀念，改為接受另一種觀念就變得非常困難。受「物競天擇」的影響，大象在人生遊戲中本來就一心求勝，而其贏的策略有部分就是讓別人印象深刻，心生豔羨，以達到鶴立雞群的效果。因此，大象在意的是名，快不快樂不重要，大象行事的目標總是定在別人的目光上，一心只求好名。就算做別的事可以讓自己更幸福，大象也還是會受進化本能的驅使而追求名聲。

如果每個人都去追逐有限的名聲，那麼大家都會困在武器競賽式的零和遊戲中，在這樣的世界裡，更多財富並不會為我們帶來更多幸福。追求奢侈品是一種幸福陷阱，它是一條死巷，但人們卻誤以為這樣的行為能為自己帶來幸福。

選擇的悖論

現代人的生活充斥許多陷阱，以下就是一個實例。請從下列用語中，選出一個最吸引你的詞語：約束、限制、障礙、選擇。

十有八九你會挑「選擇」這個詞，因為前面三個詞語都會給你一種負面的感覺。「選擇」及其常讓我們聯想到的「自由」這兩個用語，都是現代生活的產物。大部分人都會選擇到超市買東西，而不願在小店購物。大部分人都會選擇把自己的退休存款投資到有四十種基金可供選擇的投資公司，而不願意選只有四種基金的投資公司。

不過，當真的有很多選項可供我們選擇時，例如，有三十種美味的巧克力可讓我們選，我們反而可能做不出決定。就算真的選了，也不容易滿足。因為選擇越多，我們的期待就越高；同時，選項越多，我們越不可能挑到最好的選項。買完東西走出商店時，你會覺得自己可能選錯東西，很可能因此而心生後悔，覺得自己沒選的東西可能比較好。

> 不求事如己願，但求凡事順乎自然，如此人生就會順遂自得。
> ——古羅馬哲學家，愛比克泰德

心理學家巴里．施瓦茨（Barry Schwartz）稱這種現象為「選擇的悖論」：有了選擇，反而讓我們更不快樂，但是我們卻很重視選擇，而且處心積慮地要讓自己有所選擇。施瓦茨及他的同事發現，這種悖論最常出現在他們所謂的「極大化者」身上，即習慣評估所有選項的優劣，搜尋更多資訊，以求做出最佳選擇者（也就是經濟學家所謂的「追求效用極大化者」）。其他人——施瓦茨稱之為「滿足者」，比較能用輕鬆的態度來面對選擇。這種人在找到好東西之前也會評估各選項的利弊優劣，但是一旦找到心目中的理想之物，他們就不再費力搜尋。滿足者不會受選擇過多所害。平均而言，極大化者最後所做的決定，會比滿足者稍微好一些（想想看，前者得擔那麼多心，費那麼大的勁搜集那麼多資料，總會有所成效），但是他們常常不滿意自己所做的決定，也比較容易沮喪、焦慮。

有一項研究，要極大化者及滿足者坐在另一名受試者（其真實的身分是實驗人員）旁邊做換音造詞（anagram，即變換字母順序以形成另一詞），後者跟前者一起做換音造詞，只是速度比前者慢或快。滿意者面對這種情況，比較能心無旁騖地解題，對自己的評語，自己對該研究的喜好程度，基本上不受另一位受試者的表現影響。不過，一旦極大化者發現另一位受試者解題的速度比自己快，馬上就被打敗，之後對自己的評價就會比較差，對整個研究也會產生較大的消極情緒。（不過，旁邊另一位受試者解題的速度比自己慢也並無多大助益——這是另一個負面事件影響力大於正面事件的實例。）

極大化者一直喜歡跟別人比，所以他們很容易陷入炫耀性消費的陷阱。然而，極大化者花的每一塊錢所得到的幸福卻都比滿足者少。

現代人的生活處處充滿陷阱，這些陷阱有的是行銷專家及廣告商的傑作，這些人完全掌握了大象的心理，但這不會給我們帶來快樂。

重新思考幸福的假設

剛著手寫這本書時，我覺得佛陀是「三千年來最佳心理學家獎」的競爭強手。我覺得祂所說的「費力追求也是枉然」說得真是太好了，祂所許諾的平靜，對我也非常有吸引力。不過為了寫這本書，我開始深入研究，之後我便認為佛教教義有點兒反應過度，或者說甚至是個錯誤。

♥ 幸福故事

傳說，佛陀是北印度一個國王的兒子，出生時國王聽到一個預言，說他的兒子命中註定會離開他，遁入森林，放棄王位。所以男孩長大成人後，他的父親便想盡辦法，用各種感官享樂來綁住他，把所有會干擾他心理的東西都藏起來。

這名年輕的王子後來娶了一位美麗的公主，婚後住在皇宮上層，宮中妻妾如雲，個個如花似玉。然而這種日子過久了，王子也覺得很厭倦（適應原則），便很好奇外面的世界到底是什麼樣子。最後，他說服父親讓他坐在雙輪戰車上出宮一遊。

王子出宮的那天早上，國王下令，所有老、病、殘障者，皆得躲在門後。然而有一個老人還站在路上，於是王子便瞧見老人，王子問馬車夫這個長相怪異的東西是什麼，馬車夫回答，每個人老了都是這個模樣，王子一聽，嚇得說不出話來，於是趕忙回到皇宮。第二天出巡，王子看到一個生病的人，這個人只能跛著走路，王子聽到解釋後，又回到宮中。第三天，王子看到有具屍體被抬過馬路，這一幕可說是最後一根稻草，王子發現老、病、死是所有人的宿命，於是不禁大喊：「馬車回宮！現在不是快樂出巡的時候。任何一個有頭腦的人當他知道自己總有死去的一天時，怎麼會沒注意到自己就要大難臨頭？」

後來，王子就一如預言，離開他的妻子、嬪妃，放棄自己的王位。他走進森林，開始覺悟之旅。在開悟之後，佛陀對世人傳教：人生是苦，只有斷除自己苦苦追求的享樂、成就、名聲及人生等執念，才能脫離苦海。

如果當初這名年輕的王子走下他那金碧輝煌的馬車，跟這些可憐之人說說話，接下來又會發生什麼事？極富冒險精神的年輕心理學家羅伯特．迪納（Robert Biswas-Diener，即「幸福專家」埃德．迪納之子）就真的這麼做了。羅伯特到世界各地訪問各階層人士對自己人生的看法，並詢問大家滿不滿意自己的生活。

不管到哪一個國家，從格陵蘭到非洲肯亞，再到美國加州，羅伯特發現大部分人（除了無家可歸的露宿者之外）對自己生活的滿意大多都不滿意。他甚至還訪問過印度加爾各答貧民窟的性工作者，這些人都因迫於生計，只好出賣自己的肉體，犧牲自己的未來，冒著染病的風險，賣淫為生。儘管這些女性對自己生活的滿意度遠遠比不上加爾各答女大學生的生活滿意度，但是這些女性對十二項生活滿意度指標的評分，都是滿意高於不滿意，不然就是持平（既不滿意也非不滿意）。

西方人一定無法忍受這些女性所過的貧窮生活，但是即便如此窮困，她們也有可以彼此做伴的密友，而且跟自己的家人也都保持聯繫。羅伯特．比斯瓦斯-迪納的結論是：「儘管加爾各答貧民的生活並不令人羨慕，但他們仍然過著有意義的生活。」他們就跟病人、老人或其他不同階層的人一樣，都是年輕的佛陀覺得可憐的對象，但是從內在來看，這些妓女所過的生活絕對比我們看上去的要好。

佛陀之所以強調我們對人生要秉持「抽離」的態度，有另一個主要的原因是他活在一個動盪不安的時代。然而，如今的情況已大不相同。生活在富裕民主國家的民眾已能為自己的人生定下長期目標，並去實現它。我們現在已不再恐懼受疾病侵襲，不怕暴風雨摧殘，我們還有火災險、失竊險及意外險等來保障我們生命財產的安全。這是人類有史以來第一次大多數群眾（富裕國家）的壽命超過七十歲以上，且不用面對自己的孩子比自己早死的悲慘命運。

雖然人生不如意之事十有八九，但是我們大都能一一克服、調適，許多人也相信自己的人生樂多於苦。因此，斷除人生所有執念，捨棄一切感官享樂，高喊自己已脫離人生得失與失敗的痛苦——在我看來，這實在不是面對人生避免不了的些許苦難所應有的態度。

很多西方思想家也思考過佛陀所遇遭的人生苦難——病、老、死，但是他們卻得出截然不同的結論：因為對人、對自己的人生目標、對人生的歡愉有著強烈的依戀，所以我們必須過一個完整的人生。有一次我去聽情緒研究大師羅伯特．所羅門（Robert Solomon）的演講，所羅門在演講中直接質疑「放下執著」這種哲理，認為這根本就是侮辱人性。希臘及羅馬時代哲學家所主張的內省與淡漠，以及佛陀所提出的冷靜淡然、不費力追求的人生態度，基本上都是為了避開激情，但是沒有激情的人生根本不是人過的生活。沒錯，執著會帶給我們痛苦，但是執著也帶給我們人生最大的幸福，而且人生每一個變化（這些哲學家所極力避免者）都有其價值。當我聽到所羅門駁斥這麼多古代哲理時，內心著實嚇了一大跳，但是我也受到很大的啟發，而這樣的啟發是我在大學上哲學課時未曾感受過的衝擊。聽完演講，走出演講廳時，我內心滿是悸動，希望自己能有所行動，放開胸懷，擁抱人生。

所羅門的想法不是正統的哲學思想，但卻常出現在浪漫詩文、小說及自然主義作家的作品中：「我們只能活四分之一的人生——所以何不宣洩出來——打開大門，啟動人生——有耳者聽其所能聽，把所有感覺都統統用上。」（梭羅，美國詩人、散文作家及自然學者。）

佛陀、老子及其他東方賢哲發現一條讓我們找到和平、平靜的人生路。他們告訴我們如何透過靜心及靜默來找到這條「放下執著」之路。在西方世界，已有幾百萬人都已追隨這條道路，很多人也找到一定程度的平靜、幸福及精神層面的成長。因此，我無意質疑佛教在現代世界的價值適宜與否，但我想進一步延伸這套幸福假設——成為陰陽方程式：來自內心，也來自外在（我會在第10章進一步說明）。要過陰陽協調的人生，我們需要導引。對於「陰」這一面，佛陀已提出最具洞見的指導；佛陀不斷地、溫和地提醒我們「陰」這內省功夫的重要性。不過我相信，西方追求的行動、奮鬥及激情的執念，並非如佛陀所言那般錯誤。我們需要的是找到其中的平衡（汲取東方智慧），以及明確奮鬥方向（借助現代心理學）。

第6章 愛與依戀

一九三一年，我父親被醫生診斷罹患了小兒麻痺症，他立刻被送進紐約布魯克林的一家醫院，並安置於隔離病房內。當時，小兒麻痺還是不治之症，也沒有疫苗可以用，所以市民的生活被籠罩在小兒麻痺症擴散的恐懼中。有好幾個星期，除了有戴著防護面罩的護士偶爾來看他之外，我父親簡直過著與世隔絕的生活。我祖母每天都去醫院探望他，但是她只能隔著門上的玻璃朝他揮手，跟他講話。我父親到現在都還記得，他當時大聲朝她喊叫，求她進去陪他。這種折磨一定讓我祖母心碎不已，於是有一天，她硬是不理醫院的規定，跑進隔離病房。被醫生發現後，把她痛斥一番。我父親後來康復無恙，雙腳並未癱瘓，但這幕景象卻一直在他心中：一個瘦小的小男孩孤單一人待在房間裡，隔著玻璃窗望著自己的母親。

我父親很不幸地出生在一個三大觀念彙集的時代。第一個觀念是病菌學說，病菌學說是由塞麥爾維斯（Semmelweis）於一九四〇年代提出的，但到二十世紀，病菌學說的觀念卻在醫院和家庭中兇猛橫行。自從醫護人員於一九二〇年代開始從孤兒院與育幼院搜集統計資料之後，小兒科醫生對病菌的恐懼更是達到最高點。一時之間，兒童被隔離在乾淨的小房間裡避免相互傳染，成為醫院及孤兒院的第一要務。小孩的病床是分開的，中間還隔著隔板，護士則需戴上防護罩跟手套，違反隔離規定的母親會受到院方的嚴厲斥責。

另外兩大觀念則是精神分析與行為主義。這兩個理論彼此少有共同點，唯一的共識就是雙方都認為，嬰兒之所以會依戀母親，是因為乳汁的關係。佛洛伊德認為，嬰兒的性衝動最早為乳房所滿足，因此嬰兒最早依戀的是乳房（心理需求）。長大後，會逐漸把這種欲望轉到有雙峰的女人身上。

行為主義者則不管人有沒有「性衝動」，但他們也視乳房為人的初級增強物，即人第一次行為（吸吮）所得到的第一次報酬（乳汁）。如果說行為主義有核心思想，那就是制約作用。行為主義認為無條件的愛，即沒理由的緊擁、用鼻子愛撫、摟抱孩子等，一定會造成孩子懶惰、驕寵和軟弱。

佛洛伊德信徒與行為主義者都認為，充滿愛的照顧會寵壞孩子，因此科學化的原則可提升孩子的教養。

就在我父親住院前三年，美國最頂尖的行為主義巨擘（在史金納出現之前）約翰・華生

（John Watson），出版了一本暢銷書《對嬰幼兒的心理照護》。華生在書中提到他的夢想，希望有一天，嬰兒交由嬰兒畜養場來養育，好遠離父母不良的影響。不過在那天到來之前，為人父母者得積極運用行為主義學派的方法，才能教養出身心強健的孩子：孩子哭鬧時不要去抱或是去哄他們，只要根據其行為好壞施以獎懲即可。

科學怎麼會產生這麼錯誤的養育觀念？醫生和心理學家怎麼會看不出來孩童不僅需要乳汁，還需要愛？本章將深入探討人的需求，即對他人、對身體接觸及對親密關係的需求。不管男女老少，沒有人是孤島。自華生以後，科學家對兒童養育的觀念已有長足的進步，也發展出更符合人性的、愛的科學。我這個愛的科學故事始於孤兒院和猿猴，最後以挑戰古代東西哲人沉悶的愛的觀點作為結尾。故事中的英雄是兩位勇敢拋棄自己專業訓練的核心教條，努力開創新局面的心理學家哈里·哈洛（Harry Harlow）與約翰·鮑比（John Bowlby）。他們兩人知道，無論是行為主義或精神分析都有其不足之處。歷經多年辛苦的奮鬥，兩人合力改變自己的專業領域，讓兒童獲得更人性化的對待，也讓科學得以借用古人的智慧更上一層樓。

愛的強大力量

哈洛於一九三〇年取得史丹佛大學的博士學位，他的博士論文主要探討對幼鼠的餵食行為。後來，他在威斯康辛大學謀得教職，但到這所學校之後他卻發現，自己的時間幾乎被教學工作占滿了，而且學校也無法提供充足的研究資源——他沒有實驗空間，沒有老鼠，所以根本沒辦法做他想發表成果的實驗。在無計可施之下，哈洛只好帶著學生到威斯康辛州麥迪森市一家小型動物園，那兒養了幾隻靈長類動物。因為動物的數量太少，所以哈洛跟他第一位研究生馬斯洛根本沒辦法做對照實驗。迫不得已，他們只好以觀察代替實驗，讓自己放開心胸，看看能不能從這些跟人類血緣非常親近的物種身上學到一點東西。結果，他們首先觀察到的就是，靈長類動物的好奇心很強。猿及猴子很喜歡解謎（人類對它們進行測試，以檢測其肢體靈巧度與智力高低）。它們之所以解謎，似乎完全出於樂趣，不為別的理由。相反，行為主義則主張，動物只會做受到強化的行動。

哈洛覺察自己發現了行為主義學派的漏洞，但是他不能光憑自己在一家小小動物園裡的觀察就證明這項發現。這時，他真的渴望能有一間自己的實驗室來研究靈長類（不是老鼠），所以他決定自己動手做——在學生的協助下，他們將一間只剩空殼的廢棄建築改造成實驗室。接下來的三十年，哈洛就跟他的學生在這間臨時搭建而成的實驗室裡，精益求精地證明出猴子是一種好奇、聰明的動物，喜歡思索解答，但他們的研究結果惹惱了行為主義者。就某種程度而言，猴子跟人類一樣，其行為也有符合強化作用定律之處，但是猴子頭腦的運作實在遠超過行為主義學派的腦袋所能理解的。譬如，猴子在解題時，每做對一個步驟（例如用好幾個活動零件來開啟一個機械彈簧鎖），實驗人員就會餵一粒葡萄乾給猴子吃，但這樣的動作確實會使猴子分心，干擾猴子解謎。牠們是因為喜歡解謎而解，不為別的。

擁抱和被擁抱的需求是天生的

由於實驗室的不斷擴大，因此哈洛便長期處於猴子短缺的窘境。猴子進口不易，等猴子好不容易運抵，還經常生病，並將新一波傳染病帶進實驗室。一九五五年，哈洛想出一個大膽的計畫——自己繁殖培育猴子。在美國，從來沒有人能靠自己的力量繁殖培育猴群，遑論在天氣寒冷的威斯康辛州，但是哈洛決意放手一搏。他讓現有的猴子交配，小猴生下來後的幾小時內，哈洛就將牠們帶離母猴身邊，以避免牠們在擁擠的實驗室內染病。經過多次實驗，他和學生調配出含多種營養素及抗生素的人工製幼猴食物配方。他們也找出最佳的餵食模式、晝夜週期和溫度。每隻幼猴都養在自己專屬的籠子裡，以防疾病傳染。哈洛真的實現了華生的嬰兒畜養場的想法，而且這個嬰兒畜養場培養出來的「作物」長得又高又壯，外表看起來很健康。不過，在這些從畜養場培育出來的猴子帶到其他猴群中時，牠們顯得非常驚慌焦躁。因為牠們沒有發展出正常的社交技能或解決問題的能力，所以對實驗一點用處都沒有。這下子哈洛跟他的學生真的被難倒了，到底他們疏忽了什麼？

最終，研究生比爾・梅森（Bill Mason）注意到了，線索就在眼前——抓在猴子手中不起眼的尿布。有時候，工作人員會將一片片的尿布鋪在育嬰室的猴籠中當做床墊，免得幼猴的身體直貼冰冷的地板。實驗人員發現，猴子老是黏著尿布不放，害怕時更是如此，被帶到新籠子時也是尿布不離身。於是梅森便建議哈洛進行一項測試：在幾隻小猴子周圍放一捆衣服和一捆木頭。看看猴子到底是需要攀著東西（任何東西都好）不放，還是柔軟的衣物對猴子特別有吸引力。哈洛覺得這個點子很棒，仔細思索後，他發現一個更重要的問題：難道尿布是猴子媽媽的代替物嗎？猴子是否天生有擁抱及被擁抱的需求，而這個需求是嬰兒畜養場完全無法滿足的？果真如此，他該如何證明？哈洛的證明後來成為一項最著名的心理學實驗之一。

♥ 幸福實驗

哈洛直接測試「有奶便是娘」這個假設。他製作了兩個代理媽媽，都是圓柱體的體型。其中一隻身上圍了鐵絲網，另一隻身上則先覆上一層泡沫塑料，再圍上一層柔軟的毛線織物。八隻幼猴都在兩隻代理媽媽的陪伴下，單獨在籠子裡飼養。其中四隻幼猴只能從鐵絲網代理媽媽胸部的管子喝奶，另外四隻則只能由軟布代理媽媽胸部的管子哺乳。如果佛洛伊德和華生的理論正確，即乳汁是幼猴依戀的原因，那麼猴子應該會依戀供應乳汁的對象。不過，事實並非如此。所有小猴子幾乎都一直黏著、攀著、把自己擠進軟布媽媽柔軟的身體。哈洛的實驗非常細膩、讓人信服，不需要看統計資料你就知道結果。只要看過收錄在每一本心理學入門教科書裡那張名聞遐邇的照片，你便一目了然：一隻幼猴邊伸長身體去吸吮鐵絲媽媽的奶管，一邊用後腿緊抓著軟布媽媽不放。

哈洛指出，「接觸性安慰」是一種基本需求，即年幼的哺乳類動物想跟自己的母親有身體接觸的需求。當親媽媽不在時，年幼的哺乳類動物會設法尋找感覺最像母親的東西。哈洛之所以小心翼翼地選用了「接觸性安慰」這個字眼，是因為母親會在孩子最需要撫慰的時候給予孩子慰藉，這樣的撫慰大抵來自直接的接觸，即便是軟布媽媽也能提供類似的效果。

親情之愛常常讓人感動到熱淚盈眶，黛博拉．布魯姆（Deborah Blum）那本精采的哈洛傳記《愛在暴力公園》中令人動容的親情之愛，俯拾皆是。雖然一路讀來盡是悲傷和得不到回報的愛，但該書仍然是一個鼓舞人心的故事。

愛能戰勝恐懼

約翰．鮑比的人生歷程跟哈洛完全不同，但最後兩人的研究卻殊途同歸，得出相同的發現。鮑比出身英國貴族，從小由保母帶大，後來進入寄宿學校就讀。他主修醫學，後來成為一名精神分析師，不過他早年受訓時期曾擔任過義工，這段經驗決定了他日後職業生涯的發展。他曾在兩處「不良兒童之家」擔任義工，這些孩子中有許多人跟自己的父母根本沒有什麼接觸。有些孩子很冷漠、無法溝通，有些則是死黏著人不放，只要發現鮑比稍微注意到他們，他們就會焦躁地繞著他轉。

第二次世界大戰結束後，鮑比從軍中退役回到英格蘭，到一家醫院負責兒童門診。他開始研究與雙親分開會對兒童造成什麼樣的影響。當時，歐洲正面臨人類有史以來最嚴重的親子分離問題。戰爭留下了許許多多的孤兒、難民，為了安全起見，孩童們都被送到鄉下。當時，剛成立的世界衛生組織委託鮑比撰寫一份報告，針對這些兒童的安置提出最佳解決之道。於是鮑比走訪各家醫院和孤兒院，並於一九五一年發表了研究報告，他的報告強烈地反駁當時普遍流行的觀念：孩子跟父母分開、被孤立並無大害；生物性需求，如營養等才是最重要的。鮑比主張，孩童要有愛才能正常發展；孩子需要母親。

當時鮑比不斷發展自己的思想，努力熬過安娜·佛洛伊德（Anna Freud）和梅蘭妮·克萊恩（Melanie Klein）這些精神分析學家對他的譏諷（鮑比反駁她們的「性欲與乳房」理論）。他很幸運地遇見了當時動物行為學界的巨擘羅伯特·亨德（Robert Hinde），他向鮑比傳授了動物行為方面的最新研究。

例如，康拉德・勞倫茲（Konrad Lorenz）證實了小鴨在孵出後的十到十二個小時內，只要有鴨子般大小的形體在周遭走動，牠們就會鎖定這個目標，然後亦步亦趨地跟著牠好幾個月。在自然界裡，這個目標通常是媽媽，但在勞倫茲的實驗裡，只要是他曾拿來在小鴨子眼前移動的東西都有效，甚至連他腳上穿的靴子也一樣。

雖然這種視覺「印記」機制迥異於人類的親子關係，但當鮑比開始思考進化如何創造出機制，來確保母親及孩子能在一起時，他也開啟了一條全新的人類親子關係的研究方法。我們根本就不需要從乳汁、強化作用、性衝動或其他事物去衍生親子間的連結。事實上，母子之間的依戀關係對孩童的生存至關重要，因此所有依賴母親照顧才能生存的物種，其母親及孩子之間都會被建置一套專用系統。在哈洛開始關注動物行為後，他發現小猴子和嬰兒之間有許多相似之處：黏人、吸吮、別人如果不理他就哭鬧不休，喜歡當跟屁蟲。所有這些能讓靈長類動物的幼體親近母體的行為，也同樣出現在人類小孩的身上，甚至連高舉雙手要人「抱我」的信號都一模一樣。

一九五七年，亨德在得知了哈洛尚未發表的「軟布媽媽」研究之後，把哈洛的研究告訴鮑比。於是鮑比便寫信給哈洛，並親自前往威斯康辛州造訪哈洛。兩人後來成為堅強盟友，彼此相互支援。鮑比，這位偉大的理論家，擬出一個理論架構，將人部分後續的親子關係研究統合起來；哈洛，這位偉大的實驗家，則為這個理論提出了第一個站得住腳的實驗室實證。

依戀，伴你一生

鮑比這個龐大且綜合各種學說的理論被稱為「依戀理論」（又稱依附理論，attachment theory）。這個名稱來自控制論，這門科學專門研究機械和生物系統如何隨著周遭環境及內部變化來調整自己，以達到預定目標。鮑比提出的第一個隱喻是最簡單的控制系統——一種恒溫器，當溫度低於設定溫度時，就會自動打開暖氣。

依戀理論的第一個觀念是，兒童的行為受「安全」與「探索」這兩個基本目標的引導。安全的環境讓兒童得以生存下去；能探索和遊戲的孩子，才能發展出應付未來成人生活所需的技能及智力。（這也是為什麼所有哺乳類動物小時候都會玩耍嬉戲的緣故；而且大腦額葉皮層越大者，越需要玩耍。）「安全」與「探索」這兩種需求常常相互對立，因此它們都由一種專司偵測周遭安全的自動調節器來規範。在安全度達到一定程度後，兒童就會嬉戲玩耍、四處探索。不過，一旦安全度大幅滑落，兒童體內的安全閥就會開始運轉，突然間，安全需求成為首要之務。這時孩童會停止玩耍去找媽媽。如果找不到媽媽，孩子就會開始哭鬧，還會哭得越來越凶；等看到媽媽回來，孩子會要媽媽愛撫讓自己安心，之後系統便重新開機，遊戲得以繼續。這是我在第2章所舉的一個「設計」原理的例子：對立的系統彼此對抗，以達到一個平衡點。（父親也可以當極佳的依戀對象，但鮑比主要研究母子間的依戀關係，因為通常可更快地進入主題。）

如果你想親眼目睹這個系統的運作，只要想辦法去吸引一個正在玩耍的兩歲小孩的注意力，馬上就一目了然了。如果你到朋友家，第一次認識她的小孩，只要一分鐘，好戲馬上上場。在熟悉的環境裡，小孩子會覺得很有安全感，他的母親扮演著鮑比所說的「安全堡壘」的角色，這是一個依戀對象，只要這個依戀對象在場，孩子就一定會感到安全，不會害怕，所以孩子便能自由自在地探索，健全地發展。不過，如果是朋友帶她兒子第一次來你家玩，時間就要久一點。你可能得跟在你朋友身旁，才有辦法看到那張躲在媽媽大腿後面的小臉蛋。之後，如果你開始跟他玩遊戲——扮鬼臉逗他笑，再來看看他媽媽到廚房倒水後，接下來會發生什麼事。這時，你的小玩伴會突然一溜煙地朝廚房飛奔而去。

哈洛也在猴子身上發現相同的行為。幼猴跟軟布媽媽一起被安置在一間放滿玩具的開放式房間中央，幼猴最後會從軟布媽媽身上爬下來，四處探索，但是牠們會經常跑回去碰觸軟布媽媽，保持彼此間的連結。一旦實驗人員把軟布媽媽拿走，所有遊戲就會立刻終止，接著驚叫聲四起。

如果兒童長期與依戀對象分開（譬如住院），很快就變得被動絕望。鮑比說，一旦兒童無法擁有一種穩定持久的依戀關係（例如，不斷地變換不同養父母或護士來照顧他），他們就很可能一輩子都會因此痛苦不安。他們可能變成冷漠孤獨的人，或是無可救藥的黏人精，這些就是鮑比在擔任義工時看到的現象。鮑比的理論跟佛洛伊德及安娜的理論相抵觸，鮑比的理論表明，如果你希望你的小孩健康成長、獨立自主，那麼你應該去擁抱、去摟、去哄、去愛他們。只要給他們一個安全堡壘，他們就能靠自己的力量去探索、征服這個世界。愛能克服恐懼，《新約聖經》裡有一段話描述得很好：「愛裡沒有懼怕，完全的愛可以驅除懼怕。」

依戀是種特質

如果你想推翻同時代一般人普遍持有的觀念，那麼你最好要有充分證據再上場。哈洛的研究結果絕對毋庸置疑，但還是有人質疑他，認為他的研究無法應用在人類身上。鮑比需要更多證據來補強，這個證據來自一位加拿大女士。一九五〇年，瑪麗．安斯沃思（Mary Ainsworth）看到哈洛徵求研究助理的啟事，回信應徵，因而認識哈洛。之前安斯沃思曾隨著先生遷居倫敦，之後她跟鮑比共事三年，與鮑比一起進行住院生病兒童的研究。後來她丈夫接受了在烏干達的一份學術工作，安斯沃思再次夫唱婦隨，也利用這個機會深入觀察烏干達村落的孩童。在烏干達，所有孩童的照顧都是由婦女們共同負責，一起組成一個大家庭，但即便在這樣的文化中，安斯沃思仍觀察到每個小孩跟自己母親之間有一種很特殊的關係。對孩童來說，自己的母親所扮演的安全堡壘角色，絕對比其他婦女重要。後來，安斯沃思到美國巴爾的摩約翰・霍普金斯大學工作，之後又到維吉尼亞大學，這時她開始思索如何來驗證鮑比和她自己有關母子關係的想法。

依據鮑比的控制論，環境的改變會啟動孩童的依戀機制。光看著小孩在玩是看不出個所以然來的，你必須在這個過程中觀察「探索」及「安全」如何回應環境的變動。因此，安斯沃思設計了一個小型戲劇，也就是後來所稱的「陌生情境」，由兒童親自上場演出。從本質上講，這是依據哈洛將猴子及玩具一起放在開放式房間裡的實驗而重新設計的。

♥ 幸福實驗

第一幕，母親和自己的孩子一起進入一個舒適的、滿是玩具的房間。在實驗裡，大部分的小孩很快便開始在房間裡四處爬行或蹣跚而走地展開探索。第二幕，一名和善的女士走進房間，跟母親交談幾分鐘後，跟小孩一起玩。第三幕，母親起身離開房間，讓小孩單獨跟陌生人共處幾分鐘。第四幕，母親回來，陌生人離開。第五幕，母親再次離開，讓小孩單獨一個人留在房間裡。第六幕，陌生人回來了。第七幕，母親回來，不再離開。

整部戲的重點就是逐步增加小孩的壓力，看看小孩的依戀系統如何應付每一幕的變化。結果，安斯沃思發現了三種共同的應付模式。

大約有三分之二的美國兒童，其依戀系統的運作符合鮑比的理論，即遊戲和尋求安全感會隨著環境的變動順暢地更替。這類孩童屬於安全型依戀，當母親離開時，他會減少或停止遊戲活動，然後開始焦慮不安，就算陌生人安慰他，也沒辦法讓他完全放鬆下來。第二幕，看到母親回來後，這類孩童馬上跟著開心起來，然後一直跑去找媽媽，或摸摸媽媽，重新建立自己跟安全堡壘之間的聯繫。不過，他們很快就會平靜下來，又繼續玩了起來。另外三分之一的兒童對場景的變化就沒那麼敏感，這類兒童屬於兩種非安全依戀中的一種。大部分這類兒童對媽媽走進走出似乎不太在意，但之後的心理學研究卻顯示，他們對母親的離開其實相當苦惱。也就是說，這類兒童似乎是靠自己的力量來壓抑心中的不安，而不願靠母親來安慰自己。安斯沃思稱這模式為逃避型依戀。其餘約十二%的兒童，則在整個實驗過程裡一直顯得焦慮不安，愛黏人。一跟母親分開，他們就變得極度不安，母親回來後，有時還會抗拒母親的百般安撫，他們也一直沒辦法在這個不熟悉的房間裡靜下來玩。安斯沃思稱此模式為衝突型依戀。

安斯沃思一開始認為，之所以會出現這些差異，完全跟母親的教養方式有關。她先觀察母親在家時的反應，發現個性溫和、對孩子很有反應的母親，最可能培養出在陌生情境裡出現安全依戀型的小孩。這些知道自己有母親可以依靠的小孩，是最勇敢的，也是最有自信的。個性冷漠、不太回應孩子的母親則較有可能培養出逃避型依戀的兒童，他們知道不要太期望自己的母親會幫助或安慰自己。反應古怪、行為反覆的母親則很可能培養出衝突型依戀的兒童，他們知道自己尋求安慰的努力有時候會有回應，有時候則是白費力氣。

不過，每當我聽到母親和孩子之間相關性的問題時，我大多秉持質疑的態度。因為幾乎所有對雙胞胎的研究都顯示，個人人格特質受遺傳的影響，高於後天的教養。或許，這其實是個性溫和又慈愛的女性（贏得大腦皮質樂透獎的女性），把樂觀的基因遺傳給她們的孩子，讓他們成為安全依戀型的兒童。又或者，這種相關性其實剛好相反：孩子確實天生就有個性——開朗、暴躁或焦慮，只是個性開朗的孩子因為個性好相處，所以他的媽媽比較願意回應孩子的需求。我的想法得到安斯沃思研究的佐證，安斯沃斯的家庭研究發現：母親回應孩子的方式，以及孩子屬於哪一種依戀類型，這兩者間的相關性並不高。另一方面，雙胞胎的研究也發現，孩子屬於哪種依戀類型，基因的影響很有限。這麼一來，我們面對一個真正的難題，既然這項特質跟母親的教養及基因皆無很大關係，那麼它到底從哪裡來？

鮑比的控制論讓我們得以掙脫一般人的這種先天／後天二分法的觀念。我們得先把依戀類型當做一種特質，這項特質是經過數千次親子互動後逐漸形成的。（受遺傳影響）具有特定性格的孩子會努力希望母親保護。（受遺傳影響）具有特定性格的母親有時會回應孩子，或因為當時的心情不好、工作太累，抑或是看了哪個育兒大師的著作而不回應孩子。在這樣的過程中，沒有哪個單一事件特別重要，但一段時間過後，孩子會針對自己、母親及自己與母親間的關係建立一套依戀的內在運作模式。如果這套內在運作模式告訴孩子，媽媽會一直在自己身邊，那麼孩子去玩、去探索時就會比較勇敢大膽。在一次又一次彼此相互可預期、相互對等的互動下，親子間便建立起信任感，彼此的關係也日益強固。個性開朗、母親擁有快樂性格的孩子，遊戲一定玩得得心應手，進而發展出安全型依戀模式。不過一個犧牲奉獻的母親，同樣也可以克服自己和孩子天生較不開朗的性格缺點，為自己的親子關係孕育出一個安全的內在運作模式（以上所討論的內容同樣適用於父親身上，只是在大部分文化裡，大部分孩子跟母親相處的時間都比較長）。

依戀關係不限於孩童

我們聽到「愛」這個字時，通常想到的是浪漫的愛情。我越鑽研依戀理論，就越了解哈洛、鮑比和安斯沃思的研究，這可以幫助我們了解成人之間的愛情。請先想想你自己，看看下面哪個陳述最能描述在愛情關係中的你？

1.我覺得自己容易親近別人，而且不管是依賴別人還是讓別人依賴自己，我都覺得相當舒適自在。我不擔心自己會被拋棄或跟別人太親近。

2.跟人親近會讓我覺得有點不舒服。我很難完全信任別人，也很難讓自己去依靠別人。只要有人跟我太親近，我就會覺得坐立難安，而另一半對親密的需求常讓我不自在。

3.我覺得別人是勉強順我的意來親近我。我經常擔心另一半並非真心愛我，或不想跟我在一起。我想要完全地與另一個人達到水乳交融的境界，但這種想法有時會把人嚇跑。

辛蒂．哈珊（Cindy Hazan）與菲爾．薛佛（Phil Shaver）這兩位專門研究依戀理論的專家發展出上述三條簡單的測試，借此了解安斯沃思發現的三種依戀模式是否也適用於成人間的感情關係。答案是肯定的。有些人長大後會改變其依戀模式，但大部分的成人還是會選擇跟童年時期一樣（上述三項選擇相當於安斯沃斯的安全型、逃避型及衝突型依戀）的依戀模式。內在運作模式的運作往往相當穩定（並非不可改變，但持續性很強），所以在人的一生中，內在運作模式會主導其人生最重要關係的建立。就像安全型依戀的寶寶會比較快樂，調適能力也比較強一樣，安全型依戀的成人同樣也會有比較快樂、長久的親密關係，離婚率也比較低。

不過，成人間的浪漫愛情是否真的跟兒童依戀母親的關係一樣，都出自相同的心理系統？為了找出答案，哈珊持續追蹤了這個過程，發現兒童的依戀系統會隨著年齡而有所改變。鮑比則具體地陳述了這四項依戀關係的特徵：

1. 想一直待在依戀對象身邊（孩子渴望、努力讓自己一直待在父母身邊）；
2. 分離焦慮（明顯的）；
3. 安全的避風港（孩子害怕或沮喪時，會向父母尋求安慰）；
4. 安全的堡壘（小孩把父母當做堡壘，以此為支柱，進而向外展開探索，追求個人成長）。

哈珊跟她的同事曾調查過數百個對象，年齡從六歲到八十二歲不等，詢問他們誰符合上述每一項依戀關係的特徵（比如，「你最喜歡跟某個人在一起？」「心煩的時候，你會找誰？」）。如果以小寶寶為調查物件，那麼每個問題他們一定都會回答是媽媽或爸爸，但是大於八歲的孩子，最希望跟自己的朋友在一起。（孩子不肯跟朋友分開回家吃晚飯，就是想一直待在依戀對象身邊。）在八～十四歲這個階段，安全的避風港從父母擴展到夥伴，因為青少年會開始向朋友尋求情感上的支持。不過要一直到青春期後期，大約十五～十七歲這個階段，所有上述四種依戀關係才會由一位夥伴滿足，也就是伴侶。《新約聖經》對這樣的依戀關係的正常移轉，有如下描述：「因此人要離開父母，與妻子結合，二人成為一體。這樣，他們不再是兩個人，而是一體了。」

由人們如何面對配偶過世及與配偶長期分離的研究結果表明，愛侶跟父母一樣，也是人們依戀的對象。這項研究發現，成人跟其依戀對象分開時，會跟鮑比觀察到的住院生病的兒童一樣：一開始焦慮恐慌，然後整個人變得了無生氣、沮喪憂鬱，最後只有在情感上超脫了，才有辦法從傷害中復原。這項研究還發現，求助於親近的朋友無法減緩痛苦，反倒是回去找父母還比較有效。

只要我們仔細想想就會發現，伴侶關係和「父母幼兒」的關係，兩者之間有許多相似之處。愛意湧現時，情人之間無盡地相互凝望、彼此擁抱，童言童語地講情話，享受催產素的分泌而帶來的親密感，而催產素正是讓母親跟嬰兒如上癮般緊緊黏在一起的荷爾蒙。催產素除了可以讓雌性哺乳動物做好生產（引發子宮收縮和乳汁分泌）的準備之外，還會影響她們的大腦，強化母親的母性行為，並減輕母親的壓力。

母親對幼兒的這種強大依戀關係，通常被稱為施愛系統，其迥異於兒童的依戀系統，但是這兩個系統顯然是彼此一前一後互動發展而成的。嬰兒發出的痛苦信號之所以會產生效用，是因為激發了母親心中想關愛別人的渴望。催產素就是將母親及嬰兒黏在一起的黏膠。一般大眾媒體一直過分簡化催產素的作用，把催產素描述成一種可以讓人（就連脾氣壞的男人）突然變得溫柔可人、深情款款的荷爾蒙。不過近來有研究顯示，催產素也是一種女性的壓力荷爾蒙：當女性處於壓力之下，其依戀需求無法獲得滿足時，大腦就會分泌催產素，引起女性想與自己所愛之人接觸的渴望。另一方面，當兩個人發生肌膚之親，催產素充滿大腦時，就會發揮撫慰和鎮定的效果，並強化兩人之間的連結。對成人而言，除了生產及哺乳以外，最強烈的催產素來自性交。性行為，尤其是伴隨有相擁依偎、長時間愛撫和性高潮等親密行為者，會啟動許多迴路，正是這些迴路把父母親跟嬰兒緊緊連結在一起。難怪童年時期的依戀模式會持續到成人時期，而且整個依戀系統一直都在持續不斷地在進行著。

為何性跟愛有關

成人的愛情關係是由兩個古老的連鎖系統建立而成的：將孩子跟母親連結在一起的依戀系統，以及將母親及孩子連結在一起的施愛系統。這些系統與哺乳動物一樣悠久，甚至更古老，因為鳥類也有這些系統。不過，我們還是要另行解釋為什麼性跟愛有關聯。

早在哺乳類和鳥類存在以前，動物受天性的驅使，會尋找另一半以滿足性的需求。交配系統完全跟前述兩個系統分開，它的形成涉及另外完全不同的大腦區域與荷爾蒙（激素）。某些動物，如老鼠，其交配系統會讓雄鼠與雌鼠彼此吸引，一直持續到交配結束為止。而其他物種，如大象，公象和母象有好幾天（受精期間）會強烈受彼此吸引，在這段期間，公象和母象會彼此溫柔愛撫、快樂嬉鬧，還有其他許多信號，在提醒著一旁觀看的人類牠們正熱戀著對方。對於大多數哺乳類動物（人類除外）來說，這三大系統在受精期間會彼此串連在一起，讓我們可以完全預期到哺乳類動物一定會出現後續一連串行為。

第一階段，雌性在排卵期間，荷爾蒙會開始產生變化，昭告世人其開始進入生殖期：母狗和母貓會分泌費洛蒙；母黑猩猩的生殖器則會變得巨大紅腫。第二階段，雄性會出現攻擊行為，互相競爭（某些物種），看誰先找到交配對象。雌性（大多數物種）這時會做出選擇，如此便會驅動牠的交配系統。第三階段發生在幾個月之後，生產會驅動雌獸的施愛系統與幼獸的依戀系統。雄獸則被留在寒冷的野外，繼續嗅聞尋找更多費洛蒙，或看看能不能找到更多腫脹的生殖器。對牠們而言，性的目的就是生殖；持續的愛則留給母親與孩子。然而，人類為何如此不同？女性如何隱藏所有排卵信號，卻又能吸引男性與她們共墜愛河、疼愛他們的孩子？

沒有人知道答案，不過我個人認為最站得住腳的理論，是我在第 1 章和第 3 章所提過的人類腦容量的大幅擴增。當第一批人類跟現代黑猩猩的祖先分道揚鑣時，他們的腦容量並沒有比黑猩猩的腦容量大。這些人類的老祖先基本上只是兩足猿類。之後，差不多在三百萬年前，事情開始出現變化。或許是環境改變，或許是工具的使用增加了，人類的雙手日益靈巧，人類為適應這樣的變化，大腦便越變越大，智力也越來越高。不過，大腦的擴增面臨一個瓶頸——產道的問題。當時，女性要能順利生產，且其骨盆大小要保持在能讓女性直立而行的尺寸，受限於這兩個生理條件，胎兒頭部不能過大。至少有一支人類物種——我們的祖先，逐步發展出一種新穎的技術，來避開這種大腦的限制，方法就是在胎兒大腦發育到足以控制胎兒身體機能之前，讓胎兒脫離子宮。其他靈長類出生之後，其腦容量的擴增便驟降，因為大腦的發育大致已完成，隨時可上場運作。只有在幼年嬉戲和學習期間，大腦才進行些微的調整。然而人類的嬰兒在出生之後，其大腦仍以胎兒大腦成長的速度快速成長到兩歲左右，在之後的二十年，大腦仍緩慢、持續地增長著。人類是地球上唯一一種在幼年時期完全無力照顧自己，且需依賴成人照顧達十幾年之久的物種。

照顧孩子的擔子非常沉重，重到女人無法獨自一肩扛起。有關狩獵社會的研究顯示，家有幼兒的母親無法張羅到足夠食物來維持自己及孩子存活之需。所以她們要依賴生產力正旺的男性，供給他們大量的食物及必要的保護。腦容量的擴增，大大地增強了人類的語言能力和操弄人際關係的能力（以及狩獵和採集的能力），但只有在男性開始願意分享物資之後，大腦才能朝這樣的方向進化下去。然而在競爭激烈的進化遊戲中，如果男性提供資源給不是自己親骨肉的孩子使用，那麼絕對是大大的失策。因此，活躍的父親、男女配對結合、男性在性方面的忌妒心，以及有著大腦袋的嬰兒同時進化出人類的歷史。一個想跟某個女子在一起，守護她的忠貞，努力撫養兩個小孩的男人，與那些父性較差的競爭者相比，更能養育出聰明的小孩。在這樣一個智力具有高度適應力的社會中（人類開始使用工具後，所有人類所生存的環境都具有這樣的特性），男性對小孩的投資會得到應得的報償（也就是他們的基因），使得代代之間有更多的共同之處。

然而，男女之間如何衍生出這樣的連結關係？進化是不可能無中生有的。進化是一個過程，在進化的過程中，已經過基因編碼的骨頭、荷爾蒙及行為模式會產生輕微的改變（因基因的隨機突變所致），如果它們能為個體帶來優勢，這些改變就會留下來。不需要太大的改變，就可修改依戀系統（所有男女小時候都會透過這個系統來依戀媽媽），並讓前者跟交配系統（每個年輕男女自進入青春期之後，交配系統即已開啟）連結起來。

當然，上述理論只是推測（一個盡心盡力的父親，其死後的骨灰跟冷漠的父親看起來並無不同），但它確實將人類生活中許多迥異的人生樣貌，比如痛苦的生產過程、漫長的嬰兒期、大腦袋以及高智力等，完整地串連在一起。這個理論將人類種種生物上的驟然轉變，以及人類最重要的特異情感表現連結起來——男女之間及男性和孩子之間那種強烈、持久的情感連結。關係親密的男女彼此間有許多利益是相互衝突的，因此進化理論不認為愛情關係是一種為了養育子女而形成的和諧夥伴關係，而是人類文化所具有的一種普世特質——男女刻意去建立一種可以維持數年的（婚姻）關係，以期限制彼此的性行為，並將他們與孩子及彼此之間的關係予以制度化。

何謂「真愛」

將古老的依戀系統和同樣古老的施愛系統相混合，再丟進修正過的交配理論裡，這就是浪漫的愛情。不過我似乎遺漏了一件事：浪漫的愛情絕對不只是各組成部分的總和。浪漫的愛情是一種非常獨特的心理狀態，它引發了特洛伊戰爭，激發出了世界上最偉大（與最差勁）的音樂與文學創作，帶給許多人一生當中最美好的時光。不過，我認為大家對浪漫的愛情多有誤解，所以檢視其心理組成要素可幫我們理清一些困惑，並帶領我們避開愛的陷阱。

在大學校園的某些角落，有教授會這麼告訴學生：浪漫的愛情是一種社會產物，它出自十二世紀法國吟游詩人口中，混合了騎士精神、理想化的女性，以及無法滿足的渴望帶給人的無盡痛苦。儘管所有文化對種種心理現象都有其解讀，但不管人們想法如何，這些心理現象的確會發生。（比如，每一種文化對死亡都有其社會解釋，但是肉體要死就會死，顧不了這些解釋說些什麼。）一項針對一百六十六種人類文化而進行的人種誌調查研究顯示，有八十八%的比例發現有浪漫愛情的明確證據；至於剩下的，因為人種誌所提供的相關紀錄太少，所以難有定論。

「真愛」迷思

吟游詩人確實給了我們一種「真愛」迷思——這種觀念認為，真愛是一種明亮炙熱的感情，而且它會熊熊燃燒，至死方休，即便死後在未來天堂相聚，真愛依舊繼續燃燒下去。在現代，這種迷思已經蔓延擴散到愛情與婚姻互有相關的觀念中。依我所見，現代人有關真愛的迷思有以下幾個觀念：真愛是一種激情，永不凋萎。你碰到真心喜愛的人，就應該跟對方結婚，一旦愛情結束，你就該離開對方，因為真愛不再。只要你能遇上對的人，你就能擁有真愛，直到永遠。你自己可能不相信這些迷思（尤其是如果你已超過三十歲）。不過，許多西方國家的年輕人從小就被灌輸這樣的觀念，儘管他們對它嗤之以鼻，但這種真愛迷思在他們心中仍然是一種完美的愛情典範，讓他們在不知不覺中受到這套觀念的影響。

如果真愛的定義是一種永恆之愛，那麼從生物學的角度來看，絕對行不通。為檢視真愛，也為了維護愛情的尊嚴，我們必須了解兩種愛情之間的不同——激情及友愛。根據艾倫．波謝德（Ellen Berscheid）與伊蓮．沃爾特（Elaine Walster）兩位愛情研究專家的說法，激情是一種「狂野的情感狀態，其中充滿溫柔與性欲、愉悅與痛苦、焦躁與釋放、強烈忌妒心，為對方不惜犧牲自己，是種五味雜陳的感情」。激情是一種會讓你墜入的感情力量。當丘比特的金箭射中你的心，剎那間，你周遭的世界變得不同了，激情隨之發生。你渴望跟心上人合為一體。你渴望兩人繾綣纏綿。柏拉圖的著作《饗宴》描述的就是這種強烈的欲望，在文中，亞里斯托芬向愛神敬酒一段提到了愛情的起源。亞里斯托芬說，人原來有四隻腳、四隻手臂和兩張臉，但有一天，眾神感覺到自己被人類的力量及傲慢所威脅，因此決定將人類劈成兩半。從那天開始，人類便在世上流浪，尋找自己失去的那一半。（有的人原來有兩張男人的臉，有的人是兩張女人的臉，其餘的人則是一男一女，這也解釋了為何人會有性傾向上的差異。）亞里斯托芬要求我們想像火神兼匠神的赫菲斯托斯，來到一對擁抱躺臥的情侶身旁時，開口說道：

你們人類到底想要從彼此身上得到什麼？……難道這就是你們內心的渴望嗎——讓兩人成為一體的兩部分，竭盡所能靠近對方，不分晝夜，永不分離？如果這就是你們內心的渴望，我想將你們融成一體，讓你們合而為一。從此，只要你們活著，你們兩人就要共用一個生命，因為你們是一體的。同樣，當你們死去時，你們也要共赴冥府，死在一起。看看你們的愛情吧，想想這是否就是你們所渴望的愛情。

亞里斯托芬說，沒有愛侶會拒絕這樣的提議。

相對於激情，伯斯契特與沃爾斯特對友愛的定義是「一種我們對與自己的生活緊緊糾結在一起的人所產生的感情」。當愛侶將彼此的依戀系統與施愛系統應用在對方身上，彼此開始依賴、關心、信任對方時，幾年下來，友愛隨之與日俱增。如果說我們用火來比喻激情，那麼友愛就像是不斷生長、糾結纏繞的蔓藤，逐漸將兩人連結在一起。不同文化的人都曾經歷過狂野與沉靜兩種天壤之別的愛情。正如非洲納米比亞狩獵部落的一位婦女所言：「兩人剛相遇時，愛火在他們心中熊熊燃燒，其中的激情炙熱非常。一段時間激情冷卻後，它便永遠被留住。」

激情就像一種毒品。它的症狀跟海洛因（這種幸福感有時跟性有關）和可卡因（這種幸福感混合了暈眩及能量）所引起的症狀有部分相同。這其實一點都不奇怪：因為激情會改變大腦幾個部位的活動，包括與多巴胺分泌有關的部位。極度愉悅的感覺會刺激腦中多巴胺的分泌，這個多巴胺連結在此具有非常關鍵的作用，因為毒品就是以人為的方式提升腦中多巴胺的濃度，跟海洛因和可卡因的作用一樣，可能讓人上癮。如果你一個月吸食一次可卡因並不會上癮，但要是每天都吸食，保證一定會上癮。沒有一種毒品可以讓人一直保持亢奮狀態。大腦會對多巴胺的長期累積產生反應，發展出抗多巴胺的神經化學反應，讓大腦恢復平衡。這時，一旦沒有吸食毒品，大腦就會失去平衡：人一旦戒食可卡因或沒了激情，跟著就是痛苦不堪、死氣沉沉、絕望沮喪。

因此，如果激情是一種毒品，那麼它的力量一定會有消退的一天。沒有人可以永遠處於亢奮狀態（如果你談的是遠距離的激情，那麼這就像每個月服用一次可卡因一樣；毒品會因為你的忍耐受苦，而保有其效力）。只要激情不斷地歡愉奔跑，它終有耗竭的一天。愛侶中總會有人先察覺到這樣的變化。就像有一天你從夢中醒來，看見你的枕邊人在流口水一樣。就在你恢復神智的那一刻，清醒過來的愛侶會看到自己之前沒有發現的缺點。我們心中的至愛不再令人崇拜，這時，因為我們的心理會對此改變非常敏感，所以她會過度誇大自己的感受。「喔，我的天啊，」她想，「魔法消失了——我不再愛他了。」如果她受制於真愛的迷思，她甚至會想與對方分手。畢竟一旦魔法消失，那就不是真愛了。不過，一旦她真的結束兩人的關係，她可能做出錯誤的決定。

激情不會變成友愛

激情和友愛是兩個獨立運作的過程，其時程也大不相同。這兩條分歧的道路有兩個危險點，許多人就在這時犯下大錯。下頁圖說明了激情及友愛的強度在半年內的變化情形。

一旦激情被點燃，就會熊熊燃燒，並在短短幾天之內達到最高點。在為愛瘋狂的前幾周或前幾個月裡，熱戀中的情侶滿腦袋想的都是跟對方結婚的念頭，彼此也經常談論結婚這個話題。有時，他們甚至會接受火神赫菲斯托斯的提議，一頭栽進婚姻。這樣的結婚決定往往是錯的。當一個人處於激情亢奮中，頭腦是不可能清醒思考的。這時騎象人跟大象都一樣暈

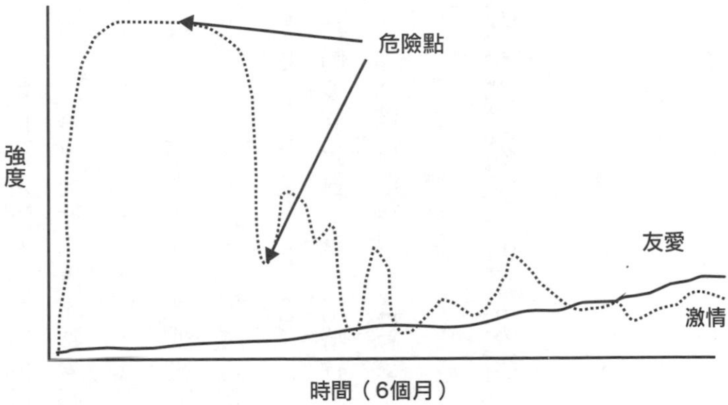

頭轉向。我們不會跟喝醉酒的人簽約，所以有時候我會希望我們能夠阻止熱戀中的情侶做出結婚的決定，因為一旦求婚成功，家人就會接到通知，結婚日期也跟著敲定，結婚的列車一旦啟動就很難停下來。在籌備婚禮的巨大壓力下，愛情毒品的效力很可能會在某個時刻突然消退，因此許多新人在步入結婚禮堂時，心中其實滿是疑問，而婚姻最後則以離婚收場。

另一個危險點則出現在藥效開始變弱的那天。激情並沒有在那天就結束，但瘋狂癡迷的亢奮期終於告終。這時騎象人終於恢復理智，第一次冷靜下來評估自己的現況。戀人常常會在這時分手，對很多戀人而言，這是一件好事，因為丘比特總是把最不合適的人配在一起。不過，有時候分手並非良策，如果戀人能堅持下去，讓彼此有機會培養出友愛，他們可能就會找到真愛。

我相信世上有真愛，但它不是永遠不熄的激情。真愛，是兩人之間堅定共許的強烈友愛，輔以一些激情，這是一種能支撐起堅實婚姻的愛情。在上頁圖中，友愛看起來很微弱，因為它永遠不會像激情那樣濃烈。不過，如果我們把時間從六個月拉長到六十年（參見下圖），那麼這時反而是激情顯得微不足道——像曇花一現一樣，而友愛卻能持續一生。當我們羨慕一對夫妻在結婚五十週年紀念日依然相愛時，就是這種愛（以友愛為主的愛）令人稱羨。

關於依戀與愛的是非題

如果你正身陷激情之中，想謳歌胸中熱情，那麼你應該閱讀詩歌。如果你的激情已歸於平靜，想一探愛情關係如何演變，那麼你該讀心理學。如果你剛結束一段愛情，想讓自己相信，沒有愛情自己

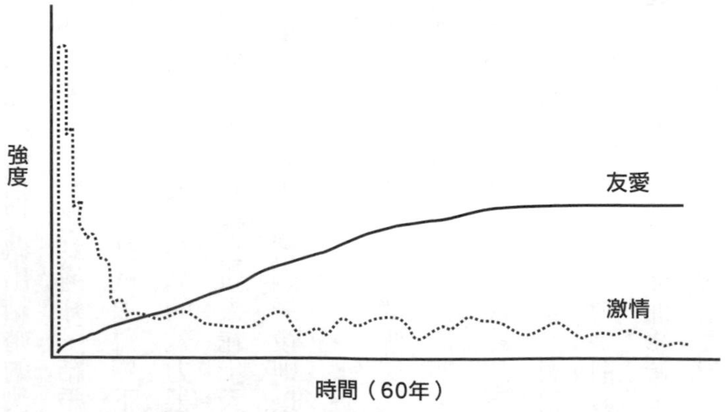

反而可以過得更好，那麼你應該去讀哲學。有許多作品都在頌揚愛情的美德，但細讀之下，你會發現其中隱含深刻的矛盾。我們應該愛上帝、愛鄰舍、愛真理、愛美麗的事物。不過，一個真正的人應該擁有的激情與性愛呢？門兒都沒有！

哲學家為何對愛感到不安

在古代的東方，有關愛情的問題再明顯不過——愛情是一種依戀。人只有切斷所有依戀，尤其是感官及性的依戀，才能達到性靈的提升。佛陀說：「男女欲絲絲，未斷心猶繫；如飲乳犢子，不離於母牛。」論述年輕的婆羅門男士該如何生活的古印度法典《摩奴法典》甚至批評女人：「女人的天性就是要敗壞世上的男人。」甚至連孔夫子——其論述不以切斷依戀為重心，也都視浪漫的愛情跟性欲為會威脅到孝順及忠誠等崇高美德的惡，孔子說：「吾未見好德如好色者也。」

在西方，事情的發展有些不同：自荷馬以降，詩人開始大力頌揚愛情。然而當浪漫的愛情落入古希臘和古羅馬哲學家手中時，他們不是詆毀，就是將它轉化成其他東西。舉例而言，柏拉圖的《饗宴》原本是一個歌頌愛情的對話錄。然而在蘇格拉底開口之前，我們並不知道柏拉圖的真正立場，等蘇格拉底一開口，他就把亞里斯托芬和其他人對愛情的頌揚棄如敝屣。他描述愛情如何在動物身上製造出一種「疾病」：「首先，他們會極度渴望與對方性交，然後渴望養育對方的孩子。」

對柏拉圖來說，人類的愛情一旦跟禽獸一樣，人類簡直就是作賤自己。又因為男人愛女人是為了生殖，這種愛更是一種墮落。此時，柏拉圖筆下的蘇格拉底告訴我們，愛情如何以更高尚的道德為目標來超越它的獸性根源。當年長的男子愛上一名少年，他們的愛情可以提升彼此，因為年長的男子可以在性交的時間之外，教導少年美德及哲學。只是，連這樣的愛情都只是一個墊腳石——當一個男人愛上一個美麗的胴體，他必須學會愛整個人類的軀體之美，而非獨鍾於某人的胴體。他必須看到人類靈魂之美，然後是思想之美及哲學之美。最後，他就會了解美的形式本身：

> 當人掌握知識之美，不再尋找個體之美——珍愛一位小男孩、一名男子或一項習俗之美……當戀人轉而面對美的汪洋大海，當他凝視眼前美景，以無盡的智慧之愛，在腦海中產生燦爛美麗的觀念及理論。

愛情那種兩人相互依戀的本質在此遭到否定。只有把愛情轉化為對於全體美麗事物的欣賞，愛情才能顯現其尊貴。

後來的斯多噶學派也反對「愛情」這種愛上特定對象的

沒有人是孤島，沒有人能自全，每個人都是大陸的一小片，主體的一部分。
——英國17世紀傳教士兼詩人，約翰·多恩

特性——愛情會讓一個人的快樂掌握在另一個人的手上，但我們無法完全控制另一個人。甚至連以追求快樂為其哲學核心的伊比鳩魯學派都重視友誼，反對浪漫的愛情。哲學詩人盧克萊修（Lucretius）在《物性論》中，寫出伊比鳩魯學派最完整的生存哲學論述。其卷四結尾以「激烈攻擊愛情」而廣為人知，盧克萊修在詩中將愛情比喻為傷口、癌症和疾病。伊比鳩魯學派專精研究欲望及欲望的滿足，他們反對激情，因為人無法滿足激情。

當兩人並肩躺臥，品嘗生命的綻放，
當肉體給予歡愉，
維納斯（生育之神）準備在女子身上播種時，
他們饑渴緊抓彼此，嘴對嘴，
唾沫奔流，他們喘氣，牙齒壓迫嘴唇——
但一切皆徒然，因為另一個人身體沒有一丁點兒受損，
也沒有絲毫刺穿及減損。
通常，這似乎只是他們的欲望、他們的目標，
只因貪婪如此，使他們陷溺於激情的束縛。

基督教提出許多害怕愛情的實例。耶穌基督說了和摩西相同的話，命令他的追隨者要愛上帝（你要全心、全性、全意愛你的神）。耶穌的第二道命令就是愛另一個人：「你應愛人如己。」但是，「愛人如己」究竟是什麼意思？愛的心理起源來自我們對父母及性伴侶的依戀。我們不會依戀自己，也不會在自己身上尋求安全感及成就感。耶穌的意思似乎是，我們應該像看重自己一樣看重他人；我們要仁慈、慷慨，甚至對陌生人及自己的敵人也要如此。這個激勵人的資訊，和我在第3章和第4章中提到的互惠及偽善兩個議題有關，與本章所討論的心理系統沒什麼關係。基督教的愛向來把重心放在兩個關鍵字上：博愛及無私之愛。博愛是一種強烈的善行及善心。無私之愛是指一種無私、不帶性欲的神聖之愛，不依戀任何人。基督教贊同婚姻中的男女之愛，但是他們把這種愛理想化成基督對教會的愛。正如柏拉圖的觀點，基督教的愛也摒除了愛的基本特質——專注在某個特定人身上。基督教把愛重塑成一種對於更廣大階級所有人一視同仁的態度。

博愛與無私之愛固然美好，但是它們卻與世人需要的那種愛無關，也非源自於此。雖然我希望生活在一個人人願意行善的世界，但我卻更願意生活在一個至少有一個人特別愛我，而我也會以愛回報的世界。假設哈洛在兩個不同條件下飼

> 一個只關心自己，凡事都問是否合乎自己利益者，是不可能獲得幸福的。如果你要為自己而活，就必須為你的鄰居而活。
>
> ——古羅馬政治家、哲學家，塞內卡

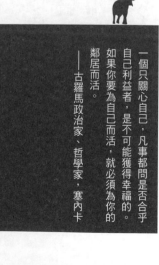

養猴子。在第一組，每隻猴子被養在自己的籠子裡，但是哈洛每天都會放一隻新的、非常會照顧幼猴的成年母猴與其作伴。在第二組，每隻猴子都跟自己的母親一起被飼養在籠子裡，但哈洛每天都會放一隻新的但不是那麼友好的猴子進去。結果，第一組猴子都有博愛的行為——一視同仁的博愛行為，但可能出現情感受傷的狀況。沒有建立依戀關係的猴子可能會害怕面對新的經驗，而且無法去愛或關心其他猴子。第二組猴子可能會近似一般正常猴子童年時期的成長經驗，能健全成長，具備愛的能力。猴子和人類都需要跟特定對象建立親密且持久的依戀關係。我會在第 9 章提出，這世上確實有無私之愛，但時間通常很短。它能改變我們的人生，豐富我們的生活經驗，卻不能取代建立在依戀關係上的愛。

導致哲學家對於真正的人類之愛感到不安的原因可能有以下幾個。首先，激情會讓人邏輯不清、失去理智，因此博得惡名，西方哲學家一直認為道德植根於理性（我會在第 8 章駁斥這個論點）。愛情是一種瘋狂，許多人因激情難抑而在最終陷入瘋狂，毀了自己，也毀了其他人的人生。許多反愛情的哲學雋語因此成了哲人對年輕人的好心忠告：關掉自己的耳朵，不要去聽妖女迷惑人心的歌聲。

不過我認為，人的心中起碼有兩種不良動機。第一種，可能是一種虛偽的自利。舉例來說，佛陀與聖奧古斯丁年輕時，兩人都暢飲激情之愛，不料多年之後，卻成了反對性關係的旗手。人們設計出道德規範，為的是維持社會秩序，以此要求我們節制自己的欲望，扮演好自己的角色。浪漫的愛情之所以惡名昭彰，是因為它會讓年輕人蔑視社會的規範與習俗、階級制度或家族的世仇。因此，古聖先賢才會一直苦口婆心地把愛解釋成神聖、有利社會的感情，但是這些在我聽來就像父母的道德教誨，這些父母年輕時自己風流情事不斷，但現在卻告訴自己的女兒，該為婚姻保留自己的忠貞。

第二個動機就是對死亡的恐懼。科羅拉多大學的傑米．戈登堡（Jamie Goldenberg）已經證實，當人們被要求反省自己的死亡觀時，很容易會對性行為產生更大的憎惡感，也不太能接受「人類與禽獸基本上無異」的說法。戈登堡與她的同事相信，所有文化都害怕死亡。人類也都知道自己難免一死，因此人類文化便努力建構出一個意義系統，借此強調生命的尊嚴，讓人們相信自己的生命比周遭死去的動物更有意義。在許多文化中，這種對性的規範，把愛跟上帝連結在一起以跟性割裂開來的做法，是一種對抗死亡恐懼的精心之舉。

如果上述為真，當古聖先賢用各種各樣未明說的理由，警告我們遠離激情和各種依戀關係，那麼在我們聽從其忠告時，或許應自行斟酌無須照單全收。或許我們有必要檢視自己的生活，因為我們生活在一個與他們截然不同的世界，同時還要檢視種種關於依戀對我們是好還是壞的證據。

他人是地獄，也是天堂

十九世紀末，社會學奠基大師涂爾幹（Emile Durkheim）完成了一項奇蹟。他從歐洲各地搜集資料，研究影響自殺率的因素。他的發現可以歸納為一個名詞——社會約束。不論他如何從語法上分析這些資料，所有證據都顯示，社會規範、聯繫與義務越少的人，越可能自殺。涂爾幹在檢視「宗教社會的整合度」時發現，生活最清心寡欲的新教徒，比天主教徒的自殺率高；具有最密集社會網路及宗教義務的猶太人，自殺率最低。他在檢視「家庭社會的整合度」時也有相同的發現：獨居的人最可能自殺；結婚的人，自殺率比較低；結婚有小孩者，自殺率更低。於是，涂爾幹的結論為，人們需要義務及約束來為自己的生命建立架構和意義，他說：「（一個人）所屬的群體越脆弱，他對群體的依賴便越少，於是他最後會越來越依靠自己，眼中便只有根據自己利益所建立的行為準則，視其他為無物。」

一百多年來的研究證實了涂爾幹的判斷。如果你想預測一個人有多幸福，或是可以活多久（在不得詢問其基因或個性的條件下），你應該了解其人際關係。擁有強大社會人際關係可以強化個人的免疫系統，延長壽命（跟戒菸相比），手術後能快速痊癒，並降低個人罹患憂鬱症和焦慮症的風險。不是只有外向的人天生才比較快樂、健康；當內向的人被迫變得外向時，他們通常也能樂在其中，並借此改善自己的心情。就連那些自認不需要人際往來的人也同樣可以從中獲益。這不只是「我們都需要有人來依靠」。近來關於「給予」的研究顯示，關心他人者要比接受幫助者獲益更大。我們需要跟他人互動並緊密連結；我們不僅要能施，也要能受；我們需要一份歸屬感。追求極端個人自由相當危險，因為它鼓勵人們離開家庭、工作、城市和婚姻去追求個人及事業上的成就，但也因此切斷了最能幫助自己實現理想的關係。

塞內卡說得對：「一個只關心自己，凡事都問是否合乎自己利益者，是不可能活得快樂的。」約翰．鄧恩說的也沒錯：「沒有哪個男人女人或孩子是一座孤島。」亞里斯托芬也是對的：「我們的生命需要有別人才完整。」我們是一種群體性超強的物種，充滿愛、友誼、幫助、分享及與其他種種可和他人緊密連結的感情。

依戀與感情關係可能會帶給我們痛苦，就像沙特在《無路可出》劇中一角所說：「他人即地獄。」不過，他人也是天堂。

第7章 逆境中成長

許多傳統文化都有「命運」、「命中註定」或「神明預知命運」等這類的觀念。在印度民間有一種說法：每個孩子出生那天，神明都會把這個孩子的命運寫在他的額頭上。假定你的孩子出生那天你得到了兩樣禮物：一副能讓你預知自己孩子一生的眼鏡，以及一支能讓你改寫孩子一生命運的筆（假定這兩樣禮物是神明給的，而且神明允許你愛怎麼用就怎麼用），你會怎麼做？孩子的命運是這樣記載的：

九歲：最要好的朋友死於癌症。

十八歲：以最優異的成績高中畢業。

二十歲：酒醉駕車發生車禍，導致左腿截肢。

二十四歲：父親或母親離世。
二十九歲：結婚。
三十二歲：出版一本非常成功的小說。
三十三歲：離婚
……

看到自己的孩子一輩子要這麼吃苦受難，當父母的簡直是心如刀割！有誰能抗拒心中的衝動，把孩子未來要承受的這些創傷、自作自受的痛苦完全一筆劃掉？

且慢，你的好意可能反而會讓事情越弄越糟。如果就像尼采所言，「那些殺不死我的，必使我更強大」，那麼把孩子未來要遇到的人生逆境完全抹掉，其實只會讓孩子變成軟弱不堪、毫無能力的人。本章就是要來討論以下這個「逆境假設」：人只有遭遇逆境、碰到挫敗，甚至身心受創，才能把個人的力量、潛力整個發揮出來。

尼采這句名言並非金科玉律，而且至少也不是古今中外皆可適用。許多曾經親身面對生命威脅，或親眼目睹他人慘遭暴力致死的人，後來便出現「創傷後壓力症候群」。有些出現創傷後壓力症候群的人，其個性和行為會在一段時間內有所改變，有的則是從此變了一個人：以後只要一遇到逆境，整個人不是驚惶失措，就是馬上精神崩潰。就算我們只是從象徵性的角度來看尼采這句話，但是五十年來有關壓力的研究卻告訴了我們一個殘酷的事實：一般而言，壓力會對人造成不好的影響，讓人沮喪憂鬱、焦慮失調，產生心臟方面的疾病。因此，我們在面對這個「逆境假設」時，態度要特別謹慎。我們將先從科學研究的角度來看看逆境何時對人有用，何時對人有害。我的答案並不只是「有限度的逆境考驗」，而是更有意思的解答，本章將會讓大家了解，人類如何從人生必然遭遇的逆境中茁壯成長，我們自己（以及我們的孩子）又該如何善用逆境，讓自己從中獲益。

創傷後成長

♥ 幸福探索

格雷戈的人生在一九九九年四月八日這天整個崩潰了。這一天，他太太和他兩個孩子——一個四歲，一個七歲，三個人突然消失無蹤。格雷戈花了整整三天的時間，才確定他們三人沒有死於車禍；他太太艾米其實是帶著兩個孩子跟著一個幾星期前才在購物中心認識的男人私奔了。他們四個人正開著汽車在美國境內四處遊蕩，有人曾在西岸幾個州看到他們的蹤影。格雷戈雇用的私人偵探很快就發現，這個毀掉格雷戈一生的男人其實是個假借藝術家名義在外招搖撞騙的罪犯。他為什麼會碰到這種慘事？格雷戈覺得自己就像《聖經》中的約伯一樣，自己這輩子的最愛在短短一天內，整個被剝奪殆盡。而跟約伯一樣，他自己也沒辦法解釋為什麼這麼悲慘的事會降臨在他身上。

格雷戈是我的老朋友，事情發生後打電話向我這個心理學家求助，希望我能告訴他，為什麼他太太會被這種騙子耍得團團轉。我的想法是，這個男人聽起來像個精神病患者。大部分的精神異常者其實並非暴力分子（儘管大多數連續殺人犯及連續強暴犯都是精神異常者，但精神異常者並不全是暴力分子）。精神病患者也是人，而且大多是男人，他們沒有道德感，沒有感情寄託，也不在意別人。因為他們沒有羞愧心，不會尷尬不安，也沒有罪惡感，所以他們很能操控別人，讓別人給他們錢、性，以及信任。我告訴格雷戈，如果這個男人真的是個精神病患者，那麼他其實並沒有愛人的能力，很快就會厭倦艾米及兩個孩子。格雷戈應該很快就能看到孩子了。

兩個月後，艾米回來了。這個時候，格雷戈已度過驚惶失措的階段，但他的婚姻到此也徹底結束。格雷戈要開始面對艱辛漫長的心理重建之路。他現在成了單親爸爸，得靠一份助理教授的薪水養家糊口，還要面對為孩子監護權而與艾米打官司的巨額費用，完成學術著作的機會看起來也希望渺茫。此外，他還要為孩子以及自己的心理問題而擔憂。他該怎麼辦？

幾個月後我遇到格雷戈，那是個天氣晴朗的八月夏夜，我們兩人坐在他家陽臺上，格雷戈告訴我這次人生重大危機對他產生了哪些影響。他還是很痛苦，但他也知道有很多人非常關心他，願意幫助他。教會裡很多教友幫他張羅三餐，照顧孩子。他父母親賣掉原來在猶他州的房子，搬過來幫他撫養孩子。格雷戈還說，發生這件事之後，他的人生觀變了。他現在只求孩子能留在他身邊，事業成不成功已不再那麼重要。格雷戈還說，他現在待人處事的態度也不同了，因為他的價值觀已有所不同：他發現自己現在對人比較有同情心、愛心及寬恕心。他現在再也不會因為小事而生別人的氣。格雷戈當時說的一段話深深地震動我的心，這是出現在許多歌劇中的一段悲傷又感人的獨白，他說：「這是我唱詠歎調的時刻，我並不願意，也不希冀這機會，但事情已經發生，我到底該何去何從？我是否該勇敢地面對？」

格雷戈能說出這麼一段話，表示他已經慢慢從傷痛中站起來。在家人、朋友及深刻的宗教信仰的支持下，格雷戈終於重建自己的人生，而且也完成了學術著作，兩年後還換了一個更好的工作。我最近跟他聯絡時，他告訴我，一想到之前的事，他還是會心痛，但是因為很多積極的改變一直持續支持著他，所以現在他和孩子們比危機發生之前更能體會人生的喜悅。

幾十年來，健康心理學方面的研究一直把重點放在壓力及壓力所造成的負面影響上。在這方面的研究文獻中，有相當比例是在探討適應力的問題，即人們如何適應逆境，避開傷害，以恢復原有的正常身心狀況。一直到最近這十五年，研究人員不再執著於適應力的問題，轉而開始探討巨大壓力可能為人們帶來哪些好處。有時候，我們會用「創傷後成長」一詞來描述這樣的情形，與「創傷後壓力症候群」一詞形成對比。研究人員已針對身處不同逆境的人進行研究，包括癌症患者、心臟病患者、愛滋病患者、遭強暴的受害人、遭受攻擊的受害人、癱瘓的病人、無法生育的人、火災受難者、空難受害者，以及地震災民。研究人員也深入研究失去至愛者——痛失愛子、配偶或伴侶、父母，他們將如何面對內心傷痛。這些研究結果顯示，創傷、危機及悲劇發生的形式有幾千幾百種，但人們從中獲益的方式主要可分三大類，這與格雷戈的說法如出一轍。

第一種好處是，一旦你能挺身面對人生的挑戰，便可激發自己原本潛藏的能力，而這些能力會改變我們原本對自我秉持的觀念。沒有人真正知道自己的能耐，你可能會這麼告訴自己：「我要是失去X，一定活不下去。」「我要是碰到發生在Y身上的事，一定撐不下去。」如果你真的失去X，或身處Y的處境，你的心臟還是會繼續跳動，你還是得面對這個世界，而且這些反應會自動進行，不受你的意志控制。失去所愛或經歷創痛後，人們會說他已經麻木，或自己根本就是行屍走肉。人的意識確實會因生活重創而發生改變，但是人的軀體還是繼續運轉。事件發生幾個星期後，我們會努力搞清楚自己損失有多大，處境有多慘，身心狀況也會恢復到一定的正常狀況。只要不被逆境打倒，你就會活下來，這時會換成別人說：「我要是碰到發生在Y身上的事，一定撐不下去。」痛失所愛或飽受創傷後，人們最常學到的道理就是：我們其實比自己以為的更堅強，而這種認知會給自己帶來信心，以面對未來的挑戰。這可不是癡人說夢，經歷過戰禍、強暴傷害、集中營迫害或人生重創的人，通常更能容面對未來的壓力。他們也會恢復得比較快，部分原因是他們知道自己有這份能耐。宗教領袖也常告訴大家：吃苦受難可砥礪心志。一如使徒保羅在《聖經》〈羅馬書〉中所言：「在患難中也是歡歡喜喜的；因為知道患難生忍耐，忍耐生老練，老練生盼望。」達賴喇嘛則說：「吃過苦受過難的人，一旦面對問題，要比沒受過苦難的人，更能忍受逆境的煎熬。從這個角度來看，吃點苦對人生而言，並非壞事。」

第二種好處則表現在人際關係上。逆境就像篩檢程式一樣，當醫生宣布你得了癌症，或一對不幸的夫妻痛失愛子時，有些親朋好友會積極相助，表達其支持之意，但有些人則避之不及，原因可能是他們不知如何以對，或他們無法克服自己的窘迫不安。不過，逆境不僅僅讓我們知道誰是酒肉朋友，誰是可以患難與共的好友，還會強化人際關係，讓人們打開心扉。我們會對自己關心的人表現出愛意，而在患難時關心我們的人，我們會對其心存愛心與感激。蘇珊・諾倫-霍克西瑪（Susan Nolen-Hoeksema）與她史丹佛大學的同事在一項有關喪親的大型研究中發現，人們痛失所愛後最常出現的後續效應是，能體諒別人、容忍別人。在該研究中，有一位婦女的伴侶死於癌症，她這樣說道：「痛失伴侶後，我跟其他人的關係反而變好了，因為我終於體會到時間有多重要，我們真的是把太多的時間浪費在拘泥於毫無意義的小事或感覺上。」跟格雷戈一樣，這位痛失伴侶的婦女發現，自己在伴侶死後反而更能關愛他人，不再斤斤計較人與人之間的利害得失。

受過創痛後，人們在處理人際關係時不再那麼勢利，也不再凡事一味只求自利、處處好強。第三種好處是，創傷會改變人生的優先順序及對當下對他人的看法（充實地過著每天的生活）。我們都聽過這類故事：有錢有勢的人與死神擦身而過後，整個人幡然醒悟。一九九三年，我在印度的巴布內斯瓦爾市（我曾在此待了三個月，研究當地文化與道德）的石牆上，看到一個最精采的傳奇故事。

♥ **幸福故事**

印度的阿育王約在西元前二七二年掌控孔雀王朝，之後他便四處征伐，擴張領土。阿育王成功地打下大片江山，但連年殺戮征戰讓阿育王逐漸懾服於對死亡的恐懼。尤其在經歷了與羯陵迦國人民的浴血奮戰之後，阿育王的內心滿是恐懼與懊悔，於是他皈依佛教，宣布從此不再出兵征戰，並將奉獻自己的餘生建立一個追求正義、遵從達摩（印度教與佛教的宇宙道德律）的王國。阿育王規畫出他心中的理想社會及美德規範，並把這些敕令刻在王國的石牆上。他還派遣特使遠赴各國，最遠到達希臘，以傳播自己追求和平、美德與不同宗教彼此容忍的理念。

阿育王的幡然皈依並非出於逆境，而是出於勝利，但我們從現代有關軍人的研究中可發現，不管是殺人者還是面對死亡威脅者，都屬於受創者。因此，阿育王跟許多經歷過創傷後成長的人一樣，內心有了非常深刻的轉變。阿育王在他的敕令中敘述，他變得更能寬恕、同情別人，容忍異己。

很少有人有機會從一個原本滿手血腥的劊子手變成一名誠心誠意的大善人，但確實有許多人在面對過死亡威脅後，整個人的價值觀與看法出現了相當大的改變。癌症患者在回想當初醫生診斷自己得了癌症的心情時，往往有如當頭棒喝一般，或者根本就是人生的轉捩點。很多人會想換工作，或減少工作時間。癌症患者常常會領悟到一個道理：生命其實是老天爺賜予的禮物，但人們都視為理所當然，不知珍惜，總是把錢看得比人自身還重要。狄更斯的《小氣財神》這本小說中便探討了人面對死亡後，內心會出現怎樣的變化：故事敘述一個在聖誕節出現的鬼魂，如何帶領守財奴史克魯奇一一去面對他的家人、員工及街上的陌生人，之後變成了一個慷慨無私的人。

我無意過度吹捧逆境的影響力，要每個人都來嘗試逆境的滋味，我也無意忽視癌症為患者帶來的痛苦，親朋們的擔憂受怕，我只想強調，吃苦受難並非百害而無一利，能從中發現好處者，其實是找到了人生的珍寶——逆境是幫助我們磨礪道德與精神的利器。一如莎士比亞在《皆大歡喜》一劇中所言：

逆境也有好處，
就像又醜又毒的蟾蜍，
頭上卻戴著珍貴的珠寶一樣。

是否吃得苦中苦，才為人上人

逆境會對人產生什麼樣的影響，通常有兩種說法，一種是比較鬆散的說法。這種說法是依據我們之前討論的「創傷後成長」的三種機制，主張逆境可讓人成長、堅強、喜樂、自我提升，並有相關研究支持這種說法，但這種說法對於人們應如何生活並無太多著墨。第二種說法則比較激進，令人不安，因為該主張強調人必須經歷逆境的折磨才能成長，只有歷經艱辛、克服萬難者，其成長與發展才會達到最高境界。如果這種說法為真，那麼人們應如何生活，社會應如何建構，就必須重新檢討，因為這意味著我們應該放膽而行，勇敢接受更多挫敗。這也意味著我們過度保護孩子，一味地給孩子安全、諄諄教悔，反而會剝奪孩子體驗生命中「重要事件」的機會，因為這些事件會讓孩子變得更堅強，學會與朋友建立起強固的友誼，更意味著在一個崇尚英雄的社會裡，死亡不足懼，羞恥令人避。因此，歷經戰爭折磨的社會，遠比平和富足的社會更能孕育出優秀的人類，因為在一個歌舞昇平的社會裡，光是「精神傷害」就足以構成人們互相起訴的理由。

不過，上述這種激進的說法果真言之成理嗎？人們常說自己經歷逆境後，整個人徹頭徹尾地改變了，但有關逆境造成人格改變這類議題，研究人員至今所能找到的證據其實非常有限。有關人格特質的測驗發現，幾年下來，受試者的測驗分數一般都呈現相當穩定的趨勢，就算是自認為在過渡期出現明顯改變者也一樣。

有些研究為核實受試者是否如其所言因逆境而有所成長，便詢問受試者的朋友是否注意到受試者的改變。一般而言，朋友感覺到的變化遠比受試者自己所列的要少。

然而，上述有關人格特質改變的研究方向可能有誤。心理學家通常以基本人格特質為檢驗標準來分析人格問題，如是否有神經質傾向、外向或內向、對新事物的接受程度、是否討人喜歡（親切／善良），以及認真勤懇度等五大特質為依據，這些特質與「心理」（大象）有關，是人們面對各種不同情況的自發性反應。這就像一對長得一模一樣的雙胞胎自幼在不同環境成長，其人格特質除了受生活條件的不同、或擔負的角色（如為人父母）不同的影響之外，基因仍然是影響其人格發展的要素。心理學家丹·麥克亞當斯（Dan McAdams）則指出，人格其實可分三個層次，而大家都把注意力擺在最低層次，即「基本特質」上，其實還有第二層次的人格——「個別性調適」。這包括個人目標、防衛與適應機制、價值觀、信仰、不同人生階段的生活重心（如生養孩子或退休生活）。這些是人們為了扮演好某些角色及維持某種地位而發展出的人格特質，這些調適會受不同人格特質的影響：例如神經質的人防衛機制會特別強、外向的人則特別重視人際關係。就第二層次的人格表現而言，個人的基本特質會與個人所處環境及人生階段緊密結合，所以當事實出現變化（如喪偶）時，個人的個別性調適也會有所改變。大象的反應可能會變慢，但大象與騎象人會一起努力去找出新的生活方式，好讓日子繼續過下去。

人格的第三個層次是編出「人生故事」。不管是哪一種文化的人類，都深深癡迷於故事，人類無處不編故事（看到天上那七顆星星沒？那是七個仙女……）。我們對自己的人生也是如此，我們總是不停地編織著自己的人生故事，這個故事「將過去、現在及未來重新編織成一個前後連貫、生動有趣的個人神話」（麥克亞當斯之述）。雖然最低層次的人格特質大部分與大象有關，但編出人生故事的卻是騎象人，我們是在詮釋自己的行為意義，聽到別人對我們的看法之後，才有意識地編出自己的人生故事。這個人生故事不是歷史學家的嚴謹之作，而比較像是一部引用許多真實事件，強調戲劇效果，加入個人詮釋，真真假假、虛虛實實的歷史小說。

一旦我們從「人格有三個層次」這樣的角度來分析，就可以清楚地了解為什麼逆境是人類追求完善人生發展所不可或缺的要素。依據心理學家羅伯特．埃蒙斯（Robert Emmons）的研究，人們在「個別性調適」這個人格層次所追求的人生目標，大抵可分成以下四類：工作及成就、人際關係及親密關係、宗教及精神生活、生產力（對社會的貢獻及留給社會的遺產）。不管追求什麼目標，對我們本身基本上都有好處，但是並非所有目標都能帶給我們同樣的幸福。埃蒙斯發現，平均而言，全心全意追求成就及財富的人所能享受到的幸福，比不上追求其他目標的人。還記得第5章討論的幸福陷阱及炫耀性消費嗎？因為人類是因人類社會進化過程的影響轉而追求成功，放棄對幸福的追尋，所以拚命追求名利的人最後一定會陷入零和遊戲的競爭。就算拚死拚活地成功了，當下的感覺確實快意酣暢，但這種幸福也並不持久，反而成為我們未來追求成功的障礙。

悲劇降臨時，原有的生活軌道被徹底毀掉，我們被迫面臨抉擇：是要回到原來的生活軌道，讓一切如常，還是要試試其他生活方式？悲劇剛發生的頭幾個星期或幾個月，我們的人生會出現一個機會之窗，因為在這段時間，我們比較願意接受新的事物。

此時，功成名就的念頭不復往昔那麼誘人，有時我們甚至會懷疑功成名就有何意義。如果此時我們把注意力轉移到其他目標——家庭、宗教或助人上，轉移至非炫耀性消費上，我們在這個過程中所享受到的樂趣，並非完全受制於個別性調適所產生的效應。

當我們轉而追求這些目標時，會變得比較快樂，但財富也會跟著縮水（平均而言）。許多人在歷經逆境考驗之後會改變自己的人生目標，他們下定決心減少工作時間，多關愛別人，更注重休閒生活。只要在事情發生後頭幾個月採取行動，這些改變就會持續生根。不過，如果你僅僅只是下決心，沒有付諸行動（我絕對不會忘記我的人生新目標），那麼你很快就會故態復萌，又回去走功成名就的舊路了。當我們走到這個分岔路時，騎象人可以發揮一定的影響力，但卻是「大象」在面對日常生活，它無意識地對環境自動做出反應。逆境之所以是人類追求完善人生發展不可或缺的要素，是因為逆境迫使我們停下腳步，讓我們有機會注意到其他歧路，思考我們真正想要的人生終點。

從第三層次的人格來看，逆境的重要性更顯重要：只有有趣的題材才能使人寫出好故事。麥克亞當斯指出，所謂的人生故事就是，在時間的長河中，人從自己經歷的無常變化中主觀編出來的故事，沒有這些人生無常、悲歡離合，我們是編不出精彩的人生故事的，如果你最精彩的故事只是你的父母不肯買一輛跑車當你的十六歲生日禮物，那麼我想你的回憶錄絕對乏人問津。從麥克亞當斯搜集的幾千個人生故事中，有好幾種故事題材都跟人生幸福有關，比如在「有關承諾的人生故事」中，故事的主人翁自幼成長於一個充滿關愛氣氛的家庭，但因為早年親眼目睹他人的苦難而心生惻隱之情，又受到明確且帶強迫意味的個人意識引導，當成長到某個人生階段時，開始把生命中的失敗、錯誤或危機轉化成積極的結果，最終促使他立下新的人生目標，以助人為己任。佛陀的人生故事就是最經典的例證。

有些人的人生故事剛好跟佛陀的故事形成強烈對比，這些人講的是「墮落」的人生故事——原本好好的人生，後來急轉直下，一切都走了樣，有這類人生故事的人大抵是沮喪憂鬱之人。事實上，憂鬱症患者確實有沉思這樣的病症反應，他們會用亞倫·貝克的三種錯誤認知來描述自己的人生：我是壞人，人世險惡，我的未來一片黑暗。當人們面對無法克服的逆境時，往往會覺得自己的人生灰暗，但人們要有一個意義非凡的人生故事，逆境的磨難則必不可少。

如果我們想深入了解「創傷後成長」，那麼麥克亞當斯所提出的逆境思考就很重要。他提出的人格有三個層次的觀念，讓我們得以思考這三個人格層次間的連貫性。一旦這三個層次的人格有歧異，就會產生什麼樣的後果？假定有一位個性和善、待人親切、愛交朋友的女性，她在事業方面奮力向上，以至令她親近他人、與人接觸的機會很少。而她的人生故事則是在父母逼迫下，不得不從事事務性職業，這位主人翁無奈的人生目標與個人動機明顯錯置，只有在經歷逆境的洗禮之後，她才會幡然改變，在自己不同的人格層次間理出一致的目標。心理學家謝爾敦及蒂莫西．卡塞（Timothy Kasser）發現，心理健康快樂的人，其不同層次間的人生目標較為一致。也就是說，其高層次（長期）人生目標與低層次（近期）人生目標彼此互相契合，所以在其追求短期目標的同時也促進其長期目標的達成。

人在飽受創傷之後，原有的信仰價值體系會受到動搖，自身界定事物意義的能力也會被剝奪，但這樣的過程會迫使人們努力振作起來，這時人們往往會借助上帝或其他更高的人生價值，以作為統整自己生命的力量。有些人會把握這種危機，讓自己的人生重新散發出順境時所不可能有的光彩。因此，當人們說他在面對逆境之後成長許多時，他們可能想說的是，其內在不同人格層次間已變得更連貫、更一致，他們的朋友不見得看得出這種改變，但當事人卻能從中感受到自己的成長、力量、成熟與智慧。

如何從逆境中獲益

我們一般很難接受好人走霉運這樣的事實。人生是不公平的，這個道理大家都懂，但我們其實是持著「善有善報，惡有惡報」的心態在面對這個世界。因此，壞人發生壞事（從我們帶有偏見及道德色彩的心態來看），一點都不奇怪，反正他是罪有應得。不過，如果是好人遭殃，要面對這樣的悲劇就讓人大傷腦筋了。

在勒納（Lerner）的實驗中，人們為了找出悲劇事件的意義，往往會驟下錯論（比如，是這個女人自己慫恿強暴犯的）。然而，發現悲劇事件的意義並從中獲益，其實是個人能否達成創傷後成長的關鍵。悲劇發生時，有些人會在他人的協助下摸索出創傷後成長的關鍵，但有些人卻得靠自己摸索。心理學家花了很多心力想了解，是哪些人會在逆境中成長，哪些人被逆境擊倒，其研究結果讓「人生是不公平的」這個說法更顯有力：樂觀的人比悲觀的人更能從逆境勝出。樂觀的人就像是贏了「大腦皮質樂透獎」的人，他們有比較長的幸福持久度，他們習慣展望人生的光明面，也很容易就能發現凡事皆有光明的一面。幸福的人會更快樂，這跟有錢的人會更有錢的道理是一樣的。

在出現危機時，人們面對危機的方法基本上可分成三種：積極面對（直接採取行動解決問題）；重新評估（先把自己的想法理清，再找出對自己有利的做法）；逃避（否定或逃避事件的發生，或借酗酒、毒品等的麻醉來壓抑自己的情緒反應）。具備基本樂觀人格特質的人（麥克亞當斯第一層次的人格特質）會發展出一套因應之道（麥克亞當斯第二層次的人格特質），兩者會在積極面對與重新評估之間交替出現。因為樂觀的人期待自己的努力會有所成效，所以他們會馬上行動以求解決問題。萬一失敗了，因為他們總是預期事情會有最好的結果，所以便不由自主地去找出好的一面，一旦如己所願發現好的結果，他們就會在自己的人生故事中寫下新的一章（麥克亞當斯第三層次的人格特質）——一個不斷克服逆境，達到個人成長的人生故事。相反，消極思考的人是生活在一個飽受威脅的世界，對自己面對逆境的能耐也不太有信心，所以他們會發展出一套以逃避及其他心理防衛機制為主的逆境因應之道。他們將努力的重心放在如何控制自己內心的痛苦，而非解決外在的問題上，所以問題只會更加惡化。一旦他們知道人生是不公平且不被人控制的，而且事情往往會有最壞的結局時，他們就把這個悲慘的人生體驗放進自己的人生故事中，「故事的主人翁」也就難逃悲慘的人生命運。

如果你是個悲觀的人，那麼你現在很可能正陷於愁雲慘霧中，千萬別絕望！逆境後能否成長，關鍵不在於樂觀的心態本身，而在於樂觀的人很容易便能找出事件的意義。如果你能找出一套方法來詮釋逆境對你個人的意義，並從中汲取積極的體驗，你就能從中獲益。

只要看過潘尼貝克（James Pennebaker）的《放開心胸》（*Opening Up*）一書，你就知道如何詮釋各種人生事件的意義。潘尼貝克從不同創傷之間的關係開始著手，例如兒童時期遭受性虐待與成人後的健康問題之間的關係。創傷及壓力通常會對人產生負面的影響，潘尼貝克認為，傾吐心聲——跟朋友或心理醫生談心，不僅可以治療心理的創傷，還能解除身體的壓力。潘尼貝克早期的研究假設便是，會讓人產生強烈羞愧感的創傷，如性侵犯（相較於無性侵犯的暴力攻擊）或伴侶自殺（相較於伴侶死於車禍）等，往往讓受害者羞於啟齒，所以日後會有較多病痛。受害人事後能否復原、成長，關鍵不在於他遭受哪一類創傷，而在於他事後的因應之道：願意跟朋友傾訴或有支援團體協助的受害者，更能大幅減輕創傷造成的健康問題。

♥ 幸福實驗

在潘尼貝克發現傾吐心聲與受害人的健康互有關聯後，他設計出一套科學化的流程，讓人們說出心中的祕密，以改善其身體的健康狀況。潘尼貝克要求受試者寫出「一生中最不愉快或傷痛的體驗」，最好是受試者這輩子從來不曾告訴別人的事，而且越詳細越好。潘尼貝克發了很多空白紙給受試者，要求他們每次連續寫十五分鐘，連寫四天。對於控制組的受試者，則要他們同樣花十五分鐘寫作，但是針對別的主題（比方談自己的房子、工作的日子等）。進行實驗研究時，潘尼貝克會徵得受試者的同意，於未來某個時間取得其醫療紀錄。過了一年之後，潘尼貝克開始觀察這兩組受試者生病的頻率。結果發現，寫創傷經驗的受試者第二年看病或去醫院的次數變少了。

我第一次聽到這項研究結果時簡直難以置信，天底下哪有隨便寫個一小時的東西就能減少半年後感冒的次數？潘尼貝克的研究結果支持佛洛伊德提出的宣洩法，即能表達自己情緒的人（也就是「宣洩胸中塊壘」或「宣洩怒氣」的人）比較健康。但是當我檢視有關精神宣洩的文獻時，卻找不到支持這種說法的證據，發洩怒氣只會讓人更加怒火中燒，但不會讓人冷靜下來。

潘尼貝克發現，重點不在怒氣，而在於找出意義。在實驗中，用寫作來宣洩怒氣的受試者並未從中獲益。第一天寫作就能找出事件的前因後果的人也沒能得到什麼助益，因為他們已經找出事件的意義。是那些在四天寫作的過程中循序漸進，逐步找到事件意義的受試者，其健康狀況在第二年有所改善。在後來的研究中，潘尼貝克要求受試者用跳舞或歌唱的方式來表達情緒，但這種情緒表達方式對改善受試者的健康並無助益。一定要用文字，而且是能讓人寫出充滿意義的人生故事的文字，才會發揮效果。如果你如法炮製寫出自己的人生故事，就算在事發多年後，你也能從「重新評估」這套因應之道中獲益。至此，你人生中的那個屢屢攪動你的思慮，阻礙你向前的篇章，終於可以告一段落。

任何人都能從逆境獲益，只是悲觀的人得多費點兒勁，有意識地採取一些步驟，透過自我來引導心理慢慢走向正途。第一步，在碰到逆境之前，先改變自己的認知方式。如果你屬於悲觀型的人，可用沉思、認知治療的方法，甚至試試百憂解也可。這三種方法可讓你擺脫消極思考的鉗制，改用積極正面的思考方式，從而讓自己更能面對未來的逆境，找出逆境的意義，從中成長。第二步是珍惜並建立自己的社會支援網路。不管是大人還是小孩（還有醫學實驗中的獼猴），只要有一兩種良好的親近關係就能幫助他們面對人生的威脅與挑戰。如果有值得信任的朋友願意傾聽，就能幫助我們理清並找出事件的意義。第三步，宗教信仰與宗教儀式能幫助我們成長，因為宗教信仰與宗教儀式不僅直接讓我們找到事件的意義，也同樣能強化我們的社會支持。有相當比例的人由於篤信宗教，他們向上帝或神職人員告解，揭露自己內心的混亂不安後因而受益。

最後一步，不管你是否做好準備，一旦生活出了問題，在事件發生幾個月後，一定要記得拿出一張紙，寫下自己的感受。潘尼貝克建議我們每天持續寫十五分鐘，連續寫幾天。不要去改寫內容，也不要自我檢查，更不用管語法或句式對不對，只要放手去寫就對了。把事件的經過、自己的感受、為何會有這樣的感受，一五一十地寫下來。如果不想寫，那麼對著答錄機講也行。重點就是原原本本把自己的想法及感受表達出來，就算內容雜亂無章也沒關係，因為連續幾天下來，你所寫的文章內容自然就會亂中有序。切記，在做結論之前，一定要好好回答這兩個問題：這個事件為什麼會發生？我能從中汲取什麼好的教訓？

遭遇逆境的最佳時機

如果「逆境假設」的說法為真，且關鍵在於當事人能否理清事件意義，並將三個層次的人格調整一致，那麼接下來要探究的就是，逆境對我們能產生多大助益。這應該跟事件出現的時間點有關係，或許我們可以這麼假設：逆境會讓人更堅強，但是否僅只限於某個人生階段？

兒童特別容易受逆境傷害，理由不一而足。雖然兒童時期大腦的發展是由基因主導，但該時期大腦的發展同時也受環境影響，最重要的環境影響因素就是安全感與威脅感。盡責的父母會協助孩子調整其情感依戀系統，鼓勵孩子採取比較有冒險精神的生活態度，如果孩子覺得自己生活在一個安全又可控制的環境下，那麼他（平均而言）就會發展出比較積極的感情態度，長大以後，也不會總是焦慮不安。不過，如果孩子的生活環境每天危機四伏（不是有人要掠奪他的東西，就是被欺負，或不定時地飽受暴力威脅），如此一來，孩子大腦的發展就會受到影響，他會變得不太容易相信別人，對人充滿戒心。

現今西方世界大多數人都生活在一個安全、樂觀、友

> 天將降大任於斯人也，必先苦其心志，勞其筋骨，餓其體膚，空乏其身，行拂亂其所為，所以動心忍性，曾益其所不能。
>
> ——《孟子．告子篇下》

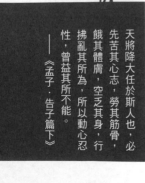

善的環境中，但大多數接受心理治療的人需要的仍然是放鬆，而不是繃緊自己，所以最好的方法就是讓孩子從小就發展出最積極的情感風格或最大的幸福幅度（即第5章中，天生遺傳的幸福持久度「S」）。畢竟，在孩子碰上重大人生逆境時，幾乎不可能得到什麼好處。（不過，對於單一事件的傷害，孩子會表現出驚人的復原能力，即便是性侵犯這種傷害，孩子也大多能堅強面對，反而是長期性的挫折與傷害對孩子的影響比較深。）當然，孩子需要規範，才能學會自制，也必須經歷無數的挫折才會領悟：要成功，就必須持續不懈地努力。孩子應該受到保護，而不是被溺愛。

青少年的情況就有所不同。青少年對自己的人生已有一定的了解，但能把自己的過去、現在及未來串連起來，說出連貫的人生故事，要等到青少年成長到十五至二十歲左右才辦得到。有一種叫做「記憶隆起」的自傳式記憶法便支援上述說法。當你要求三十歲以上的成人去回想一生中最重要或印象最鮮明的事件時，大部分人的答案都集中在十五至二十五歲時發生的事件。

十五至二十五歲是人生的黃金歲月——初戀、上大學、知性的成長、開始獨立生活或旅行，這段時間是年輕人（起碼在西方國家）做出許多人生重大選擇的階段。如果人生有一段自我形成的特殊時期，且該時期所發生的事件對以後的人生故事會產生最深影響，那就是這個時期。因此，如果年輕人在十七、八歲到二十歲出頭時碰到逆境的洗禮，且最後完全克服逆境的磨難，重新站起來，那麼他便能從逆境中獲得最大的益處。

從倫理的角度來看，我們不可能進行一項會讓不同年齡層的人內心受創的不道德實驗，不過真實的人生實驗已在我們眼前上演。二十世紀的兩個重大事件——大蕭條、第二次世界大戰，讓不同年齡層的民眾都受到重創，社會學家艾爾德（Glen Elder）依據一份長期性的資料（花幾十年的時間，針對同一批人持續地搜集相關資料），進行了相當細膩的研究分析，以深入了解為何有些人能歷經逆境的考驗，變得更為堅強茁壯，有些人卻從此一蹶不振。艾爾德最後得出這樣的結論：所有我分析過的案例都有一個相同的故事情節——事件本身並沒有意義，其意義來自當事人與他人、團體及經驗本身的互動。

經歷過窮困生活的孩子，長大後通常有相當的成就。艾爾德發現這有賴於家庭及個人的社會支持：不管是大人還是小孩，身處強固社會團體的支援及社會網路者通常經得起逆境的考驗。事後，前者的身心狀況通常也比沒有這類社會支持者更健康。社會支援網路不僅能減輕當事人的痛苦，還可協助當事人找出事件的意義與目的（正如涂爾幹有關自殺研究所做的結論）。大蕭條時期，雖然很多年輕人一星期只賺幾美元，但已可幫忙支撐家計。

只要不被逆境打倒，我們就會更堅強。

——尼采

第二次世界大戰時，很多國家忙於應戰，全國必須團結一心，這使得很多經歷過大戰洗禮的人變得更有責任感和公民意識，即使美國民眾沒有直接參戰，但其影響亦然。

不過，人們第一次碰到逆境的時間點很重要，艾爾德表示，一般人到二十八歲左右就開始定型。有些年輕人在第二次大戰參戰之前原本過得並不如意，但戰後也都發展得還不錯，而那些一直到三十歲後才碰到第一次人生考驗的人（如參戰，或在大蕭條時期破產），不僅事後的復原能力差，也不太可能從逆境經驗中獲益。

逆境在十七、八歲到二十出頭時出現，對當事人的益處最大。艾爾德的研究不斷提醒我們，如何與外界互動才是關鍵。個人獨特的人格特質會去回應事件的發展及所處的社會網路，從而推演出一個獨特、無從預期的結果。在「人生歷程發展」的研究領域中，很少有「因為X所以造成Y」這種簡單明瞭的規則，沒有人有辦法提出一套理想的人生歷程，透過精心的安排，讓逆境出現在一個絕佳的時間點上，使每個人得以從中獲得最大的益處。不過，尤其是對那些曾在二十多歲時克服過人生逆境的人而言，逆境的磨煉確實讓他們變得更堅強、更優秀、更快樂。

從創傷中汲取智慧

我相信，所有的父母都想把孩子額頭上所刻的種種創傷、痛苦全都一筆劃掉。就算我確信我女兒二十四歲經歷的創傷能讓她學到重要的人生教訓，讓她變得更優秀，但我會這麼想：我直接教她這些人生道理不就得了嗎？難道沒有不需要付出代價就能從人生逆境獲益的方法嗎？這裡有一個世人皆知的道理：人生最重要的道理，是無法直接用「教」就學得會的。普魯斯特曾這麼說：

智慧不是別人給的，一定得靠自己去發現，走過無人的荒野，無人可依靠，無人能卸載我們的責任，只有自己的智慧才是最後我們認識這個世界的唯一觀點。

近來有關智慧的研究證實普魯斯特的看法正確無誤。知識可分兩種：外顯知識及內隱知識。外顯知識是指我們所知的、有意識說出口的、不受時空條件所限制的事實。不管我在何處，我都知道保加利亞的首都是索菲亞。學校教的知識就是外顯知識，騎象人會去搜集知識，然後整理歸檔，以備來日推理之用。不過，智慧來自內隱知識。內隱知識講的是過程（強調「知其所以然」而不是「知其然」），要獲得這類知識不需要別人幫助，而是跟個人的價值觀有關。內隱知識存在於大象之中，它是大象自人生經驗中日積月累磨煉出來的技巧。內隱知識還會隨時空環境的不同而變化。不管是想結束一段感情，給朋友意見，還是解決道德爭議，都沒有放諸四海而皆準的標準做法。

羅勃．史坦柏格（Robert J.Sternberg）表示，智慧是一種能讓我們在兩者間取得平衡的內隱知識。第一，有智慧的人能在自己及他人的需要，以及非當下人事物（之後可能因此受到負面影響的組織、環境或人）的需要之間找到平衡點。無知的人看事情非黑即白，他們有一種「壞人一定壞到底」的迷思，而且其受自身利益之影響非常明顯。有智慧的人能從別人的角度來看事情，也能了解世事不是非黑即白，中間有深淺不一的灰色地帶，所以他會選出一個長期而言對每個人最有利的計畫。第二，有智慧的人能平衡地採用以下三種回應方式：自我調適（改變自己以適應環境）、塑造環境（改變環境），以及選擇（選擇新的環境）。第二種平衡基本上回應了禱文中的這句話：「主，求你賜給我心境坦然之恩，去接受我不能改變的，勇敢去改變我能改變的，並賜給我智慧去分辨認清。」如果你聽過這段禱文，那麼你的騎象人知道該禱文的內容（外顯知識），如果你在生活中實踐禱文，那麼你的大象也知道禱文的含義（內隱知識），此時，你就是一個有智慧的人。

從史坦柏格有關外顯知識及內隱知識的說法，我們就可以了解為何父母沒辦法把智慧直接傳授給自己的孩子。父母的最佳因應之道，就是給孩子豐富的生活體驗，讓孩子可以在不同生活領域得到內隱知識。父母可以在生活中實踐智慧人生，鼓勵孩子思考不同的情境，了解別人的觀點，在面對人生挑戰時，找到生活的平衡點。孩子小的時候，要保護他，但孩子成長到十幾、二十多歲時，如果父母仍一味地保護孩子，孩子固然可以不用吃苦受罪，但也因此失去了成長及學習人生智慧的機會。吃苦會讓人更有同情心，也可讓人在自我及他人之間找到平衡點。吃苦會讓人積極面對（「塑造環境」），重新評估（「自我調適」），或改變人生計畫及方向（「選擇」）。「創傷後成長」通常也伴隨著智慧的成長。

激進的「逆境假設」或許所言為真，但容我們在此先提出警語：要讓逆境對人產生最大益處，那麼逆境發生的時機一定要對（剛成年時），對象也要對（具備足夠的社會及心理資源者，才有辦法面對挑戰，從中獲益），程度要恰到好處（不能嚴重到造成「創傷後壓力症候群」）。每個人的人生歷程都是無從預知的，我們無法知道哪個挫折長期而言對某人是否有益，但或許我們已經知道可以稍稍改寫一下孩子額頭上的命運：兒童時期的創傷一定要劃掉，至於其他的創傷，動手劃掉之前還是請三思一下，看看未來其他研究結果後再動手吧。

第8章 美德素養

每當我們聽到那些賢人及長者苦口婆心地要求年輕人要道德高尚時，就覺得他們像空口說大話的推銷員。很多文化只要一談到智慧，基本上就逃不脫這個調調：「來來來，今天我帶了一種吃了會讓人快樂、健康、有錢、長智慧的神奇補藥！吃了這個藥，你就上天堂了，可以享有世上最大的快樂！只要你道德高尚，就辦得到！」年輕人一聽到這種論調，馬上兩眼一翻，把這些話當耳邊風。

年輕人的興趣、希望永遠跟長輩大相徑庭。他們會很快找出自己追求目標的方法，最後搞得一團糟，但這就是年輕人建立自己人格的冒險之旅。哈克貝利．費恩可逃離養母家，跟著一個小農奴一起乘木筏悠遊密西西比河；年輕的佛陀寧可離開父親的皇宮，跑到樹林裡修行；天行者路克則離開自己原來居住的行星，加入銀河反抗軍。這三個年輕人都選擇了史詩般的人生旅程，歷經種種艱辛，終於長大成人，展現自己原本沒有的美德。在我們讀者心中，這些歷盡千辛萬苦修得的美德實在讓人佩服，因為這些美德反映出深刻且真實的人格，是那些只會把大人的教導照章全收的孩子望塵莫及的。

♥ 幸福人物

班傑明．富蘭克林出生於美國的波士頓，十二歲那年，富蘭克林開始當他哥哥詹姆斯的學徒，當時詹姆斯經營了一家印刷廠。當學徒那幾年，富蘭克林常常跟詹姆斯爭吵，詹姆斯也動輒對富蘭克林拳打腳踢，富蘭克林一心只想自由，但是詹姆斯拿出學徒合約當法寶，不肯放人。到了十七歲，富蘭克林終於忍無可忍，決定離家出走，搭船逃到紐約，但在紐約找不到工作，最後只好跑到費城。他先找到印刷學徒的工作，經過不斷努力與辛勤工作，富蘭克林終於開了自己的印刷廠，還自己發行報紙。富蘭克林其他的事業亦相當成功：在科學方面，富蘭克林證明了閃電是電，後來還發明了避雷針；政治上，富蘭克林擔任過無數公職。富蘭克林活到八十四歲，一輩子都過得很痛快；他對自己在科學上的發現及公共事務的成就相當自豪；他深愛並尊崇美、法兩國；而且即使上了年紀，他還是很在意異性的目光。

富蘭克林有什麼人生祕訣？祕訣就是美德，但不是現代人認為的那種緊張兮兮、敵視享樂、清教徒式的美德，而是一種可追溯到古希臘，具有更寬鬆含義的美德。希臘語中 aretē 具有優異、美德或善行等含義，且特別強調實用的那一面。比如刀子的 aretē 就是好切；眼睛的 aretē 就是看得清楚；而人的 aretē 則是……這可是個最最古老的哲學問題：到底什麼才是人的本性、作用或目標，讓我們得以據此判斷一個人過得好還是不好？當亞里斯多德說幸福或快樂是「符合優異或美德原則的心靈活動」時，他可沒有說快樂來自施捨給窮人，壓抑性欲。亞里斯多德認為，美好的人生可讓我們發揮自己的長處和發展潛能，成為一個符合自己本性的人。亞里斯多德雖然不認為世界上的一切皆為神明所設計，但他相信宇宙間所有事物皆有其目的。

富蘭克林有一種過人天賦：他能看出事情的潛力，並讓它充分展現出來，例如，富蘭克林看出人行道及街燈、消防隊、公共圖書館的潛力後，便在費城大力推動上述公共建設。此外，他也看到美國成為共和國的潛力，於是在美國獨立建國的過程中扮演著舉足輕重的角色。同時，他也看到自己還有自我發展的空間，所以便下定決心磨煉自我。二十七、八歲開始經營印刷事業後，富蘭克林便著手實施他的「大膽、艱苦的道德發展 A 計畫」。他選了幾項美德進行自我鍛鍊，在生活中身體力行。不過，他馬上發現「自我」的能耐有限：

每當我全心對付某項缺點，常常就又發現自己別的缺點；只要一不注意，習慣就占了上風；有時，光靠理智是克服不了自己原有習性的。所以我的結論就是，從長遠的眼光來看，光是心裡以為自己一定能表現出高尚道德，並不足以避掉故態復萌的窘境，在自己能穩定、持續地表現出正直的行為之前，一定得先革除壞習慣，養成好習性。

富蘭克林是一位出色的心理學家，他憑直覺就知道只有先把大象訓練好，騎象人才可能成功，所以他設計了一套美德訓練計畫。他列了十三項美德，每一項美德都有他應該或不應該做的行為。（比方「節制」：食不過飽；「節儉」：珍惜一絲一縷，但要善待他人及自己；「貞潔」：不可縱欲，但因健康或傳宗接代之故則可）。他還印了一個表，上面共分七欄（每一欄代表一星期的每一天）十三行（每一行代表每一種美德），每次只要他某一天沒有遵守某項美德，他就會在那個小格子裡畫個黑點。

富蘭克林一星期只專注於某項美德，整個星期的重點就是做到那項美德，其他美德先不管，但是如果其他美德他沒做好，那麼他還是會做記號。如此進行了十三個星期後，他又再照表操課。然後他發現，表上的黑點越來越少。富蘭克林在他的自傳上寫道：「如果我沒有進行這個『道德發展A計畫』，我絕對不可能比以前更好、更幸福。」他還說：「我要這麼告訴我的子孫，就是靠著這套錦囊妙計，還有上帝的保佑，他們的祖先和我才有辦法一輩子享受幸福人生，而且一直到寫這段文章的七十九歲高齡，依舊快意無限。」

當然，我們無從得知如果富蘭克林沒有那個美德表，一輩子是否就不會那麼快樂、成功，但是我們可以找找其他證據，來檢驗他對人類心理的主張，該主張被我稱為「美德假設」，該假設跟本章開頭的伊比鳩魯及佛陀的引言看法相同：培養美德，能讓人享有幸福人生。不過，我們有太多理由可以質疑這個「美德假設」的說法，富蘭克林就承認自己完全做不到謙遜的美德，最後他只好學著擺出謙遜的樣子，以博得社會大眾的好感。或許「美德假設」這套主張最後只有在運用權謀、馬基維利式的做法下才會成立：不管我們自己的真正品格如何，只要能表現出很有美德的樣子，我們就會成功、幸福。

古人追求的美德

所有觀念都有其起源，因此也就有了包袱。西方人一想到道德，使用的就是存在好幾千年的觀念，但近兩百年來，有關道德的觀念已出現相當多的變化。西方人並沒有意識到這個事實：西方人的道德觀念是異於其他文化的，西方人的道德態度是建立在特定心理假設上，但這套假設以現今的眼光來看，並不正確。

每種文化都很關心未來子孫的道德發展，所以每種文化都留下不少道德方面的著作，我們可以從這些著作看出不同文化的道德看法。不同的文化對道德各有特定的規定與禁律，但其基本精神大體是一致的。大部分文化都會把人們應培養的美德一一列出，而這些美德至今仍被大部分文化重視（比如，誠實、正義、勇敢、仁慈、自制、尊敬權威等）。對各種美德而言，哪些行為是好的，哪些行為是壞的，大部分文化也都會清楚載明，並一再灌輸大家一個觀念：願意修養自身美德者，就會獲益。

《阿曼尼摩比的教誨》是人類最早專門探討道德教誨的一本著作，是於西元前一千三百年左右問世的一本埃及文本。該文本開宗明義便講，這是一本有關「人生教誨」的書，也是一本教人「如何追求人生幸福」的書，只要把本書教誨牢記於心，「就會發現人生的黃金屋，你的身體就會茁壯成長」。阿曼尼摩比接下來花了三十章的篇幅，諄諄教誨人們應如何對待他人，自我克制，並從中找到成功與滿足。書中有這樣的例子，有一段內容不厭其煩地要求大家要誠實，尤其要尊重其他農夫所立的邊界，該書如此寫道：

只要認真耕耘，就會找到自己需要的東西。
你會從脫粒後的麥田，收到香濃的麵包。
上帝賜給我們一蒲式耳，
勝過偷搶拐騙得到的五千蒲式耳，

寧可快活地啃著麵包，
也不要坐擁寶山卻心苦惱。

另一個共同特徵是，這些古老文本都非常強調格言及好榜樣，而非邏輯與證明。格言大多是精雕細琢，字字珠璣，務求讓人讀後靈光一閃，點頭稱是。好榜樣則可激發我們的欽佩與敬畏之情。當道德教誨訴諸情緒，其談話物件便同時包括「自我」及「心理」。孔夫子與佛陀的智慧最後變成一句句亙古永存的格言警語，即便今人讀之，大多出於閱讀樂趣，找尋人生指引，但亦叫人心有戚戚焉，稱其為眾人心中「放諸四海而皆準的人生法則」。

許多古老文本的第三項共同特徵是，它們都非常重視實踐及習慣，而非以事實為依據的知識。孔子曾以學音樂跟培養道德相比，表示兩者皆需研讀文本，遵守好榜樣立下的規範，並經多年不斷練習以求臻於「化境」。對此，亞里斯多德也用過類似的比喻說法：

要想成為蓋房子的工匠，就要多蓋房子；要想成為豎琴家，就要多彈豎琴。同理，只有行公義，才能成為正義之士；只有多自制，才能學會自制；只有行事勇敢，才能成為勇者。

佛陀寫了「八正道」，為信徒之修行指南，列出了許多信徒應遵守的行為，只要信徒反覆練習，便可成為一合乎道德規範（講對話、做對事、過對的生活）、自律自重之人（不斷努力、小心注意、集中心神）。

通過上述的修身之道，我們可以了解到：古人對道德所秉持的心理，跟富蘭克林的相似，其實是相當複雜的。他們知道，人們只有在大象受到良好訓練後，才能學會美德。而且這項訓練需日積月累，不斷重複，方可奏效。在此訓練中，騎象人必須參與其中，但如果道德教誨只給予外顯知識（騎象人可宣之於口者），這對大象是產生不了效果的，對行為的影響也極其有限。道德教育必須包含默會知識——巧妙的社會知覺及社會情緒方面的技巧，讓人可以很自然地在每一種情境下感受到正確行為，知道該如何做，並進而有做的想法。對古人來說，道德是一種實用的智慧。

人為何會迷失在道德迷宮中

西方人的道德觀剛上場時，西方文化跟別的文化一樣，都把焦點聚在美德本身。不管是《聖經》《荷馬史詩》或《伊索寓言》，西方的奠基文化都非常重視箴言、格言、寓言及好榜樣，並以此講解、教誨人們美德的內涵。柏拉圖的《理想國》及亞里斯多德的《尼各馬科倫理學》是兩本非常重要的希臘哲學著作，也是兩本專門探討美德及如何培養美德的專論。

即便是以享樂為人生目標的伊比鳩魯，也相信人們要先有美德，才能享有生活的樂趣。

單一的道德準則

在這些古老輝煌的希臘哲學著作中，其實已種下後世失敗之因。第一，希臘人探求道德的心靈，同時也開啟了人類科學探索的大門，而科學探索旨在找出能解釋宇宙中無窮多變事物的最小定理。也就是說，科學強調精簡，美德強調的則是原理，而一項又一項的美德，其原理絕不可能精簡。因此對強調科學的人來說，還有什麼比從所有人身上歸納出一套一體適用的美德、原則或準則更令人滿意？第二，自理性思維開始席捲哲學界後，許多哲學家對以習慣及感覺為本的美德心生不滿，雖然柏拉圖是以騎象人的理性來建構美德，但柏拉圖也承認，美德需要以熱情做支撐，但不是脫軌的熱情，所以柏拉圖後來才會想出複雜的馬車駕馭隱喻：兩匹馬中，有一匹馬具有某種美德，但另一匹沒有。對柏拉圖及後來許多思想家而言，理性是眾神賜給人類的禮物，是一個可用來控制人類動物本能的工具。因此，應該由理性來主導一切。

追求精簡與崇尚理性，這兩粒種子在羅馬衰亡之後沉睡了好幾個世紀，但到了十八世紀的歐洲啟蒙運動時期，這兩粒種子開始發芽，成長茁壯。隨著科技與商業的發展進步，新的世界誕生了，人們開始尋找合乎理性規範的社會及政治架構。法國哲學家笛卡兒在十七世紀時，還沾沾自喜地以上帝的仁慈來建立其倫理學的思想體系，但啟蒙運動時期的思想家卻一心想建立一套不以神跡或上帝的力量為基礎的倫理學。這就像有人拿出一個獎品在哲學家眼前晃著，而這個獎品具有類似誘使早期飛行員不顧性命冒險的魔力：第一位想出以理性力量為基礎，可讓人清楚分出好和壞的單一道德準則的哲學家，便可獲得一萬英鎊的獎金。

如果真有這份大獎，那麼我覺得得獎人應該是德國哲學家康德。康德跟柏拉圖一樣，相信人類有雙重天性：一部分是獸性，另一部分是理性。人類的獸性依循自然定律運作，跟石頭因地心引力而掉落或獅子追殺獵物的道理一樣。這種獸性沒有什麼道德可言，純粹是因果關係。康德又說，人類的理性則依循不同的定律運作：理性能遵守行為規範，所以我們可依據個人遵守正確行為規範的程度，來判斷其個人道德。何謂正確的行為規範？對此，康德想出了道德哲學中最高明的一個妙招。康德提出這樣的推論：道德規範如欲成為定律，必須是放諸四海而皆準。如果萬有引力會對男人和女人產生不同的作用，或對義大利人和對埃及人會產生不同作用，那麼我們就不能稱「萬有引力」為一種定律。

康德表示，我們不應該去找所有人都能接受的道德規範（一來很難辦得到，二來很可能只能得出一些枯燥無味的通則），而應該把問題顛倒過來，要大家去思考一個問題——這些約束眾人的行為規範，是否可作為放諸四海而皆準的定律：如果你已不願再信守一個不合時宜的承諾，難道你真的可以提出這樣的規範嗎——人們應該毀棄不合時宜的承諾？一旦我們同意這樣的行為規範，所有的承諾就會頓時變得毫無意義。這就是為什麼你不能同意「人可以用偷拐搶騙等方式去奪取其他人的權利或財產」的原因，因為總有一天你會成為另一個受害者。這個康德稱為「定言令式」的簡單測驗，威力強大，它讓倫理學變成應用邏輯學的一支，倫理學的內容從此變得較為明確，不像世俗倫理學，一旦沒有借助典籍，就很容易給人一種霧裡看花之感。

幾十年後，英國哲學家邊沁向康德挑戰這項哲學大獎。邊沁在一七六七年當上律師，當時英國的法律不僅內容複雜，而且毫無效率，邊沁跟其他啟蒙時期的人一樣，也具有大膽創新的精神，於是他為英國重新設計了一套司法及立法系統，其核心思想是，先設定出明確目標，再以最理性的手段來達成目標。邊沁指出，所有立法的最後目標就是人的利益。所得利益越大，效果越好。邊沁為功利主義之父，功利主義的教條就是，所有決策（包括立法及個人）的目標都是追求最大利益（效用），但由誰獲益，功利主義者並不在意。

康德與邊沁兩派間的論戰一直延續到現在。康德的後繼者（被稱為「義務論者」）詳細地闡述責任及義務的定義，他們認為，有道德的人必須遵守道德規範，即使該行為會導致不好的結果（例如，我們絕對不可以殺害無辜，即便這麼做可以拯救一百條人命，我們也必須嚴守這個規範）。邊沁的後繼者（被稱為「結果論者」）則明確制定出可達到最大利益的規則及政策，即便該行為有時會違背其他道德原則（如果殺一個無辜的人可以拯救一百條人命，那就做吧，除非該行為會立下一個壞榜樣，從而導致其他問題，那就又另當別論）。

儘管兩大陣營立論迥異，但在幾個重點上卻又殊途同歸。兩大陣營都採取精簡立論法，即所有決定都應依據單一原則來制訂，不管是以「定言令式」為原則，還是以「最大效益」為原則。兩個陣營也都主張，只有騎象人能做抉擇，因為道德抉擇需要邏輯推理，有時候甚至還需要數學計算。兩個陣營都不相信直覺及內心感覺，認為直覺及感覺會妨礙正確推理。此外，兩個陣營也都回避具象，偏好抽象，即當我們在思考問題以做出決定的時候，不需要仔細去了解相關人物的背景，或其信仰及文化傳統，我們只需要知道一些當事人的基本事實與個人喜惡（這是功利主義者的主張）。當事人的時代背景或國籍並不重要，是我們的朋友、敵人或陌生人也不打緊。對這兩大陣營的人而言，道德定律跟物理定律一樣，對任何時代的任何人都是一體適用的。

以上兩種哲學方法的提出，對我們現今立法和政治理論的提出及實務運作有非常大的貢獻，讓社會能在有效追求人們利益的同時（邊沁），亦能兼顧個人權利（康德）。不過，這些觀念同時也廣泛滲透到西方文化的各個層面，從而產生一些意想不到的後果。哲學家艾德蒙．平考福斯（Edmund Pincoffs）指出，在結果論者及義務論者共同攜手下，二十世紀西方人心中的道德已變成一種道德窘境及道德困境的研究。

古希臘人把道德焦點擺在個人人格上，所問的問題是「我們每個人希望成為什麼樣的人」，但是現代倫理學卻把焦點擺在行為上，所問的問題則是「某項行為是對或錯」。哲學家們現在得跟生死兩難的問題搏鬥：我們可以殺一個人來拯救五個人嗎？我們可以用墮胎後的胚胎來做幹細胞的研究來源嗎？如果一名婦人已喪失意識癱瘓十五年，我們可不可以拔掉她賴以為生的進食管？一般人則要面對沒有那麼生死攸關的窘境：如果其他人沒有如實報稅，那麼我還要依法繳稅嗎？如果我撿到一名毒品販子的皮夾，那麼我要交給警方嗎？我要把自己的風流豔遇告訴另一半嗎？

由人格道德轉向困境道德

道德焦點從人格道德轉向困境道德，使得道德教育的重心也從原來的美德轉向道德推論。如果道德涉及兩難困境，我們的道德教育就會變成一種解決問題的訓練。我們必須教孩子如何思考道德問題，尤其要教孩子克服原有的自我，去考慮到其他人的需求。一九七〇及八〇年代以來，美國的種族日趨多元化，權威式的教育方法不再受大眾青睞，關於特定道德及價值觀的道德教育逐漸過時。理性主義式的困境道德觀大行其道，許多老師及家長也趨之若鶩，最典型就是以下這段出自一本兒童教養手冊的內容：「本手冊目的不在教導孩子該做什麼，不該做什麼，以及為什麼，而是要教孩子如何思考，好讓他們自己決定該做什麼，不該做什麼，以及為什麼。」

我認為道德教育從人格道德轉向困境道德是非常嚴重的錯誤，理由有二。

第一，這會削弱道德的力量，並窄化道德的範疇。在古人眼中，人的每項行為都關乎美德及人格，但在現代人眼中，道德則僅僅局限於特定情境。在現代人單薄又局限的道德觀念中，所謂有道德的人是指捐款給慈善團體、幫助別人、遵守規定，以及大體而言不會為了自身利益而不顧他人利益者。現代人大部分活動及決定其實都與道德無關。當道德已窄化成「自私自利」的反義詞時，美德假設就變成一種似是而非的論點：套用現代的說法，美德假設的主張，變成「違反自身利益的行為反而有利自身利益」。我知道要大家相信這種說法很困難，而且不見得所有情況皆符合。富蘭克林在他那個時代向大眾宣揚美德假設的主張，鐵定要比我容易得多。富蘭克林跟古人一樣，其美德觀念遠比我們豐富且深厚，他們認為美德是個人為成為更有效率、更有吸引力的人，而努力培養的各種優異才能。從這個角度來看，美德本身就是一種報償。富蘭克林的例子可讓其同時代人及後代子孫去思考一個問題：你願不願意為自己未來的幸福去努力，還是你懶惰、短視到連努力都不願意？

第二個理由則與道德教育的重心從美德轉向道德推論有關，因為這種道德分析是出自一種很糟的心理學訓練。一九七〇年代以來，道德教育開始把騎象人跟大象分開，只訓練騎象人獨自解決問題。標準的上課方式就是，先上幾個小時的個案研究，接下來在教室裡討論種種道德困境，然後就播放影片（影片中的當事人遇到種種道德困境，之後做出正確抉擇），如此，孩子便學會如何思考道德問題（而非何為道德）。之後，課程結束，騎象人趁著下課時間又跑回去坐在大象背上，一切照舊。教孩子理性思考，然後期待孩子表現出符合道德規範的行為，這就像去搖狗的尾巴好讓狗高興一樣，根本就是本末倒置。

我在賓大研一時發現自己道德推論的弱點。當時我拜讀過任教於普林斯頓大學的哲學家彼得·辛格（Peter Singer，他是一位強調人道主義的結果論者）的著作——《實踐倫理學》。這本書告訴我們，如何在關懷他人福祉的同時，解決許多日常生活中碰到的道德問題。辛格在書中的有關殘殺動物的道德問題的思考，改變了我對食物的態度。辛格針對殘殺動物的道德問題，合情合理地提出以下幾個原則。第一，會讓任何有知覺的生物感受到痛楚及傷害的行為都是不對的，所以現今大規模的畜牧養殖是不道德的。第二，殺害存有一定自我意識及感情的生物是不對的行為，所以人類去殺害有較大的腦部及較發達社會行為的動物（如其他靈長類及哺乳類動物）是不對的，就算它們原先被畜養在舒適環境中，之後再以無痛的方式予以宰殺，這樣的行為仍然不對。辛格強有力的論點讓我一時之間完全信服，看過那本書之後，我在道德上開始反對所有大規模的畜牧養殖。道德上我雖反對，但行為上並沒有反對。我還是很喜歡吃肉，看過辛格的《實踐倫理學》的前半年，我唯一改變的是，每次點漢堡時，我就會感覺到自己的虛偽。

研二時，我開始研究與噁心（厭惡）有關的人類情緒反應，當時我跟保羅·羅津（Paul

Rozin）一起研究這個議題，羅津是研究「吃」的心理學的先驅及權威。當時羅津跟我努力找各種噁心的影片，好讓我們的受試者在看了影片後產生噁心的感覺。有一天早上，我們跟一位研究助理碰面，這位研究助理把他找到的影片放給我們看。其中有一個片名叫《死亡真面目》的影片，該影片將各種真實及假造的殺戮畫面剪接在一起（有些畫面非常嚇人，因道德關係，我們不予採用）。除了自殺及行刑處死的畫面外，影片中還有一段屠宰場宰殺動物的畫面。當我看到成群的牛走向滴著鮮血的肢解輸送帶，先是受到重擊，然後被鉤子鉤起，最後被切成一片又一片，我內心的恐懼達到最高點。看完影片後，我跟羅津一起去吃午餐，好一邊討論實驗計畫，結果我們兩人不約而同都點了素食。幾天後，影片中的血腥畫面還是讓我覺得噁心不已，這時，我體內的感覺跟辛格告訴我的觀點終於合而為一，我的大象跟騎象人達成共識，我在當時變成了一個素食主義者。三個星期後，我體內噁心的感覺慢慢消失，我開始吃一點魚跟雞肉，之後也開始吃紅肉，但十八年後的現在，我仍然不太愛吃紅肉，如果要吃，我也會選非大規模畜養並宰殺的動物的肉。

這次經驗給我一個很重要的啟示：我向來自認是個相當理性的人，辛格的說法對我也很有說服力，容我用自己的話把這首歌再唱一次——我看到正確的道路，也知道該走這條路，但我卻走錯路，直到內心感覺湧現，推了我一把，才讓我走上正途。

正向心理學對美德的解讀

不管身處哪個國家或哪個時代，我們總是會聽到「人類迷失了」的呼喊，美國在經歷過動盪的一九六〇年代與經濟蕭條及犯罪率高升的一九七〇年代之後，這樣的呼聲日益高漲。政治上的保守派，尤其是有強烈宗教信仰者，對那種「不談價值觀」式的道德教育，以及給孩子自己思考的權利，卻不去教孩子正確事實與價值觀的教育方式，簡直是怒不可遏。於是在一九八〇年代，這些保守派開始起來挑戰現有的教育體制，大聲呼籲應在學校推行人格教育，並以在家自學的方式讓自己的孩子學習人格教育的課程。

同樣是在一九八〇年代，有幾位哲學家也開始協助建立美德理論，其中最有名的是倫理學家阿拉斯代爾・麥金泰爾（Alasdair MacIntyre）在其著作《德性之後》提出的主張——「啟蒙時期」提出的人類應建立一種放諸四海皆準、無須文本式的道德倡議，從一開始就註定會走上失敗的命運。具有共同價值觀的文化都有一套思想架構，人們就是依據這套架構來評斷自己與他人。例如，如果以西元前四世紀的雅典為背景，我們就可以輕易地討論哪些是僧侶、士兵、母親或商人所應具備的美德。一旦我們拿掉一個人的身分跟背景，根本就沒有討論的依據。一個漂浮於空中、沒有性別、沒有年齡、沒有職業，也沒有文化，單單只是一個空泛的「人」，你怎麼討論他應該具備什麼美德？由於現代的倫理學忽略具象，使得我們的道德觀越來越淡薄——表面看似放諸四海皆準，實際什麼也沒有。麥金泰爾指出，美德必須以特定傳統為基礎才得以茁壯成長，但現代人已失去美德的語言，所以現代人很難找到人生的意義、一致性與目的。

六種美德

近來，心理學界也開始參與這項運動，一九九八年，塞利格曼提出心理學已迷失方向，於是他創立正向心理學，塞利格曼認為心理學過度把注意力放在異常病狀及人性黑暗面上，對於人身上的良善與高貴反而視而不見。塞利格曼指出，心理學家會編出一大本《精神疾病診斷與統計手冊》，用來診斷每一種心理疾病及行為異常反應，但心理學卻沒有發展出可以用來討論人體健康與才能的語言。塞利格曼提出正向心理學的首要目的，便是要制訂一本可檢測出人格優點及美德的診斷手冊。他跟另一位任教於密西根大學的克里斯多夫·彼得森（Christopher Peterson）教授合力擬出一份優勢調查表，他們希望這份列表能適用於所有文化。當時我告訴他們，這張表無須適用於所有文化，而應以大規模工業化社會為目標，有好幾位人類學家也持與我相同的看法。現在看來，他們兩人做出了正確的決定。

第一步，塞利格曼與彼得森先把他們搜集到的所有美德列表研究一番，從重要的宗教典籍到童子軍誓詞（信任、忠誠、助人、友善等），他們製作出一張又一張的美德列表，並從中找出重複出現的美德，最後雖然沒有找到一項出現在所有列表上的單一美德，但有六大類，也就是六大類相關美德群組幾乎重複出現於所有美德列表上：智慧與知識、勇氣、仁愛、正義、節制（超越原有的自我）。一般人普遍皆能接受這些美德，因為從抽象層次而言，如何成為智慧、勇敢或仁愛之人，本來就見仁見智，但在所有人類文化中，絕對找不到一種排斥所有這六大類美德的文化。（你能想像在一種文化裡，父母會希望他的孩子長大後變成愚笨、懦弱及殘暴之人嗎？）這份六大類美德列表的真正價值在於，它可以作為我們建立更明確的人格優勢的基本架構。塞利格曼與彼得森對人格優點的定義為：能表現、執行並培養出某種美德的方式。每種美德的培養方式不一而足，人跟文化一樣，同一種美德的培養方式下的人也各不相同，但這就是這張分類表的真正意義。雖然這張表點出六大類美德的特定培養方式，但它並未強調所有人都必須採取某種方式才能培養出該美德。這張分類表是用來診斷人們具備哪些人格優勢的工具，能幫助大家找出培養美德的良方。

二十四種人格優勢

對於人格優勢的診斷，塞利格曼與彼得森提出二十四項原則，每項原則都能讓人培養出六大類美德中的某一種美德。只要依據下表，或完成以下的優勢測驗（請查詢 www.authentichappiness.org），便可自行診斷自己具有哪些美德。

1. **智慧**
- 好奇心
- 熱愛學習
- 判斷力
- 足智多謀
- 高EQ
- 有自己的想法

2. **勇敢**
- 有勇氣
- 能堅持
- 正直

3. **仁慈**
- 寬大為懷
- 有愛心

4. **正義**
- 具公民意識
- 公平與公正
- 領導力

5. **節制**
- 自制
- 謹慎、小心
- 謙虛

6. **精神卓越**
- 對美和卓越的欣賞
- 感恩圖報之心
- 希望、樂觀、展望未來
- 注重精神生活
- 寬恕與慈悲
- 幽默感
- 熱情

對這六大類美德，我想大家應該都沒什麼意見，但對每項美德群組中的各項優勢，大家可能就不以為然了。為什麼幽默感可以讓人超越自我？為什麼是領導力列在表上，而不是追隨與服從的美德——有責任感、遵守規範、服從？沒關係，請繼續，塞利格曼與彼得森提出這個分類表的用意，就是要刺激大家不斷去討論，好提出各種人格優勢與美德，之後再由科學界及心理治療師們整理出相關細節。《精神疾病診斷與統計手冊》每十~十五年就會從頭到尾徹底修訂一遍，所以人格優勢及美德分類表也應該每隔幾年就修訂一次。塞利格曼與彼得森勇於求真、不怕犯錯，他們兩人已展現出「足智多謀」、「領導能力」及「秉持希望」這三項人格優勢。

人格優勢及美德分類表的提出讓大家可針對這個領域進行深入研究，不斷激發出更多想法。以下是我個人最引以為豪的點子：把注意力放在自己的優勢，而不是劣勢上。你的新年新希望是不是都在希望如何改進自己的劣勢？這類新年新希望延續多少年了？單靠意志力就想改變自己的個性，絕對沒那麼容易，辛辛苦苦改善自己的劣勢，這種苦差事我想大概沒人會樂在其中。如果過程中找不到樂趣或強化作用，那麼除非你有富蘭克林的意志力，否則你很快就會打退堂鼓。人其實不需要樣樣都強，人生處處有機會，所以我們可以利用自己的優勢來克服自己的劣勢。

我在維吉尼亞大學所開的正向心理學的課程中，最後一項計畫就是如何讓學生成為一個更好的人。我們會鼓勵學生運用所有心理學的手段來改造自己，之後讓學生證明自己如何達成目標。每年大約有一半的學生會成功，通常最能成功改造自己的學生不是採用認知行為療法（這招真的有效），就是運用優勢改進法，也有人兩者皆用。

♥ 幸福探索

有一位學生一直哀歎自己常會記恨，她心裡一天到晚想的都是自己最親近的人如何傷害過她。她在這項課程中採取的策略就是，運用自己關愛別人的優勢。每次她一發現自己又墜入「被迫害情結」時，就會回想一下自己跟這個人曾有過的美好記憶，如此一來，她心裡就會湧現一陣感動。每當腦海閃過這種感動，就會減少自己的怨恨，這種刻意的心理回想過程久而久之會習慣成自然，最後她慢慢學會原諒別人（期末報告的時候，她拿出自己的改造日誌，日誌中詳細記錄自己進步的情形），每進一步，騎象人就不斷獎勵大象繼續努力下去。

二十一歲的朱莉亞剛動過腦癌手術，她必須面對人生的生死搏鬥。為了克服心裡的恐懼，她拿出自己的優勢來對抗命運的折磨，這項優勢就是熱情。她把自己參加的學校活動，跟自己到學校附近風景優美的藍脊山登山步行等活動列成不同的表，還與班上同學一起分享這些表的內容。她拿原本應該用來讀書的時間跑去登山，還邀大家跟她一起去爬山。大家常說逆境會讓人想充實地過好每一天，朱莉亞靠著自己的努力，運用自己熱情的天性，成功地改變自己的人生（她現在還是一個充滿熱情的人）。

培養美德聽起來像是份苦差事，事實上也常常如此，但是如果我們把美德想成卓越的能力，那麼只要運用自己原有的人格優勢，就可以培養出各種卓越的能力，因為只要我們努力表現原有的人格優點，就會有所回報。也就是說，原本的苦差事，突然間變成了心理學家米哈里·契克森米哈伊形容的「心流體驗」，不再那麼令人痛苦。這就像塞利格曼形容的「達到令人心滿意足的狀態」，也就是說當你全心投入時，你將發揮自己的優勢，沉浸其中，達到渾然忘我的境界。

宗教對美德的解讀

難題簡答：美德本身就是一種回報

美德本身就是一種回報，這種說法顯然只適用於該回報對人是「有益」的美德。如果你好奇心強或好學，那麼你一定樂於以旅行、參觀美術館、聽演講等方式來增長智慧。如果你有強烈的美感天分，那麼欣賞大峽谷壯麗的景觀會讓你有超越自我的無窮樂趣。不過，如果我們因此就認為「人只要做正確的事就會心神舒暢」，就未免過於天真。美德假設真正的考驗在於，現代人狹隘的道德觀認為所謂的道德就是「犧牲自我以利他人」。如果從這個角度來看，美德假設是否依然成立？先將個人成長、追求卓越等擺在一旁，我們現在要探討的是，有些不利我個人自身利益，但卻有利於他人之行為，這樣的行為實在非我所願，但我真的做了，是否仍然對我自己有好處？賢人及道德家們總是回答「是」，但要科學界接受這個答案，就要達到以下條件：何時成立？為什麼？

宗教界跟科學界一開始的答案都一樣，但是解釋的方法卻各有妙處。宗教賢哲們面對這個問題的最簡單的方法就是，提出神聖的「今生來世」說：你一定要行善，因為作惡會被上帝懲罰，行善上帝就會獎賞。基督教徒則有「做好事上天堂，做壞事下地獄」的觀念。印度教則有因果報應的觀念：你這輩子行善與否，老天爺會在下輩子回報你，做好事，下輩子就有較好的出身，做壞事，下輩子就投胎到較低的階級。

我沒有資格評斷上帝、天堂或來世究竟存不存在，但身為一位心理學家，我可以指出這種今生來世的觀念顯現出兩種原始的道德觀。一九二〇年代，傑出的發展心理學家皮亞傑（Jean Piaget）常跟孩子們一起跪在地上玩打彈珠跟拋接子的遊戲，從孩子的遊戲中，皮亞傑建構出人類道德發展的過程。皮亞傑發現，孩子們會發展出一套複雜的對錯觀念，通過遊戲，他們認為許多遊戲規則是神聖不可侵犯且不可改變的。這時，孩子們已產生「正義遍在觀」的觀念，即正義本就存在於行為之中。到這個階段，孩子們會認為一旦自己違反遊戲規則，就算是無心之過，也一定會碰上壞事，而且就算沒人知道自己犯錯，也還是會倒楣。成人也會有「正義遍在觀」的觀念，尤其在解釋自己為何生病及倒大楣時，常會出現這種觀念。

有一項曾針對不同文化進行生病原因調查的結果表明，最常出現的三個生病原因分別是：生物醫學方面的原因（疾病的生理原因）、人際原因（因別人的忌妒及與人衝突，被別人施了法術，才因此生病），以及道德原因（因自己過去的作為，尤其是犯了食物及性方面的禁忌，才因此生病）。大部分西方人理智上都能接受生物醫學方面的原因，而對其他兩個原因則嗤之以鼻，但如果真的生病了，西方人卻會自問「為什麼是我」，而且苦苦思索的也常常是自己過去犯下什麼過錯。事實上，認為上帝或命運會依據我們行為的好壞，而給予我們獎懲的觀念，顯然是兒童時期建立的「正義遍在觀」觀念的延伸，這種想法是我們執迷於因果論的產物。

來世正義涉及的第二個問題是，它建立在一種單純的善惡迷思上——認為我們每個人都能輕易把世界分成善惡兩個部分，也認定上帝公正客觀，不受任何偏見影響，也沒有權謀式的動機論在心中。然而我們卻看到原本高貴的道德動機（正義、榮譽、忠誠、愛國），很多最後卻變成暴力、恐怖及戰爭，大部分人卻還是認為自己的行為是合乎道德的。

科學界的答案同樣很簡單，但同樣不太令人滿意：在某些情況下，美德有利於你的基因。當「適者生存」的意義變成「最適合的基因最利於生存」時，我們就可以輕易地看出，最適合的基因會在以下兩種情況下鼓勵人們做出仁慈及合作的行為：第一種情況——有利於帶有同樣基因的人（也就是親人）；第二種情況——在非零和遊戲中，運用一報還一報的策略，使帶有別的基因的人直接得到幫助。親緣利他以及互惠利他這兩種過程，可充分解釋動物以及人類出現的種種利他行為。這個答案雖無法令人滿意，但事實卻是如此，因為就某種程度而言，我們身上的基因就像是操縱木偶的主人，基因會讓我們做出有時對它們有益，但對我們卻有害的事情（比如外遇，或付出不快樂的代價去追求個人聲望）。

不過，不管是追求美德還是快樂人生，我們都不能遵循自私的基因原則，因為順著這種想法一路下去，任何把互利當做利他合理化藉口（而不僅是利他的原因）的人，最後都可以隨心所欲地選擇：只對對自己有幫助的人好，至於其他對自己沒幫助的人，就不用浪費時間或金錢在他們身上（不會再去的餐廳，就不用給小費了）。因此，想更進一步找出為何利他行為本身就是一種回報，我們需要這些宗教賢哲及科學家們再加把勁：如果沒有來世回報，也沒有互相回報，自我犧牲對我們自己還會有好處嗎？

難題難答：施比受更有福

聖保羅曾引用耶穌在《聖經》中說的話：「施比受更有福。」「施」有「賜予人快樂或富足」之意。幫助別人真的可以賜予我們幸福或富足嗎？到目前為止，我還找不到助人者能從助人的行為中得到金錢的證據，但卻發現助人者常因助人而樂。從事義務工作的人通常會比不做義工者更幸福健康。不過，我們必須反向思考一個互為關聯的問題：是不是天性較樂觀的人本來就樂於助人，所以會去做義工，他們很可能是因為天性使然，而非為了助人為樂。

♥ **幸福實驗**

心理學家愛麗絲．伊森（Alice Isen）的研究充分證實這個「因快樂而行善」的假設。伊森在費城各個角落的公共電話退幣口留下硬幣，然後發現，與用自己的硬幣打電話的人相比，這些用在電話退幣口找到的硬幣去打公共電話的人，之後更會幫助一個不慎掉落一疊紙的人（這疊紙會在打完電話者要離開時剛好掉下來）。伊森做過許多類似的善行研究：她在街上發過餅乾、整袋糖果及文具；她還操縱電動遊戲的結果（故意讓打電玩的人贏）；拿快樂的圖片給受訪對象看等。不管是哪一種方式，最後得出的調查結果都一樣：快樂的人對人的態度比較和藹，也比較樂於助人。

然而，我們要找的是相反的結果，即助人會讓助人者感到幸福或得到其他長期的益處。「美國紅十字會」的宣傳口號「捐血一袋，讓你快活無比」這句話是真的嗎？心理學家簡．

皮利亞芬（Jane Piliavin）曾針對捐血人進行過相當仔細的研究，她發現捐血真的會讓捐血人感到幸福，對自己感到滿意。皮利亞芬還搜尋過各種文獻，找尋所有跟義工有關的研究報告，結論是：助人確實對自己有益，但有益的方式各不相同。有一份針對「服務學習」而做的研究便得出相當鼓舞人心的結果：「服務學習」使青少年的犯罪率降低，行為問題減少，提升其公民參與，並強化其對正面社會價值的認同。不過，「服務學習」對提升個人自尊或快樂並未產生太大影響。

成人的情況則有所不同，一項長期性的研究證實了「助人會讓助人者感到幸福」的因果效應。這項研究許多年來長期追蹤好幾千名義務工作者的工作及身心康樂狀況，研究結果顯示：當一個人將義務工作當做生活的一部分，其投入義務工作的時間多了，在一段時間後，個人身心快樂及安康的程度便會變高。義務工作對老年人的幫助比其他成人更大，尤其是如果該義務工作是直接與人接觸、　明他人或是通過宗教組織來助人的，效果就更為明顯。義務工作對老年人的幫助大到能改善健康，延年益壽。這是密西根大學的布朗教授及她的同事，在研究一份大規模且長期性的老年已婚伴侶的相關資料時發現的一項驚人證據。給予配偶及親友較多幫助與支持的老人，會比沒有這麼做的老人活得更久。不過，接受別人幫助的老人，並不會因為接受的幫助越多就活得越久。布朗的研究結果指出一個明顯的事實：起碼對老年人而言，施確實比受更有福。

利他行為對助人者的影響會因年齡不同而有所不同，從這項發現中我們可得知義務工作會為人帶來兩大益處：第一，讓人與人之間更接近；第二，讓人們勾勒出一種麥克亞當斯式的人生故事。青少年已身處綿密的人際關係網中，但他們才剛開始勾勒自己的人生故事，所以不太需要這兩種益處。隨著年齡增長，每個人的人生故事開始成型，利他行為對個人人格的影響也跟著加深、變廣。到了老年，人際網路因親友的凋零日益薄弱，所以義務工作帶來的社交上的幫助也達到最高（事實上，人際關係最孤立的人，從義務工作所得到的獲益也最大）。更深入而言，到老年階段，生產力、人際關係及精神層面的重要性更加重要，但事業成就的重要性已相形失色，後者在中年時期才比較重要。因此，具有「回饋社會」作用的利他行為與老年階段的人生非常合拍，能讓人得到滿意的人生句點。

美德的未來

科學研究已證實美德假設是成立的，即便將其簡化到「利他行為對助人者是有好處」，這種說法也是成立的。如果我們像富蘭克林一樣，從更寬廣的角度來評估美德假設的主張，就會更加確認這項主張確實正確無誤。然而，這也讓我們不得不思考一個問題：文化保守派對現代生活及現代人偏狹、放任式的道德觀的批評是否為真？西方人是否應該試著回歸到一個更以美德為重心的生活？

我相信西方人確實已失去一些重要的東西——一種依眾人共信、共用的美德及價值觀而建立的豐富生命價值。只要看過一九三、四〇年代的電影，你就會發現，當時人們的言行舉止具有非常深厚的道德內涵。電影中的人物關心自己的榮譽、自己的名聲，還會注意自己的外表是否得體。孩子通常是由父母以外的成人來教育。好人最後一定獲勝，犯罪的人一定沒有好下場。這種論調對現代人而言，聽起來有點兒保守、沉悶，但這就是重點所在：設些限制對我們現代人是好的，絕對的自由會產生後遺症。社會學家涂爾幹發現，脫離社會束縛與自殺行為兩者互為關聯，所以涂爾幹想出一個用詞——「脫序」（anomie）。「脫序」是指，一種沒有明確規則、規範或價值標準的社會所呈現的狀況。身處脫序的社會中，人們可以為所欲為，但人們會因社會缺乏明確標準或權威社會組織來建立價值標準，反而難以找出自己想做之事。脫序會讓人產生無限空虛及焦慮等感覺，使社會出現更多沒有道德及反社會的行為。現代社會學方面的研究已充分證實涂爾幹的主張：要預估一個社區居民的健康狀況，最佳的預測指標就是該地區成人居民對別家孩子出現犯罪行為時的反應。一旦該社區建立起道德標準，社區內就會產生一定的約束力與合作力量。

如果大家都是自掃門前雪，那麼社區內必然出現自由放任

> 人只要活得快樂，就一定有明智、高貴、公正的人生。同理，人只要活得明智、高貴、公正，就一定有快樂的人生。
> ——伊比鳩魯

及脫序現象。

品德為何可能會死亡

社會學家詹姆斯・亨特（James Hunter）是我任教的維吉尼亞大學的一位同事，亨特將涂爾幹的社會學主張進一步延伸，帶進現今的引發大眾討論的品德教育議題。亨特出了一本名叫《品德的死亡》的書，該書一出版便引起了相當廣泛的討論，亨特在書中探究美國人如何一步步地喪失對以往的美德及價值觀的堅持。在工業革命之前，美國人非常推崇「生產者」的美德。所謂「生產者」是指工作勤奮，自我克制，願為未來犧牲，肯為大眾利益而犧牲自我福祉之人。然而到了二十世紀，人們日趨富裕，原有的生產者社會逐漸轉變成大眾消費社會，於是產生了另一種「自我觀」——一種以個人偏好及自我實現為中心思想的價值觀。於是原本充滿道德意味的用詞「品德」不再受眾人青睞，反而由不具道德意涵的用詞「個性」所取代。

亨特還提到造成品德死亡的第二個原因——包容性。第一批來到美國的殖民者在美國建立了一個種族上、宗教上及道德上都具相當高同質性的屬地，但美國歷史卻是一部日趨多元的歷史。為適應此多元之趨勢，教育工作者只好勉力找出一套所有人都可以接受的道德觀，但這套道德觀的範圍卻日趨縮小。到了一九六〇年代，這套約定俗成的價值觀最後縮小為

「價值澄清理論」，該理論的宗旨就是不教育孩子任何價值觀，只教孩子如何找尋自己的價值觀，還要求教師不得將價值觀灌輸給學生。這種以包容性為追求目標的運動其精神雖值得贊許，但卻產生了意想不到的後果：豐富的傳統、歷史與宗教孕育了過去的各種美德，「價值澄清」運動則切斷了學生與這些傳統的連結。我們可以用水耕法種植蔬菜，但水耕法還是需要將養分加入水中，蔬菜才會成長。用水耕法來要求孩子培養美德，在自己身上找尋指引，這簡直就像要求每個人自創一種語言一樣——因為這種語言根本找不到可以溝通的對象。

我相信亨特的分析是正確的，但對現代人因道德偏狹以致整體每況愈下的說法，我個人持比較保留的態度。每當看這些老電影及電視節目時，最讓我不舒服的就是以前的婦女及黑人的生活受到重重限制，即便到一九六〇年代，情況仍未見太大改善。我們為了包容性付出了代價，但卻也為我們自己建立一個更人道的社會，給予少數民族、女性、同性戀者、殘障人士等人——也就是所有人，更多選擇與發展的機會。即便有些人覺得代價太高，我們也不能走回頭路，不管是回到消費社會之前，還是回到以前那種單一種族的社會，這都是不可能的。我們只能找出方法，在不排除大多數社會階層的同時，亦達到減少社會脫序現象的目標。

> 若人作善已，應復數數作；當喜於作善，積善則受樂。
>
> ——佛陀

是否該提倡「多元化」

我並非社會學家，也非教育政策專家，在此我並不想設計出一套顛覆性的道德教育法，我只想將個人關於多元化的研究心得與大家分享。一九七八年，美國最高法院針對「加利福尼亞州大學董事會訴貝基」一案做出裁定——美國各大學依其種族偏好而建立的種族配額入學制是違法的，但是利用種族偏好以提升學生的多元化則可。自該裁定成立之後，「多元化」這個用詞開始出現在美國人的日常用語中。至今，「多元化」已成為眾人共同支持的理念。對許多自由派而言，多元化已經跟正義、自由及快樂一樣，成為毋庸置疑的人生至善，多元化程度越高越好。

不過，我個人對於道德議題的研究卻刺激我去質疑「多元化」這個理念。人們本來就很容易因些微差異，將別人歸類為對自己不友善者，所以在我們推崇多元化的同時，是不是也強化了人與人之間的區隔？相反，如果我們推崇人與人間的共同性，是否就可幫助大家團結一體，達成共識？於是我了解到，多元化可分成兩大類：人口學多元化與道德多元化。人口多元化指的是人口統計學上的分類，比方種族、種族特點、性別、性傾向、年齡及殘障等，支援人口多元化其實就是在呼籲社會公義，呼籲將之前被排斥的團體納入主流價值中。然而，道德多元化本質上則是涂爾幹形容的脫序：一種對道德規範與價值缺乏共識的狀況。一旦做此區隔，你就會發現沒有人能立場前後一致地支持道德多元化的主張。假定你對墮胎議題採取贊成立場，難道你還可以主張大家對這個議題可以有各種不同的意見，無須達成最後主張嗎？還是你希望大家跟你立場一致，且該律法能反映出大家的共識？如果你對某項議題希望有多元化的意見，那麼這項議題對你而言就不是道德議題，而只攸關個人品味。

我跟我的學生霍莉及羅森伯格一起在維吉尼亞大學針對幾個團體做過研究。研究發現，學生大多很支持人口多元化的主張（如種族、宗教及社會階級的多元化），即便是自認屬於政治保守派的學生，立場亦是如此。然而，道德多元化的主張（如一些較具爭議性的政治問題）在一般的情況下就不容易得到大家的共鳴，只有在研討會上，學生的反應才比較熱情。學生在課堂上願意討論道德多元化的主張，但跟自己的室友或朋友就不太願意碰這個話題。我們的結論是，多元化跟膽固醇一樣，有好有壞，或許我們不該追求兩者的最大化。

自由派主張社會應對每個不同的社會團體採取開放態度，這樣的立場是正確的，但保守派主張我們應更加努力去建立社會的共同價值、共同認同，保守派在這點上也是對的。雖然在政治上我是自由派，但是我認為保守派對道德發展（這裡指的不是道德心理，因為保守派太執著於善惡二分法的神話）的了解，要比自由派更加深入。保守派希望學校授予學生以下的課程：能讓學生形成正面且獨特的美國認同的課程，課程中美國歷史及公民教育的分量要大幅加重，以英語為唯一的官方語言。自由派對白人沙文主義及愛國主義等論調秉持比較謹慎的態度，但是我認為所有關心教育的人應該記得美國人的座右銘——「合眾為一」其實包含兩部分，當我們推崇群體的同時，也應該通過政策來鞏固個體的價值。或許，一切為時已晚，或許在現今白熱化的文化論戰中，沒有人能肯定敵對陣營所提出的任何價值觀，但或許我們能以富蘭克林為師。富蘭克林反省，歷史是人們及群體在追求個人利益的目標下推動而成，因此富蘭克林提議建立「美德聯合黨」，該黨是由矢志培養自身美德之人組成，一切行為都以「追求人類共同利益」為出發點。不過，這種論調即便在富蘭克林的時代也顯得過於天真，而且要那些「人格高尚又有智慧的人」同意由富蘭克林提出的主張，我認為也是困難重重。

不過，富蘭克林對誰來帶動美德發展的風潮，看法卻相當正確。美德發展的風潮不會來自政治明星，而會來自群眾運動，如來自同一鄉鎮的居民為了不同地區的孩子，而努力建立共同的道德觀。這種運動已經出現了，發展心理學家威廉．戴蒙（William Damon）稱此為「青年憲章」運動，這些運動涉及所有與兒童教養有關之團體——父母、老師、教練、宗教領袖及兒童本身的參與。「青年憲章」中列載了大家對該社區的共同理解、義務及價值信念，並期許所有人在任何情況下都將共同支援同樣高標準的行為。或許，提出青年憲章的社區在道德廣度上比不上古代雅典人，但他們建立的社會正義則遠超過雅典人的水準，他們要克服的是如何減少社會脫序的現象。

Part · IV

追尋人生的意義

【馭象而奔】

第9章 靈性的覺醒

人生是心理的產物，我們常用比喻的方式來訴說人生種種，而且我們往往用已知事物來詮釋新的經驗。比如我們常說：人生是一段旅程；雙方吵得像在打仗一樣；「心」就像騎在象背上的人等。我們對人生的理解一旦用錯比喻，就會被騙得團團轉，但是不用比喻就想了解人生，根本就是瞎子摸象。

社會空間的三個維度

看過《平面國》（Flatland）這本小說提出的人生比喻後，我對道德、宗教及人類追求生命真諦等議題有了非常深刻的了解。

《平面國》是英國小說家、數學家愛德溫・艾勃特（Edwin Abbot）於一八八四年出版的一本小說，講述一個二維空間的世界，生活在這個世界的居民都是幾何圖形。小說的主人翁是一個正方形。有一天，一個來自名叫「空間」的三維世界的球體跑來拜訪這個正方形。球體雖來到「平面國」，但「平面國」的居民只看得到球體出現在平面上的圓形。眼見這個圓形竟然可以隨意變化大小（球體上下穿越平面），甚至可以在不同的地方出沒（離開平面，然後又跑進平面），把正方形嚇得目瞪口呆。球體費盡口舌想跟生活在二維空間的正方形解釋三維空間的概念，但是正方形仍然不懂。別說厚度、高度、寬度的意義正方形弄不清，連圓形從「上面」來的，而不是從北方來的這種說法，正方形無論怎樣都無法理解。球體用比喻和幾何證明來解釋它自己如何從一維空間跑到二維空間，再從二維空間跑到三維空間，不管球體怎樣解釋，正方形還是認為從「平面」跑「出來」這種說法非常可笑。

最後逼急了，球體只好使出絕招，猛地把正方形從平面國拉出來進入三維空間，這麼一來，正方形終於可以俯視原來的二維平面世界。它可以看到所有房子的內部是什麼樣子，也把所有二維空間世界居民的身體內部看得一清二楚。正方形回想當時的經驗時說道：

我當時真是怕得說不出話來。有些地方看起來暗暗的。等後來我定睛一看，頓時一陣暈眩、噁心，但又說不出來看到什麼。我看到不是空間的空間——我是我自己，但又不是我自己。等到我終於鎮定下來，有辦法開口說話時，不禁痛苦地尖聲大叫：「我瘋了，要不就是我跑到地獄了。」但球體冷靜地答道：「這就是知識，這裡是三維空間。來，再次睜大雙眼，好好看看這個世界。」我睜開雙眼，看到一個新的世界。

此時正方形內心充滿了敬畏之情，它俯伏在球體前面，成了球體的信徒。一回到「平面國」，正方形便到處跟生活在二維世界的夥伴們宣揚「三維空間的福音」，最後當然是徒勞無功。

從某種角度來看，我們就是心理未開化之前的正方形。有些事情其實我們不甚了了，卻自鳴得意地以為自己完全掌握，因為我們根本無法理解全然陌生的三維空間。一直到某一天，發生了一件在我們的二維世界裡毫無道理的事情之後，我們才會對什麼是三維空間產生些許的概念。

在所有人類文化中，群體生活都有兩個很清楚的維度：一個是以水平維度所表示的親密或喜愛度，另一個則是以垂直維度所表示的階級或社會地位。我們很自然地就可以看出人際關係的親疏遠近。很多語言對親、疏二者的稱呼是不同的（例如法語稱呼熟悉親近的人為「你」，稱呼不熟的人則用「您」）。

而在上尊下卑的應對關係中，我們也有很多相對應的心理結構。即便在講究平等的狩獵文化中，人與人之間的平等也是刻意壓抑階級制度才得以維持下去，很多語言都採用同樣的口語用語，來表達階層關係與親疏遠近。即便是英語這種不以不同動詞型態來表達不同社會關係的語言，人們也還是會找出方法來表達不同的人際關係：遇到不熟或地位比我們高的人，我們會以對方的職位或姓氏來稱呼對方（例如史密斯先生或布朗法官）。遇到熟悉或地位階層比我們低的人，我們就會直呼其名。我們的內心會自動追蹤這兩個維度。不妨回想一下以下場景：一位你不太熟但很尊敬的人要你直呼其名，還記得當時你有多局促不安嗎？對方的名字是不是像卡在你喉嚨裡似的發不聲來？相反，如果有個業務員直接叫你的名字，你會不會有被冒犯的感覺？

想像你在這二維群體世界裡一直過得如魚得水，在此二維平面中，X軸代表人際關係的親密度，Y軸代表社會等級（見下頁圖）。不過有一天，你看見某

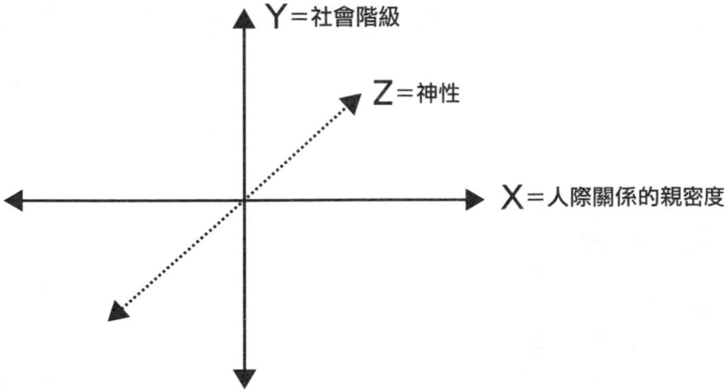

人做出一件異乎尋常之事，或大自然的絕色美景讓你目眩神迷，你整個人有了「提升」之感，但這不是社會階級的「上升」，而是一種精神層面的提升。本章所說的就是關於這垂直的動向。我認為這是我們的內心感受到第三維度，一種被我稱為「神性」的道德維度。我之所以選用「神性」這個字眼，並不是假定上帝一定存在或我們一定感受得到上帝的存在（我是個持無神論的猶太人）。

我其實是在研究人類的道德情操時得出以下的結論：不管上帝存不存在，人心很自然便會感受到神性及神聖。二十多歲時，我對宗教總抱著嗤之以鼻的態度，現在我的態度有了一百八十度的轉變。

本章旨在探討一個古老真理：我們的道德水準會因個人所思所為而提升或沉淪。信仰虔誠的信徒很能理解這個道理，但懷疑宗教教義的思想家往往參不透其中的玄機。本章開頭的孟子引語稱此為「貴賤之別」。穆罕默德則跟基督徒和猶太人一樣稱此為神性的維度，上者為天使，下者為禽獸。這個真理隱含著一個意思：人一旦喪失神性，讓自己的世界窄化為二維世界，就會變得非常貧乏。如果過於極端，一心想建立一個完美的三維世界，並把這個想法強加在所有人身上，就會變成狂熱的基本教義派。所謂的「基本教義派」，不管是基督徒、猶太教徒、印度教徒或伊斯蘭教徒，就是一心只想活在一個所有法律與宗教經典協調一致的國度中。西方民主社會固然可以找出很多理由來反對這些基本教義派的主張，但是我認為在反對的同時，必須以誠實、尊重的態度去了解這些基本教義派的道德動機。我希望大家在讀了本章之後，能有更深一層的了解。

人類無法抗拒神聖

從厭惡感之中發現神性

我最早是從「噁心」發現人的神性的。開始研究道德議題後，我研究了各種文化的道德準則，第一個心得就是，大部分的文化對食物、性、月經及屍體都抱著戒慎恐懼的態度。以前我一直認為道德旨在探討人與人間如何互相對待，所以對食物、性、月經及屍體的「潔淨」與「污染」與否（按人類學者的說法），我都把它們當做與道德不相干的議題。為什麼有這麼多文化禁止月經期間或產後幾星期內的婦女進入廟宇或觸摸法器？我認為這一定是性別歧視者控制女性的一種手段。不過在深入研究後，我發現了其中隱含的邏輯：保羅・羅津在一九八〇年代提出噁心理論時指出，會讓人類產生噁心、厭惡感的，大都與動物及動物身體產生的物質有關（很少有植物或無機物會讓人產生厭惡感），而令人作嘔的東西會因接觸而傳染。因此，厭惡感似乎與動物身體產生的物質（血液、排泄物）的接觸有密切關係，我們可以從《聖經》《古蘭經》及許多傳統社會的人類誌志中發現類似的記載。我跟羅津討論噁心在道德與宗教生活中扮演的角色時，發現他也思考過同樣的問題。後來我與布林莫爾學院（Bryn Mawr College）的克拉克．麥考利教授（Clark McCauley）一起研究「噁心」及其在人類群體生活中扮演的角色。

自古以來，噁心即為人類篩選食物的重要本能。隨著人類不斷進化，我們祖先的大腦逐漸變大，人類製造的工具及武器越來越精良，肉類的消耗量也越來越大。早期人類的肉類食物來源，包括獵食動物吃剩的腐屍及動物骨架，人類一接觸這些腐屍，就會暴露在無數細菌及寄生蟲入侵的危險之中，但植物的毒性不會因接觸而感染——如果一株有毒的漿果灌木碰到你的烤馬鈴薯，烤馬鈴薯並不會因此而變得有害人體或令人作嘔。噁心是人類自古選擇食物的自然防衛機制，噁心是人類的重要利器，讓我們借由感官來判斷哪些食物可以吃（聞起來香不香），想想這些食物的來源，誰接觸過這些食物。我們一看到以動物屍體、排泄物或垃圾堆（老鼠、蛆、蟑螂）為生的動物，馬上就覺得噁心。我們不會吃這些動物，只要這些動物碰過的東西，在我們眼中就都被污染了。而其他人身體產生的物質，尤其是排泄物、黏液及血液這類會傳播疾病的，也很讓人作嘔。人一覺得噁心，馬上就食欲全消，隨之而來的要嘛就是一股想把東西清洗得一乾二淨的衝動，要嘛就是把吃下肚的噁心東西趕緊吐出來。

不過，噁心不只是人類進食時的防衛機制，隨著人類生理及文化層面的不斷進化，噁心引發的反應還擴散至其他層面。因此，噁心已不僅是人類進食的防衛機制，還提升為人體的全方位保全系統。相對於噁心在選擇食物時扮演的角色，噁心在我們的性生活中也扮演著類似的角色：它引導我們去接受一套相當狹隘的價值觀，而這套價值觀決定了我們的性伴侶及性行為。噁心再一次打消我們的欲望，引發我們內心對淨化、隔離與清潔的渴望。每當我們看到皮膚受傷、肢體變形、截肢、過胖或過瘦，以及其他有違審美標準者時，我們的內心便會湧現噁心不安之感。也就是說，人類很在意外在形貌：肺部得了癌症，或是腎臟少了一個，我們不會覺得噁心；但是臉上長了腫瘤，或少了根手指頭，我們看了就會受不了。

從生物學的觀點來看，噁心從人類進食時的防衛機制演變成人體的全方位保全系統，其實有其脈絡可尋。與其他的靈長類動物相比，人類的聚落不僅規模較大，而且密度也較高，所以人類因人體接觸而慘遭細菌及寄生蟲肆虐的機會也較大。因為有噁心這道防衛機制，讓我們對人體接觸更是小心。人類對噁心的最極致的運用，表現在各類文化定義的生活準則、儀式及信仰上。比如，有很多文化認為人類與動物間的界線是涇渭分明的，該文化堅信人類比其他動物更高等、更優異、更像神，人體則被視為神性居住其內的聖殿。〈哥林多前書〉中寫道：「豈不知你們的身子就是聖靈的聖殿嗎？這聖靈是從神而來、住在你們裡頭的。」

然而，主張「人非動物」，或「人體是聖殿」的文化必須面對一個問題：人跟動物一樣會吃喝、排泄、交媾、流血以及死亡。人類就是動物，鐵證如山，若有文化為拒絕承認人類的獸性而欲消滅證據，可得大費周章。生物的進化過程必須依正道而行，噁心就是確保人類不致誤入歧途的護衛。試想以下景象：我們來到一個村莊，人人赤身裸體，從不洗澡，像狗一樣公然交媾，直接用口扯下腐屍，大嚼生肉。沒錯，我們可能得付錢才看得到這種病態秀，但只要看過這種病態秀，我們整個人會馬上退化（說白一點就是「墮落」）。一看到這種野蠻行為，我們就會覺得噁心想吐，並在直覺上認為這些人有問題。噁心是人體這個聖殿的護衛。在上面這個想像的村莊裡，保護人類的護衛已遭殺害，人體這個聖殿已淪落在禽獸手裡。

人類生活有「神性」這第三維度，因此人有著高於動物、低於神的地位，十七世紀新英格蘭的清教徒科頓．馬瑟（Cotton Mather）對此有著非常傳神的敘述。馬瑟有一次尿尿時，看到一隻狗也在尿尿，一想到自己尿尿的污穢骯髒，整個人頓覺噁心不已。馬瑟在日記中寫道：「我已下定決心，要成為一個更高貴的人。每當我的身體因為生理需要而墮落成禽獸時，我的聖靈就會在緊要關頭跑出來，發出震耳欲聾的獅吼。」

如果「人體這個聖殿偶爾會弄髒」是事實，那麼「愛乾淨是僅次於敬畏上帝的美德」就是非常有道理的說法。如果我們感受不到第三維度，那上帝為什麼要管你的皮膚或你家積了多少髒污。不過，如果你真的居住在一個三維的世界裡，那麼噁心就像是雅各天梯一樣：根植於土地，深藏於人類的生理需求中，它會引領我們走向天堂，或起碼引導我們提升到更高的境界。

神性的道德規範

研究所畢業後，我花了兩年時間跟芝加哥大學心理人類學家、文化人類學界的巨擘理查·史威德（Richard Shweder）一起做過研究。史威德從自己在布巴內斯瓦爾的研究發現，人們的道德觀念分為三大領域：自主權的道德規範、群體的道德規範，以及神性的道德規範。人們依據自主權的道德規範來思考與行動，目的在保護個人免受傷害，追求個人最大自主權，以利個人目標的達成。人們遵從群體的道德規範，目的則在於保護團體、家族、公司或國家的完整性，所以其重視服從、忠誠與英明領導等美德。人們遵守神性的道德規範，則是為了保護個人不致墮落，讓神性存在於所有人心中。因此，文化人類學界的巨擘們崇尚純潔、神聖的生活方式，讓自己遠離欲望、貪婪及怨恨等道德污染。

每種文化對以上三種道德規範的重視各不相同，但原則上這三種道德規範與圖第二八七頁的三個座標是相互對應的。我曾對巴西與美國兩地人民的道德判斷做過專題研究，研究結果發現，社會經濟地位高、受過良好教育的美國人在談到道德議題時，非常重視自主權的道德規範。然而巴西人及美、巴兩地社會經濟地位較低的民眾，卻比較重視群體的道德規範以及神性的道德規範。

為了更深入地研究神性的道德規範，我於一九九三年啟程前往布巴內斯瓦爾，在當地待了三個月，訪問了許多神職人員、和尚，以及其他專精印度教敬拜與禮俗方面的人士。行前，我讀了很多印度教以及人類學關於淨化及污染方面的資料，包括《摩奴法典》。《摩奴法典》告訴婆羅門如何在兼顧馬瑟所謂的「自然生理需要」的同時，仍能合宜地吃喝拉撒睡、祈禱，與人互動。書中有一段便提示神職人員不得在以下時間或地點「背誦經文」：

> 上廁所大小便時，食物還在嘴裡、拿在手上時，在葬禮上吃東西……吃肉或吃剛生完孩子的婦女所給的食物……在火葬場……身穿性交時穿過的衣服，在葬禮上接下別人給的東西，剛吃過東西或肚子裡的東西還沒消化，剛剛嘔吐過或打嗝……血液從四肢流回心臟，或遭武器弄傷。

上面這段文字將羅津、麥考利和我所讀過與噁心有關的所有分類，逐一列出：食物、身體產生的物質、動物、性、死亡、褻瀆身體，以及衛生。《摩奴法典》認為，我們的心中出現神聖經文時，我們的身體不得接觸任何令人噁心的污染源，神性必須與噁心隔開，兩者永遠無法相容。

我一到布巴內斯瓦爾，馬上就發現神性的道德規範不僅是古老的歷史。我非印度教徒，不過可以進入寺廟的庭院。如果我脫掉鞋子還有身上的皮革製品（皮革是一種污染），我就可以進到寺廟的前廳。不過，我一旦跨過門檻，就污染了這座廟，觸犯所有人。而神性的最高峰——靈迦拉伊神廟，我是連廟的外院都不得越雷池一步，外國人只可以在神廟外牆之外蓋的觀賞臺上探頭內望。這苛刻的規定並不是為了保密，真正的用意是避免讓像我這樣的外國人污染聖殿。依據印度教的規範，欲維持印度教的純淨，教徒必須遵照一定的流程來沐浴、飲食、保持衛生與禱告。

布巴內斯瓦爾印度教徒的住家跟印度神廟一樣，有相同的同心圓構造：進門時把鞋子脫在門口，在外廳跟大家說話寒暄，但絕對不可以走進廚房或準備拜神祭品的房間。廚房跟準備拜神祭品的房間要保持最潔淨的狀態。連人體都有高低貴賤之分，頭和右手是純淨的，左手和左腳是被污染的。因此，我在布巴內斯瓦爾時非常小心，極力避免自己的腳碰到別人，或用左手拿東西給別人。我在布巴內斯瓦爾時，覺得自己就像是誤闖「空間」的正方形，雖想一探三維空間這個神奇世界，但對第三維度的了解卻少得可憐。

我在布巴內斯瓦爾進行的訪談讓我對神性有更深一層的了解，訪談的目的在於，了解純淨與污染的區分真的只是為了將生理需求和神性區別開來，抑或這些做法其實跟美德及道德有著更深的關係。受訪的人各有不同的答覆。有些鄉下神職人員認為，這些跟淨化及污染有關的儀式是整個印度教的基本規定，因為宗教傳統這麼規定，照做便是。不過也有很多人的看法沒那麼僵化，他們把淨化及污染的種種做法視為一種手段，目的是精神與道德的提升，或在神性上更上層樓。比如，我曾問過一位梵文學校（專門訓練宗教學者的學校）校長，為什麼保持個人純淨會這麼重要？他是這麼回答的：

我們可以成神，也可成魔。這完全取決於你。一個人的行為像惡魔那麼邪惡，比如，殺了人，那他就是惡魔。人內心有神性，行為就會像神那麼神聖，那麼他就像神一樣。……我們應該了解一個道理：我們就是神。如果我們的想法像神那麼神聖，我們就會成神，但如果我們的想法像惡魔那麼邪惡，我們就會成魔。像惡魔有什麼不好？現今的亂世，就是惡魔當道所致。何為神聖的行為？就是不欺騙，不殺戮。這才是完滿的人格。內心有神性的人，就是神。

我相信這位校長沒讀過史威德的著作，不過他對神性做了非常完美的論述。純淨不單單只是身體，更涉及人的靈魂。如果人知道自己內在有神性，那麼外在行為也會表現出來。我們會善待他人，把自己的身體當做一座聖殿。如此，我們就會在這一世累積善業，來世便享有更尊貴的人生——這裡指的，是垂直維度的神性提升。不過，如果我們忽略自己的神性，我們的劣根性就會現形。如此一來，我們就會在這一世累積惡業，來世過著一如動物般的卑下人生，甚至墮落成魔。不只印度人會把美德、純淨及神性聯想在一起，愛默生也說過一模一樣的話：

行善者，立顯貴，行惡者，顯狹卑。去雜污，求純淨。公正存心，即為上帝。

神聖的片刻

回到「平面國」（美國）後，我再也不必去思考純淨及污染這方面的問題，其實連第二維度——社會等級的問題也很少出現在我腦海中。跟印度人相比，美國大學校園文化並不強調等級（學生常直接稱呼教授的名字）。因此，我的生活幾乎只剩一種維度——親密關係，而我的行為只受自主權的道德規範約束，基本上只要不傷害別人，我想做什麼，就做什麼。

不過，體驗過三維空間的生活後，我開始從日常生活中隱約看到神性的微光。比如，美國人習慣穿同一雙鞋在自己家裡到處走，甚至還穿進臥室，也不管這雙鞋幾分鐘前才踏過大街小巷，對此我會開始覺得噁心。所以我就學印度人，進門前先把鞋子脫在門口，也要求訪客如法炮製，如此一來，我的公寓感覺像聖所一般，跟外面的世界完全隔離開來，變成一個潔淨、平和的空間。我也發現，有些書本不宜帶進臥房，還發現大家常用「更崇高」及「更低級」這樣的字眼談論道德問題。看到有人做出低級、丟臉的行為，我不只是覺得不贊同，還會隱隱地覺得自己也跟著「墮落」了。

從學術的角度來看，我發現一直到第一次世界大戰為止，神性的道德規範仍一直是公眾討論的核心議題，第一次世界大戰結束後，這種現象才逐漸消失（只有少數地區例外）。例如，維多利亞時代的人向年輕人說教時，開口閉口談的都是純潔及污染。一本一八九七年初版，後來一直再版的書叫《年輕人須知》，作者西凡納斯・史陀（Sylvanus Stall）以整章的篇幅來討論「個人的純淨」：

上帝賜予人強烈的性欲，這並沒有錯，但如果有哪個年輕人讓性欲主宰他的生活，自甘墮落，毀掉人本性中最崇高、最高貴的情操，那他就犯了致命的錯誤。

為保護個人的純淨，史陀建議年輕人不要吃豬肉，不要手淫，多讀書。不過，一九三六年出版的《年輕人須知》，「個人的純淨」一整章都被刪掉了。

維多利亞時代的人非常重視神性，連科學家都不可免俗地談到這個議題。一本一八六七年出版的化學教科書在描述完酒精合成的方法後，作者為善盡己職，便告誡年輕的讀者：酒精會「蒙蔽」人的理性與道德本能，「還會讓人誤入歧途，毀掉人的純潔與神聖，剝奪人身上最高貴的特質——理性」。加州大學柏克萊分校的地質學教授約瑟夫・萊肯特（Joseph Le Conte）在其一八九二年出版、提倡達爾文進化論的著作中，直接引用孟子及穆罕默德的話：

> 人擁有兩種天性：一種是較低等的、跟動物一樣的天性，另一種則是較高等的、人獨有的天性。而所謂的「罪」，就是人類無法擺脫這兩種天性束縛的後果。

隨著科技的進步以及工業時代的不斷演進，西方世界開始走向「去神聖化」，偉大的宗教歷史學家米爾恰．伊利亞德（Mircea Eliade）就提出以上的觀點。伊利亞德在其著作《神聖與世俗》一書中便指出，人類有感受神聖的能力，儘管人類的膚色、語言、觀念等各不相同，但所有宗教都設有專門與理想世界溝通及祈求純淨的特定地點（寺廟、聖壇、神樹）、特定時間（聖日、日出、夏冬至）及特定活動（祈禱、特別的舞蹈）。為求區隔，上述特定地點、時間、活動以外者皆視為世俗生活（一般的、非神聖的）。神聖與世俗生活兩者必須涇渭分明，而純淨與污染相關的規範就是如此演變形成的。伊利亞德表示，現代西方文化是人類有史以來第一個試圖去除所有神聖時間與空間，致力追求現實、效率與世俗生活的文化。不過，基本教義派覺得這樣的世界難以忍受，以至於他們有時只得訴諸武力予以反擊。

我個人認為，伊利亞德最令人折服的一個論點就是，人類根本無法抗拒神聖，因為它不斷以「隱蔽的宗教形式」出現在現代俗世生活中。伊利亞德說：

> 即便是一個最最世俗的人也有他獨有的地方，這些地方跟其他地方是完全不同的——這

是他出生的地方，他第一次談戀愛的地方，或是他年輕時第一次造訪的外國城市。即使是最不信教的人，這些地方對他個人而言也是意義非凡的，這些地方是他私人世界的「聖地」，他在這些地方所感受到的真實，是他日常生活中無法感受到的。

當我讀到這一段時，不禁倒抽一口氣。因為伊利亞德把我過去去過的某些地方、讀過的某些書、遇到的某些人、發生的某些事件所帶給我精神層面的提升與啟發，具體而細微地敘述出來。

即使是無神論者也會感受到神聖力量的召喚，尤其在談戀愛或身處大自然中。我們只是不認為這是上帝帶給我們的感受。

提升感與人類之愛

我的印度之旅並沒有讓我變成信徒，但卻引發我個人知性上的覺醒。我剛到維吉尼亞大學任教時，就開始與一篇論文：人們看到有人做出讓自己在神性維度墮落的行為時，內心的那種噁心感是如何產生的。想到這裡，我頓然領悟：我其實從來沒有認真細思，當我看到有人做出提升己身道德的行為時，我自己內心到底有什麼樣的情緒反應。以前，我只是把這種感覺形容成「整個人有被提升的感覺」，但是我從來沒有思考過這種「提升感」到底算不算真正的感覺。因此，我開始盤問我的學生、家人及朋友：當你看到某人行善時，你有感覺嗎？到底是什麼樣的感覺？你身體哪個部分有這種感覺？你會因此而想有所作為嗎？

提升感是一種怎樣的感覺

我發現大部分的人都跟我的感覺一樣，但卻很難精確地表達出來。大部分人都說那是一種放開自己、很溫暖或發光發亮的感覺。有的人會特別提到心臟這個部位，有些人則說他們說不出是身體哪個部位有這種感覺，但他們的手有時會在胸前劃圈圈，手指則指向自己的身體，好似在說他們的心臟內部有什麼東西在跳動著。有些人則說感覺宛如一陣寒意湧現，或是被嗆到似的。大部分人都說這種感覺會讓他們想見賢思齊，讓自己更好。不管這是什麼感覺，看起來是一種相當值得研究的人類情感。心理學文獻中並沒有任何相關的研究，當時的心理學文獻都把焦點放在人類的六大「基本」情緒：喜、怒、哀、懼、噁心及意外上。

如果我信上帝，我就會認為上帝讓我到維吉尼亞大學任教是有原因的。維吉尼亞大學有許多「隱蔽的宗教」活動與美國開國元勳湯瑪斯．傑佛遜（Thomas Jefferson）有關。傑佛遜的家就像一座聖廟，位於離維吉尼亞大學僅幾公里遠的小山——蒙提薩羅山頂上。傑佛遜寫出美國歷史上最莊嚴神聖的——《獨立宣言》。他還寫過好幾千封信，信中揭露他個人對心理、教育，以及宗教的看法。來到維吉尼亞大學任教後，我在蒙提薩羅體驗過伊利亞德所謂的「隱蔽性宗教」的經驗，讓我成了傑佛遜的忠實信徒，於是我把傑佛遜寫的信全都看過一遍，我從這些信中發現，傑佛遜對我當時在苦思的奇妙感覺「提升感」有非常完整、完美的敘述。

一七七一年，傑佛遜的親戚羅伯特．斯基普威思（Robert Skipwith）打算設一座私人圖書館，於是請傑佛遜在藏書方面給予建議。傑佛遜這個人不僅好為人師，同時也愛書成癡，於是欣然接受這份工作。傑佛遜不僅開出一份歷史及哲學等嚴肅圖書的書單，還建議羅伯特買小說。在傑佛遜那個時代，一般人都認為高尚的人不該在戲劇和小說上浪費時間，但傑佛遜卻反其道而行之，他認為偉大的作品可以引發我們心中有益的情緒：

> 看到有人行善或知恩圖報，或即使這些善行只是人們發揮想像力的創作，這些完美的情操不僅會深深打動人心，還會讓人產生見賢思齊的效果。相反，當我們目睹暴行時，這些人性的醜惡會讓我們覺得噁心，並心生厭惡。這些情緒都是我們內心善良的表現，這就像我們的四肢一樣，要勤練習，才有力量。

傑佛遜還說，閱讀偉大文學作品所激發的感覺及效果，跟真實事件的影響一樣強烈。他以一個當代法國劇作為例：

> 讀者看到劇中英雄人物所表現的忠誠與慷慨時，胸口脹緊，激動善感，這跟我們目睹真實歷史事件時內心的震盪，有什麼差別呢？他更問，難道讀者看過這本劇作後，不會覺得自己因此更好，並暗下決心要起而效法？

這強而有力的聲明，不僅詩意地描述出閱讀的樂趣，更對「提升感」下了一個非常精確而科學的定義。一般在研究人類情緒時，通常會去分析每一種情緒的組成部分，傑佛遜便對「提升感」分析出幾個重要的組成部分：這種情緒是被引發出來的（看到有人行善或知恩圖報，或其他美德）；使身體產生變化（胸口脹緊）；動機（亟欲見賢思齊）；除了身體有異樣感，內心還有一股很特別的感覺（覺得自己提升了）。傑佛遜精確、完整地敘述出我當時剛剛「發現」的一種人類情緒。他甚至進一步指出，這是一種跟噁心完全相反的情緒。

提升感能讓人心中充滿愛

過去七年，我一直在實驗室研究「提升感」。我跟學生用各種不同的方法來喚起人們的「提升感」，從實驗發現，不管是英雄人物或犧牲自我等紀錄片，或是歐普拉．溫弗蕾（Oprah

Winfrey）的節目片段，都會對人的內心產生影響。我們會讓一組受試者看一段提升人心的影片，讓另一組受試者看一段具有娛樂效果的影片。

我們從愛麗絲・伊森的研究得知，快樂的感覺會產生不同的正面效果，所以在研究中，我們一直想突顯一個重點——「提升感」不只是一種快樂的感覺。在我們最完整的一份研究中，莎拉・歐吉和我先放映影片給實驗室中的受試者觀賞，看完後，要他們把觀後感及想做的事填寫在紀錄表上。之後，莎拉會再發給這些受試者一疊紀錄表，要這些受試者在未來三個星期留意好人好事的實例（提升感的狀況），或看到有人說笑話（愉悅感的狀況）時自己的感覺。

我們還會增加第三種研究情境：與道德無關的欣賞讚歎感——我們會讓這組受試者觀賞球星喬丹超人般的精湛球技，然後再要求這些受試者記下自己看到有人展現特殊才藝時的感覺。

結果莎拉的研究證實，傑佛遜的看法完全正確。美德會讓人的情緒產生變化，而這些情緒反應會讓人胸口產生溫暖或愉悅的感覺，並讓人自覺地想去幫助他人，或讓自己變得更好。莎拉的研究還發現，道德提升感與對特殊才華的讚歎感，兩者顯然不同。欣賞讚歎組的受試者常說他們感覺到一股涼意，或皮膚有刺痛感，或說覺得自己大受激勵，或激動不已。親眼目睹他人特殊才華的表現，會讓人大受激勵，也想仿效一番。相反，提升感是一種較為平靜安寧的感覺，生理上也不怎麼有激動的反應。以上的說明終於幫我們解開謎團，讓我們更了解道德提升感。我們還從研究中發現，雖然第一組受試者表示他們想做好事，但是當我們給他們機會自願去當義工，或要他們幫研究人員撿起掉落的紙張時，第一組受試者表現出來的行為並沒有太大的不同。

為何會如此？為什麼道德提升感可以提升人的神性維度，但卻無法讓人表現出利他行為呢？我們到現在還不確定真正的原因，不過最近有一份研究發現，真正的關鍵可能是愛。我曾與三位大學優等生克里斯、蓋瑞、簡一起研究與「提升感」有關的生理反應。我們對人們一談到提升感常常出現手指指向心臟的動作感到非常好奇。我們相信人們這種說法不單只是一種比喻。克里斯及蓋瑞發現，當人們心中產生提升感時，可能會啟動迷走神經。

迷走神經是副交感神經系統中的主要神經，具有安神鎮靜的作用，還會消除交感神經系統造成的情緒騷動。迷走神經也是控制心跳的主要神經，會對心臟及肺部產生各種不同的影響，所以在人們覺得胸口有異樣感時，大抵都跟迷走神經有關。此外，針對「感激」和這種感覺而進行的研究，也發現「感激」與迷走神經有關。不過，要直接檢測出迷走神經的作用程度相當困難，所以到目前為止，克里斯及蓋瑞只發現些許的跡象，還沒有完整的證據。

神經時常與其他身體器官一起作用，有時候，神經會跟荷爾蒙攜手，產生持續性的影響，而迷走神經則會跟荷爾蒙、催產素一起作用，讓人產生平靜、愛，以及與人建立親密及情感的渴望。

簡對催產素在提升感中扮演的角色頗有興趣，但因資源有限，沒辦法在受試者觀賞激發人產生提升感的影片之前與之後從受試者身上抽血來檢測（該檢測旨在監測血液中催產素的高低），於是我便建議簡仔細搜尋相關文獻，看看能否找到間接線索——即不用針筒抽血進行檢驗，就可看出催產素對人體產生的影響。結果簡發現一個現象——泌乳。催產素會影響母親與幼兒間的親密關係，而其影響方式就是影響母親泌乳量的大小。

♥ 幸福實驗

為了研究這個問題，簡做了一項維吉尼亞大學心理系大學優等生有史以來最大膽的實驗。簡讓四十五位親自哺乳的婦女跟她們的寶寶進到我們系裡的實驗室（一次一位），簡請她們把護墊放進胸罩內。其中一半婦女觀賞一段節錄自歐普拉脫口秀的影片，該影片敘述有位音樂家從前曾深陷幫派暴力中，幸虧他的恩師出手相救，才有今日的成就。該音樂家在影片中深深地感謝他的恩師。之後，歐普拉把這位音樂家的學生也帶進現場，這些學生跟著也感謝這位音樂家對他們的提攜與付出，整段影片具有相當的提升作用。另一半婦女則觀賞一段介紹喜劇影星的影片。這些婦女在放映室觀賞影片，現場有一台錄影機錄下這些婦女的反應。

影片放完後，這群媽媽跟寶寶留在放映室待了五分鐘。最後，簡把媽媽們原來塞在胸罩內的護墊一一稱重，看看泌乳量有多少。稍後觀看放映室錄影機所錄下的影片，看看這些媽媽是否哺乳或跟寶寶親暱地玩耍。最後的研究結果非常驚人：看歐普拉脫口秀影片的媽媽幾乎有一半泌乳或當場哺乳，但是看喜劇影星影片的媽媽則只有幾位泌乳或當場哺乳。此外，受影片影響心中產生提升感的媽媽在撫觸與摟抱寶寶時，表現出更多的溫情。

所有這些現象都表明：當人們心中產生提升感時，體內會分泌催產素。如果這項假設為真，那麼我原先認為提升感會促使人們幫助陌生人的想法就太過天真了（雖然人們嘴巴會這麼說）。

催產素會讓人產生親密感，但不會讓人做出利他行為。提升感會讓人心中充滿愛及信任感，並讓人打開心胸，讓自己更願意接受新的關係，但是即便如此，人們也還是不太願意幫助陌生的人。

朋友大衛・惠特福德（David Whitford）曾看過我針對提升感做的研究報告，後來他寫了一封信給我，信中對於提升感與愛及信任之間的關係，做了非常精闢的說明。惠特福德所屬的基督教會，曾經要求教友寫下自己在心靈方面的自傳——自述自己如何成為一個屬靈的人。惠特福德在其自傳中曾提到，他一直覺得很疑惑，為什麼每次到教會做禮拜，他常會感動得熱淚盈眶。後來他發現，他在教會做禮拜所流下的眼淚可分兩種。第一種眼淚叫做「同情之淚」，例如，牧師在母親節，提到可憐的孩子慘遭親人遺棄或疏於照顧時，他難過得掉下淚來。他覺得，當他聽到這種故事時，心裡好似被刺了個洞，然後，「為著這些受苦受難的人，心中的愛會汩汩地湧出」。他把第二種眼淚稱做「歡欣之淚」，事實上也可稱之為「提升之淚」，惠特福德寫道：

還有另一種眼淚，這種眼淚不關乎愛人，而是關乎被愛的歡愉，或是感受到愛（不管是愛我自己還是愛別人）。這是我們看到別人表現出勇敢、同情或慈愛等美德時，流下的感人熱淚。母親節過了幾個星期後，我們兩人做完禮拜後在教堂碰面，考慮要不要成為「歡迎公理會」（這是一個歡迎同性戀的禮拜會）的會員。當約翰站起來支持這個決議，談到他自己是一九七〇年代初期第一教區的男同性戀者時，我不禁為他的勇敢落淚。之後，當所有人舉手，無異議一致通過該決議時，我再度為本禮拜會所有教友所表現的大愛而流下眼淚。這是一種歡欣之淚，為看到世上的善所流下的淚，這是一種代表：一切都好，你可以放鬆，放下防衛，因為這世上還有好人，人性本善，這世界真的有愛，愛就在我們的本性裡。這種眼淚意味著我們的心也被刺破一個洞，但不同的是，這時，愛正汩汩地流進我們的心中。

我是猶太人，自幼在美國這個虔誠信仰基督教的國家長大，以前只要聽到別人提到基督的愛，我就常會有滿心的困惑。然而自從我對提升感及第三維度有一定的了解後，我開始慢慢聽懂了其中的道理。對很多人而言，上教堂的一大享受就是去體會一種集體的提升感。在日復一日的日常生活中，我們不太有機會讓自己在第三維度上有所提升，但去教堂聽牧師講道，可以讓我們擺脫日常生活的羈絆。此時，我們心中會充滿愛，但這種愛並非來自人與人之間的親密關係。建立在親密關係之上的愛會有一個特定對象，一旦這個對象不復存在，愛就會變成痛苦。然而我講的這種愛沒有特定對象，這是一種無私之愛。這種愛的對象是全人類，所以連我們自己都很難相信自己這種感覺，因此很自然地，我們就把這種愛歸於基督，或是自己心中的聖靈。人們往往直接且主觀地把這種經驗當做「基督存在於每個人身上」的證據。一旦知道這個「真理」，神性的道德就不證自明瞭。有些生活方式可與神性相輔相成，並激發出人們更高尚、更高貴的自我，但有些則不能。至於基督教左派及右派間之所以會分裂，有部分原因是有些人認為容忍與接受異己，就是一種高貴情操的表現。不過有些人卻認為，努力改變社會，調整社會規範使其符合神性的道德，甚至不惜將自己信仰的宗教教義強迫不同信仰的人接受，這才是榮耀上帝的正道。

敬畏與超越

能讓我們在第三維度有所提升的不單單只有美德。大自然的壯闊與美景同樣也能激動人心。哲學家康德曾說過，真正讓他心存敬畏的有兩樣東西：人頭頂上的星空以及人心中的道德戒律，在此康德將道德與大自然清楚地連結在一起。達爾文到南美洲探險時，也曾談到大自然如何撼動他的內心：

我曾在日記中寫道，身處巴西原始森林的壯麗美景，我心中不禁讚歎：「充滿心中的這股驚歎、景仰與奉獻之情，實非筆墨所能形容。」我深信，人的身體除了會呼吸之外，絕對還存在其他東西。

新英格蘭先驗論運動，就是以「上帝存在每個人身上、存在大自然之中」為觀念而發起的一項運動。先驗論者認為，在樹林中獨處，就是一種了解上帝、敬拜上帝之道。該項運動的創始人愛默生曾寫道：

站在荒野平地，我的頭沐浴在宜人的空氣中，整個人都像被拉進無垠太空，此時，所有自私自利的自我瞬間消失無蹤。我變成一顆透明的眼球，我什麼都不是，我看到了一切，宇宙存在的氣流穿透了我的身體，我成了上帝的一部分。就算是最親近的朋友，此時，對我也像陌生人一般。是兄弟、是朋友、是主人還是僕人，根本不重要，不過是擾亂人心的瑣事。此時，我的心已完完全全為這不朽、無限的美景所占據。

自由的滋味

大自然的壯闊與美景讓人覺得渺小，而這種讓人自己覺得渺小的感覺，就是一種精神上的體驗。我曾在第1章提到分裂的自我——人們覺得自己身上好像存在好幾個不同的自我，或是理智產生衝突。這種分裂是基於一種假設——人的靈魂，這個較為高尚、高貴、屬於精神層面的自我，其實被捆綁在較低等、粗俗的肉身自我之上。人只有死了，他的靈魂才能逃離肉身。在死之前，人只有在精神上有所領悟、聽牧師佈道、對大自然產生敬畏讚歎時，我們的靈魂才得以嘗到自由的滋味。

想要預先體驗這種自由的滋味，方法很多，有人說欣賞偉大藝術品、聽交響樂或聽演講，都會讓人產生類似宗教的體驗。不過有些東西不只是單純的體驗：這些東西可以讓人暫時、完全地逃離現實。迷幻藥物LSD和裸蓋菇素在西方世界已是大家耳熟能詳的東西，醫學研究人員稱這種迷幻藥為「引發精神病的藥物」，因為使用這些藥物的人會產生類似精神失常的症狀，如精神分裂症。不過，使用這些迷幻藥的人往往不願被貼上這個標籤。阿茲特克語中的「Teonanacatl」本是「上帝血肉」之意，後來阿茲特克就用 Teonanacatl 一字來形容迷幻蘑菇。當地人相信，只要在宗教儀式中吃下迷幻蘑菇，便可以體驗直接與上帝溝通的美妙經驗。

從人類借助藥物改變精神狀態這種行為中，可以明顯地區分出神聖的體驗與世俗的體驗的確大有不同，所以在有些文化中，很多藥物（包括酒精及大麻等）常在宗教儀式中扮演著重要的角色。不過，包括 LSD 及裸蓋菇素在內的這類會對精神產生作用的藥物有其特別之處。這類藥物，不管是天然的，還是化學合成品，都會對使用者的感官及情緒產生非常大的影響，有時甚至會讓原本不信教的人感覺自己能直接與神溝通，以至於使用者事後會覺得自己簡直改頭換面，變成另一個人。蒂莫西・利里（Timothy Leary）以及其他早期研究迷幻藥的人指出，這些迷幻藥的作用主要取決於「心向及環境」，也就是使用者的個人心理和行為的偏向，以及使用迷幻藥的環境。如果人們帶著虔敬的心，在安全的環境下使用這類藥物，正如某些傳統文化的入會儀式要求入會者吃下類似藥物，那麼這類迷幻藥確實可以當做個人追求心靈成長的催化劑。

♥ 幸福實驗

在一項有關催化劑作用的測試中，有一位名叫沃爾特・帕恩克（Walter Pahnke）的內科醫生在其神學論文中提到，他曾在一九六二年的耶穌受難日這天，把三十名神學研究生帶到波士頓大學內的一座教堂。他發給其中十名研究生三十毫克的裸蓋菇素；另外十名研究生收到的是外形看起來一模一樣、但實際成分為維生素B_5的藥丸，維生素B_5具有讓皮膚產生刺痛、發紅的效果。維生素B_5就是我們一般所謂的安慰劑：服用維生素B_5後，人體確實會有感覺，假使裸蓋菇素對人體所產生的作用跟安慰劑沒有兩樣，那麼控制組的受試者應該會顯現出來。接下來幾個小時，全部受試者一起在教堂樓上聽耶穌受難日的禮拜講道。沒有人知道誰吃了裸蓋菇素，誰吃了維生素B_5，連帕恩克也不清楚。

藥丸吃下兩小時後，結果一目了然。吃下安慰劑的受試者身體先產生反應，他們原先一直認定自己吃了裸蓋菇素，但接下來就沒有其他反應。半小時後，吃了裸蓋菇素的受試者開始經歷一場其一生中最重要的神奇經驗。藥效退去後，帕恩克一一詢問受試者的感受，一星期後又訪問受試者，六個月後再訪問一次。結果帕恩克發現，吃裸蓋菇素的受試者，大部分都表示自己出現帕恩克設定的九種神祕經驗。其中最奇怪、最一致的反應有：覺得自己與宇宙合而為一，超越時空，充滿喜樂，這份神奇的體驗真是言語難以形容，覺得自己變得更好等。很多受試者也表示自己看到美麗的顏色及圖案，並深刻體會到狂喜、恐懼，以及敬畏等感覺。

敬畏，一種自我超越的情緒

我的好友凱爾特納（Dacher Keltner）是加州大學柏克萊分校一位專研人類情緒的專家，幾年前他跟我提了一項研究提議，就是我們兩人從現有文獻中找出與敬畏有關的記載，再來深入研究。結果我們發現，科學心理學對這個領域幾乎沒有什麼研究資料，主要原因是沒辦法以動物為研究對象，也不容易在實驗室做此類實驗，所以對相關實驗研究也沒什麼幫助。不過，哲學家、社會學家及神學家有關敬畏的研究可說是汗牛充棟。

追溯歷史，我們發現當人類面對比自己偉大的事物並因此而心生恐懼，甘願臣服時，敬畏之情便油然而生。然而一直到現代，也就是我們身處的去神聖化的現代世界，「敬畏」這種情緒已經被稀釋為意外加上一點贊許之意，美國青少年一天到晚掛在嘴上的「真恐怖」一詞，其實是「超級棒」的意思。對此，凱爾特納和我的結論是，當人類遇到下列兩種情況，會心生敬畏之情：遇到巨大之物（通常是指龐然大物，有時亦指觀念上的偉大，如偉大的理論；或指社會地位崇高，如非常有權或有名者）；面對此龐然巨物，人類現有的思想架構，根本無法接受。

當人類因面對這種龐然巨物而使整個認知被卡住不動時，人類就會覺得自己渺小、毫無力量、使不上力，不得不接受事實。這時，我們往往會感覺到恐懼、愛慕、產生提升感，甚至感受到一種美感。敬畏會打開我們的心門，創造改變的契機，這也是為什麼敬畏會在人們皈依宗教時扮演一個重要角色的原因。

凱爾特納和我在古印度道德文本《薄伽梵歌》中，發現了一個探討「敬畏」的完美實例。《薄伽梵歌》是印度偉大的長篇史詩《摩訶婆羅多》中的一段故事，這段故事主要敘述了一個印度皇室中的兩大家族間的戰爭。故事中的英雄阿周那將帶領自己的軍隊上戰場，但他卻臨陣喪膽，拒絕作戰，因為他不願見到同族相殘。《薄伽梵歌》就是關於克里希那如何循循勸誘阿周那勇敢帶兵、奮勇作戰的故事。

♥ 幸福故事

在戰場中央，兩軍對峙之時，克里希那把達摩——宇宙的道德律，從神學的角度，詳詳細細地講解給阿周那聽。克里希那告訴阿周那，他的達摩就是要帶兵上場，取得勝戰。阿周那聽完，完全不為所動（因為克里希那的說法從動機論的角度來看，實在太過薄弱）。阿周那要求克里希那把他講的那套宇宙道德律當場秀給他看。克里希那接受阿周那的要求，給了阿周那宇宙之眼，讓阿周那得以親眼目睹上帝與宇宙的真正面貌。於是阿周那便經歷了一場古代版的ＬＳＤ奇幻之旅。阿周那看到太陽、神、無限的時間，驚奇不已。他頭髮直豎，整個人暈頭轉向，不知所措，困惑迷惘，完全無法理解眼前的奇妙景象。

我不知道艾勃特有沒有讀過《薄伽梵歌》，但《平面國》這本小說的主人翁——正方形在空間世界的那段經歷，跟阿周那的宇宙啟蒙之旅簡直沒有兩樣。阿周那以充滿敬畏的口吻如此說道：「眼前一切，前所未見，教人滿心狂喜。我又怕又懼，渾身顫抖，心神不寧。」克里希那把宇宙之眼拿走後，阿周那終於結束他的奇幻之旅，他接下來的反應和《平面國》的正方形簡直如出一轍：整個人馬上拜倒在神明前面，請求神明讓他成為神明的僕人。此時克里希那命令阿周那效忠自己，擺脫所有的情感羈絆。阿周那欣然從命，從此，他便以完成克里希那的命令為畢生的榮耀。

阿周那的故事是比較極端的例子，畢竟這只是印度經典上的一段記載，但是很多人都曾經歷過類似的精神上的深刻轉變。威廉．詹姆斯（William James）在其宗教心理學方面最偉大的著作中，曾分析過「各種不同的宗教體驗」，其中就包括突然與逐漸的宗教皈依，以及借助藥物、大自然的經歷所發生的神啟經驗。詹姆斯從這些宗教體驗的報告中發現，其雷同之處非常驚人，他認為其中代表著非常深刻的心理學真理。詹姆斯認為最重要的一項真理就是，人類是以分裂的自我在體驗人生，往往被互相衝突的欲望搞得支離破碎。不管信不信上帝，宗教體驗其實很真實，也很普遍，而且這些宗教體驗常常讓人產生完整、平和之感。在一些突然皈依的實例中（如阿周那及正方形），主人翁原本內心滿是掛慮、懷疑，以及讓人透不過氣的感情牽絆，但經歷過美妙的神啟後，舊有的自我突然被一股強烈的敬畏感洗滌一空。人們會覺得自己宛若重生，還會記得這重生的時間與地點，因為就在這一刻，人們把自己的意志交給一位至高權力者，從而體驗到深刻的真理。重生之後，內心的恐懼與憂慮消失無蹤，眼前的世界頓時變得乾淨、明亮。神父或心理治療師往往把這種自我轉變稱做「奇蹟」。詹姆斯則是這麼描述這些奇蹟的：

> 以宗教體驗為中心而形成的這股精神力量，讓人創造出新的自我，這個新的自我靠著精神上的熱情，不斷地驅動著自己，新的自我和之前的肉身自我已完全不同。此時胸中燃燒的熱情，消弭了先前困擾他的消極思考，讓他得以擺脫卑下的本性。這時，崇高再也不是遙不

可及的夢想；既有成規的限制終於得以掙脫，牢不可破的劣根性也得以控制。內心的石牆已倒，冷硬的心終於融化。沒有類似宗教體驗的人則可以回想一下，當我們遇到真實人生的試煉，或看電影、小說時曾經短暫感受到的那些「融化的心情」，這些心情其實跟上述的重生有其類似之處，尤其當我們感動到潸然淚下時！因為淚水會衝破根深蒂固的防衛，讓過去所有過失與道德上的沉滯墮落，統統一掃而空，留下來的則是一顆潔淨、柔軟的心，敞開迎接每一次高貴的引領。

詹姆斯所稱的「融化的心情」跟傑佛遜與惠特福特描述的提升感其實非常類似。

感受「巔峰體驗」

無神論者可能會抗議說，他們雖不信上帝，可是也有同樣的體驗。心理學家哈洛的得意門生，同時也是美國人本主義心理學的創始人馬斯洛就相當重視這類的世俗體驗。馬斯洛搜集許多他所謂「巔峰體驗」的報告。所謂的「巔峰體驗」是指一些非常獨特、自我超越的片刻，其與日常生活體驗大不相同。在一本名叫《宗教、價值觀與巔峰體驗》的小書中，馬斯洛列出巔峰體驗所具備的二十五項特性，而這二十五項特性幾乎散見於詹姆斯的著作中，例如：整個宇宙合為一體，一切事物皆被接受，再也沒有價值批判或高低貴賤之分，「擺脫以自我為中心的心態與為達目標不計一切的心理，我們會覺得自己與宇宙合而為一（通常指上帝）；時空感也改變了，這時我們心中充滿驚奇、敬畏、歡欣與感激等情緒」。

馬斯洛旨在說明，人的精神生活有其合乎自然法則的意義，因為巔峰體驗是人類心靈的基本要素。不管是什麼時代或文化，許多人都經歷過同樣的經驗，馬斯洛指出，所有宗教都是依照某人的巔峰體驗而產生的真知灼見進而發展而成的。正如詹姆斯所言，巔峰體驗讓我們成為更高貴的人，而且宗教成為幫助人們體驗巔峰獲得的一種手段，並讓巔峰體驗產生最強大的力量。然而宗教有時會忘其初衷，因為有時候其主事者並沒有經歷過巔峰體驗——這些人只是一群講求例行公事，欲保護正統宗教的官僚。

馬斯洛說，這就是為什麼會有這麼多的年輕人對二十世紀中葉這些組織嚴明的宗教，不再抱著任何幻想，反而借助迷幻藥、東方宗教，以及新式的基督教崇拜活動來找尋巔峰體驗的原因。

聽了馬斯洛的分析，你可能不會太驚訝，因為從世俗心理學的角度來解釋宗教，其實有其道理。不過，馬斯洛還在《宗教、價值觀與巔峰體驗》一書中激烈地指責科學，因為科學把自己窄化成組織嚴明的宗教一般，了無生氣。科學史學家洛琳．達斯頓（Lorraine Daston）以及凱薩琳．派克（Katherine Park）便把這樣的轉變如實地記錄下來。

兩人指出，自古以來，科學家及哲學家對於自然界及其自身所探究的研究物件，向來秉持一種驚奇讚歎的態度。然而到了十六世紀末，歐洲的科學家開始鄙視這種態度。他們認為這是一種幼稚心態，成熟的科學家應該冷靜，不帶感情地把這個世界運作的規則如實地記錄下來。科學家們可能會在回憶錄中提到，自己私底下曾對某事如何充滿驚奇之感，但在日常生活中，科學家們卻必須嚴謹地把事實與價值觀及個人情緒區分開來。

馬斯洛在書中回應宗教史學家伊利亞德的說法，他指出，科學確實讓這個世界去神聖化，但科學的目的旨在求真，並不涉及善與美的價值判斷。有人可能會認為，由於學科劃分的關係，善與美是屬於人文科學的領域，非關科學。馬斯洛則反駁，人文科學已不願扛起這份責任，因為人文科學界已躲進相對主義去納涼，以懷疑論的態度質疑真理的存在，更以追求新奇、打破迷信來取代美的追尋。馬斯洛之所以會創立人本主義心理學，有部分原因就是為了滿足眾人對追尋價值的渴望，並找出人們在巔峰體驗中所瞥見的真理。馬斯洛並不認為宗教即真理，但他認為宗教是依據人生最重要的真理而建立的，他希望能把宗教的真理與科學的真理結合起來。馬斯洛的目標旨在改革教育，進而改革社會，他說：「教育必須成為我們教導出好人，創造良善人生與維繫美好社會的一股重要力量。」

無以小害大，無以賤害貴。養其小者為小人，養其大者為大人。

——《孟子》

為何「自我」成了追求精神提升的障礙

「自我」其實是人類進化過程中最矛盾的難題。一如被普羅米修斯所偷的那把火一樣，「自我」雖讓人類更具力量，但我們卻也須為此付出高昂的代價。社會心理學家馬克・利里（Mark Leary）在其著作《自我的詛咒》一書中便指出，除了人類之外，許多動物都有思考能力，但會長時間思考自我問題的動物，非人類莫屬，只有一些靈長類動物（也許還有海豚）才知道鏡子裡出現的影像是自己的影像。只有具備語言能力的生物，才有足夠的心理機制把注意力放在自己身上，並進一步去思考自身這一無形的特質，擬訂長期目標，形成一套有關自己的論述，並對這套論述整理出自己的看法。

利里認為，我們的祖先就是靠著這套建構自我的能力培養出許多有用的技巧，如長遠的規畫能力、決策及自我控制的能力，以及了解別人觀點的能力。這些能力讓人類得以彼此協調合作，進行大規模的計畫，因此，「自我」的發展對人類社會的發展扮演著舉足輕重的角色。然而，我們每個人的內心世界卻常充斥著假裝、比較，以及名利的計較，「自我」同時也在折磨著我們每個人。

我們每個人就像活在一個喋喋不休的內心世界裡，這些絮叨不休的話語不僅消極（威脅的意味遠大於機會），而且沒什麼用處。

特別值得注意的是，「自我」並不必然就是騎象人，「自我」的大部分時間都是處於無意識、自動運行的狀態，但是因為自我只有借著有意識的思考與講述才得以形成，所以只有騎象人才能建構出自我。

我們從利里的分析可以了解到，為何對所有宗教而言，「自我」都是一個棘手難題。「自我」是人類追求精神提升的一大障礙，理由有三。第一，日常瑣事接續不斷，以自我為中心的思考模式，讓我們困於物質的世俗世界中動彈不得，因而無法感受到神聖及神性。這就是為什麼東方的宗教會這麼強調沉思冥想的原因，因為沉思是讓自我安靜下來的有效方法。第二，精神層面的改變本質上就是自我的轉變。削弱它、裁剪它，從某個角度而言，就是殺了它，但「自我」一定會全力反對。要我放棄我的財產及尊榮？門兒都沒有！不計前嫌，愛我的敵人？想都別想！第三，追尋精神層面的提升與成長是一條漫漫長路，需花很多年的時間不斷沉思靜心、祈禱、自制，有時候還要否定「自我」。「自我」不喜歡被否定，「自我」很會找理由去扭曲或欺騙。很多宗教都這麼教誨人們：「自我」對享樂與名利的依戀誘使人們離開美德的道路。從某個角度而言，「自我」是撒旦，如果不是，至少也是

> 上帝創造天使時，賦予他理智，卻無感性；上帝創造野獸時，賦予它感性，卻少了理智；只有創造人類時，使其兼具理智與感性。所以，人的理智一旦凌駕感性，他便超凡入聖，更勝天使；反之，人一旦感性凌駕理智，便禽獸不如。
>
> ——穆罕默德

「撒旦」的入口。

從以上的分析我們可以了解，「自我」為何是神性道德的難題。巨大而貪婪的自我有如一堵磚牆，壓制住我們的靈魂。我相信，只有從這個角度來看待自我，我們才能理解，甚至尊重那些希冀自己所處的社會能更符合所信仰的宗教之人的內心道德動機。

「平面國」與文化論戰

幽默可以幫助我們面對逆境，自從小布希於二〇〇四年當選美國總統後，有四十九％的美國人表示日子變得難過。許多住在「藍色州」（即約翰．凱瑞拿下過半數選票的州，在選舉地圖上以藍色標示）的民眾，想破頭也無法理解為什麼住在「紅色州」的民眾會選擇支持布希以及布希的政策。自由派在網路上把「藍色州」（全部集中在東北部、北邊的中西部，以及整個西海岸沿線）命名為「美利堅合眾國」，把「紅色州」（幾乎全部集中於內陸及南方）命名為「耶穌之國」。保守派則在他們自己的地圖上把「藍色州」命名為「新法國」，從右派的觀點來看，我幫他們想出一個更精確的用語——「自我之國」。

我並不是說選凱瑞的人比選布希的人更自私，事實上，這兩位候選人在課稅及社會政策方面的主張剛好相反。不過，欲了解這場文化論戰中雙方的立場，我相信史威德所提出的三種道德規範，尤其是神性的道德規範，是解開這場論戰的關鍵所在。

以下兩句話中，哪一句話對你更有激勵作用？第一，自尊心是民主社會的基石；第二，重點不在個人。第一句話出自女性主義運動的先驅格洛麗亞·斯泰納姆（Gloria Steinem），斯泰納姆主張，性別歧視者、種族主義者，以及壓迫者讓特定族群的人覺得自己毫無價值，以至於他們無法公平地參與民主社會。這句話同時也反映出自主權道德規範的核心思想：個人才是最重要的，所以理想的社會應保護所有個人免受外力傷害，並尊重其自主權與自由選擇權。自主權的道德規範能讓不同背景與價值觀的人彼此互助，和睦相處，因為它允許每個人去追求自己選擇的人生，只要不干擾到他人權利即可。

第二句話則是二〇〇三年及二〇〇四年全球暢銷書《標竿人生》（*The Purpose Driven Life*）一書的開場白。這是一本指導人們如何通過信仰耶穌基督，了解《聖經》，以找尋人生目的與意義的書。

作者華理克（Rick Warren）在書中指出，「自我」是人生許多問題的根源，所以，大人以獎賞、讚美及運動來提升孩子的自尊心，讓孩子覺得自己「與眾不同」，這其實是非常錯誤的。神性道德規範的核心思想為：每個人的內在皆有神性，所以理想的社會是要幫助人們找出一種可與神性和諧一致的生活方式。個人的欲望並不重要——許多欲望都出自肉身。學校、家庭，以及媒體應共同合作，幫助孩子克服自身的自我感與追求權利的欲望，以耶穌所期望的方式來生活。

現今許多有關美國文化的重要論戰，其實本質上都在討論某些生活層面到底應該屬於自主權的道德規範，還是屬於神性的道德規範（群體的道德規範強調集體的重要性高於個人，所以立場與神性的道德規範一致）。學校應該進行禱告嗎？〈十誡〉可以貼在學校及法院的布告欄嗎？美國人在宣誓效忠時一定要講「在上帝底下」嗎？自由派一向主張將宗教排除於公共生活之外，以避免民眾被迫參與宗教活動，但是信仰虔誠的保守派則希望學校及法院能恢復神聖化。他們希望自己的孩子能活在（某個）三維的世界，如果學校無法提供這樣的功能，有時他們會選擇在家自學。

人們可以依個人意願選擇節育、墮胎、人工生殖，甚至自殺嗎？答案取決於你希望人在面對自己生命中重要抉擇時是否能擁有自主權，或是你認為這些決定必須由上帝來做主。有一本書的書名叫《我們的身體，我們自己》（Our bodies,Ourselves），如果你覺得這書名聽起來有反抗的意味，那你大概就會贊成每個人有權選擇自己喜歡的性生活，或有權改變自己的身體外貌。不過，如果你相信華理克在《標竿人生》一書中所寫的「你身體的每個小細節都是上帝決定的」，那麼當你看到有人性生活異於常人，或是跑去鑽耳洞、做整形美容時，大概心中就會大為不快。我曾跟學生訪問過政治上的自由派與保守派對「性道德」及「改變身體外貌」這兩項議題的看法，結果發現自由派對這兩項議題的態度比較寬容。基本上，自由派完全以自主權的道德規範為準則；相比之下，保守派對這兩項議題就採取更為批判的立場，他們談到這兩項議題時，會顧及三個維度的道德規範。比如，有一位保守派人士在譴責某個特殊的「手淫」實例時如此說道：

手淫是一種罪，因為我們會因而疏遠上帝。性不是拿來享受的，上帝讓已婚的伴侶享有性的歡愉，目的是讓他們生育。

不管是哪一項議題，自由派的立場都是希望除去種種限制、障礙及束縛，以追求最大的自主權。保守的右派則是希望從三個維度來建構個人、社會及政治生活，從而創造一個神聖生活與世俗生活截然分明的世界。對保守的右派而言，所謂的「地獄」，就是一個人人恣意妄為、一心只想追求自我的平面國。

我本身屬於自由派，對於新觀念我向來秉持容忍與開放的態度。在本章，我盡自己最大努力去了解政治立場與我相左者的想法，並找出其他宗教的優點。雖然我已能了解神性如何豐富人類的生活體驗，但說實話，對於西方世界過去幾百年來所呈現的「平面國現象」，我並不覺得惋惜。因為主張三維度的社會最後往往導致一種後果：總會有某個或某些團體在神性的道德維度上被社會壓得很低，因而慘遭整個社會踐踏。看看印度「賤民」的生活條件，中世紀歐洲猶太人的處境，或高喊種族純淨論的納粹德國，或在採取種族隔離政策的美國南方，黑人如何被白人羞辱。現在美國保守右派也想用類似的方式來打壓同性戀。自由主義與自主權的道德規範是抵抗社會不公不義的重要力量。我認為讓神性的道德規範取代自主權的道德規範，來管理多元的現代民主社會是非常危險的。不過，我也相信，如果完全忽視神性的道德規範，我們的生活就會變得醜陋，內心永遠無法滿足。

因為文化論戰涉及意識形態，所以意見相左的兩方都有一種迷思：把對方想成十惡不赦的大壞蛋。承認對方某些主張言之成理，簡直形同背叛。我對第三維度的研究讓我走出這個迷思，讓自己更能思考跟自己完全不同的想法。以下就是我的心得：如果第三維度的道德規範以及與神聖有關的感受是人性重要的一部分，那麼科學界其實應該接受信教是人性正常、健康的一面——因為信教就跟性或語言一樣，有其深刻、有趣、重要的一面。另一個心得則是：如果有宗教信仰的人認為宗教是他們最重要的快樂源泉，那麼不管我們信不信上帝，或許我們都可以從他們身上學習如何追求快樂，找尋人生的意義。這亦是本書最後一章所要討論的題目。

第10章 人生的意義

俗諺、格言及智慧語錄總是告訴我們，人生發生的事件對我們意義重大，所以我們常借此來標示人生重要的過渡期。對一九八一年紐約斯卡戴爾高中畢業班的畢業生來說，選個鏗鏘有力的引言登在畢業紀念冊上不僅是一種生命儀式，也是表現那逐漸形成的自我的好機會。

我在流覽這本畢業紀念冊時，仔細地看了每張大頭照下面的引言。這些引言大致分為兩大類。很多人的引言都在歌頌愛與友情，這對即將別離的青少年而言，確實再恰當不過。另一種則是抱著期待，卻又懷著忐忑不安的心情迎向未來。要高中畢業生不用「人生是一場旅程」這種比喻，實在有點強人所難。比如，有四個學生引用凱特．史帝文斯（Cat Stevens）《探尋之路》的歌詞。還有兩個學生引用美國總統喬治．華盛頓的話：「我已啟航，駛向廣闊無邊的大海，或許，沒有安全的港口可讓我停泊。」還有一個學生引用了「藍領搖滾教父」布魯斯·史普林斯汀（Bruce Springsteen）的歌詞：「我喝了啤酒，開上高速公路／寶貝，我擁有了你，你也擁有了我。」

然而，在一片肯定人生無限可能的樂觀奮進中，赫然出現一個黑暗的聲音：「人就算有能耐不受武力、饑餓所迫，也會被瘟疫所擊潰，所以，人為何還要費事去打理門面？」（語出伍迪·艾倫）引用這段引言的，就是我。

我在畢業紀念冊上的這段話，並不完全在開玩笑。前一年，我才寫過一篇研究貝克特荒謬劇《等待果陀》的報告。《等待果陀》是一齣存在主義式的劇作，該劇旨在探討在一個沒有果陀的世界裡等待果陀，這樣的人生有多麼荒謬，我在看過這本劇作後，想了很多。當時，我是個無神論者，高中最後一年，我的腦子一直繞著一個問題打轉——「人生的意義是什麼？」我的大學入學申請的個人自傳就是以「人生無意義」為主題。我還記得在高中最後一年的冬天，我整個人一直陷入一種哲思式的憂鬱中——不是真的得了憂鬱症，而是覺得所有事都沒有意義。我當時心想，不管是我自己能否上大學，還是地球被小行星撞擊或因核戰爆發而毀滅，我其實一點都不在意。

我當時會有這種絕望的情緒，說來相當奇怪，因為那段時間是我自四歲以後，第一次嘗到完美生活的滋味。當時我有一個很棒的女朋友，也有一群好友作伴，父母親對我也很慈愛。

我還是田徑隊的隊長，還有對一個十七歲男孩最重要的東西——我可以開著我老爸那輛敞篷車到處去兜風。即便生活過得如此順遂，我還是一直在想這些到底有什麼意義。就像《舊約聖經》〈傳道書〉的作者，我也認為「我看過日光之下所發生的一切事，不料，一切都是虛空，都是捕風」。

在花了一整個星期思考自殺種種之後（不是真的想自殺，而是抽象地思考自殺的意義），我決定徹底把這個問題攤開來。我當時心想，這個世界沒有上帝，人生也沒有外在賦予的意義，因此，從某個角度來看，如果我明天就自殺，也沒什麼大不了。因此，明天之後的一切對我而言就像天賜的禮物一樣，我再也沒有束縛，沒有期待。在人生的盡頭，沒有考試，所以也不會有失敗的可能。果真如此，與其拋棄明天，何不擁抱明天？我不知道是不是這樣的領悟引我走出陰霾，幫我重振心情，讓我抱著希望迎向未來，但是我那存在主義式的憂鬱後來真的慢慢散去，我也快樂地度過最後幾個月的高中生活。

不過，我仍然在不斷地思考人生意義，所以大學時我決定主修哲學，但是哲學並沒有告訴我答案。現代哲學家把精力拿來分析文字的意義，除了存在主義者外（就是他們開始讓我思考人生意義），現代哲學家很少觸及人生意義的問題。一直到我進了心理學研究所，我才終於了解為什麼現代哲學如此貧乏無趣：因為現代哲學缺乏對人性的深刻了解。正如我在本書中所言，古代的哲學家通常也是優秀的心理學家，但是現代哲學卻一味地鑽研邏輯學及理性，以至於逐漸跟心理學越走越遠，當然也更掌握不了充滿激情、複雜的人性。我們不可能用抽象、空泛的方式來分析人生意義，或為虛構卻完美的理性之人來探究人生意義。只有掌握人真實的存在，了解人各種複雜的心理及情緒構造，我們才有辦法探究何謂「有意義的人生」（近年來哲學跟心理學已越走越近，態度也變得比較熱情，真是可喜可賀）。

依據我在心理學領域的鑽研及對道德議題的研究，我發現心理學及相關學科不斷地挖掘出更多人性面貌，所以我們現在真的有機會為「人生的意義到底為何」這個問題找出答案。事實上，大部分的答案，一百年來我們早已知道，剩下的部分則是在最近這十年才揭曉答案。本章就是我個人從心理學角度為大家回答這個大問題。

人生意義為何

「人生意義為何」這個問題可被稱為「聖問」，足以與「聖杯」相媲美：追尋人生意義是一個高貴的行為，每個人都該為自己找到問題的答案，但是很少有人認為自己真的可以找到答案。這就是為什麼那些想回答這個「聖問」的書籍及電影，最後都只能用玩笑的方式回答。

在《星際大奇航》這部電影中，有一部超大型電腦專門解答這個「聖問」，結果這部電腦花了七百五十萬年的時間，最後計算出的解答是「四十二」。

電影《脫線一籮筐》結尾那幕戲，則把這個「聖問」的答案交給演員邁克爾．佩林（他當時扮演一個女人），由他大聲念出答案：對人和善，飲食不要太油膩，常看好書，多走路，要跟不同國籍及信仰的人和平相處。大家聽了都覺得很搞笑，因為這些答案乍聽之下都是好答案，但是內容實在很空洞、世俗。這些戲劇上的諷刺手法讓我們不禁要嘲笑起自己且自問：我到底在期待什麼答案？要什麼樣的答案我才會滿意？

不過哲學倒是教會我如何分析問題，如何在回答問題之前先清楚地釐清問題。「聖問」需要我們釐清以下幾個重點。每當我們問「X 意義為何」時，到底什麼樣的回答讓我們滿意？

何謂「意義」

最常見的意義是定義式的：「ananym」這個詞的意義，是指「請幫我定義出『ananym』這個詞，這樣我看到這個詞時才能了解其義」。所以我就跑去查字典，找到字典對「ananym」這個詞的定義：用倒寫的方式把真名拼成一個假名。很好，接下來，「人生的意義為何」。我又跑去查字典，結果發現字典對「人生」這個詞有二十一種定義，其中還包括：一種能讓人區別出有生命且有功能的生命，與死掉的屍體或純化學物質兩者間不同之特質，以及「從出生到死亡這段時間」等。此路不通，這絕對不是正確答案。我們不是在問「人生」這個詞的意義，我們問的是人生本身。

第二種意義指的是象徵或代表。如果你夢見自己在一個地下室探險，結果發現一個通往地下第二層的門，你也許會問：「地下第二層是什麼意義？」心理分析師榮格就做過這樣一個夢，並將地下第二層的意義，即它所象徵或代表之事物，定義成一種集體潛意識，根植於所有人心中的共同想法。此路又不通。人生不是象徵、代表或指向什麼。我們想了解的是人生本身的意義。

第三種意義是找出事物的意義，通常指的是人的意圖及信仰。假定電影開演半小時後你才走進電影院，電影結束半小時之前你就離席，當天晚上你跟一個看完整場電影的朋友聊天，你問對方：「那個卷髮男生對那個小孩眨眼睛是什麼意思？」你知道那個動作在電影情節中有某種意義，你察覺你得知道某些事實，才有辦法了解那個動作有什麼意義。有可能電影一開始就交代過這兩個角色之間的關係？要問「那個眨眼的動作有什麼意義」，其實是「我需要知道哪些事實，才有辦法知道那個眨眼的動作有什麼意義」有進展了，因為人生就像是一場我們進場時早已開演的電影，而且我們得在大部分故事情節有結局之前，就得走出電影院。如果我們想了解那幾分鐘的情節，我們得先掌握許多細節才行。當然，我們並不真的了解到底需要哪些東西，所以我們也沒辦法讓問題明確下來。當我們問「人生意義為何」時，我們並不預期能找到直接的答案（比如「四十二」這樣的答案），而是希望得到一點啟發，一些能讓人發出驚歎的體驗，突然之間，以前我們所不了解或認為微不足道的事物，都變得有道理起來（就好像正方形來到三維空間時一樣）。

兩個子問題

一旦「聖問」被明確定義為「能啟發我對人生的感受及想法的問題」時，答案就一定涉及，哪些出乎我們意料的事情會對我們產生啟發作用。這又分成兩個子問題，即人們想要回答什麼樣的問題，以及人們覺得什麼樣的答案具有啟發性。

第一個子問題可稱為人生目的為何：「人類出現在地球上，目的為何？人類為什麼會在這裡？」對於這個問題，答案可分為兩大類：不管你是屬於相信神／神靈／智慧，因其想法、欲望或意圖而創造這個世界者，還是屬於認為我們純粹活在一個物質世界，人的存在沒有任何理由者；這一切都是物質及能量依據自然法則（這包括達爾文的進化論，即一旦生命開始啟動，就如此運轉下去）彼此互動而產生的。我們常把宗教當做「聖問」的答案，因為許多宗教對於人生目的這個子問題給出很明確的答案。科學及宗教向來水火不容，美國的科學界及宗教界對於是否在學校教授進化論也確實一直爭論不休，因為兩者對這個問題的答案是相衝突的。

第二個子問題是生活本身的目的：「我應該怎麼過日子？我應該怎麼做才能有美好、快樂、充實且有意義的人生？」人們提出「聖問」時，心中大都在期待一套可作為行為準則，及賦予我們的人生選擇某種意義或價值的原則或目標（這就是《脫線一籮筐》這部戲告訴我們的正確答案：對人和善，飲食不要太油膩……）。亞里斯多德在討論品德及目的／目標時便用了一個比喻，他認為人就像弓箭手一樣，要有明確的目標才有辦法瞄準。人一旦沒有目標，就與動物無異。大象是群居的動物，所以只要你放任大象四處遊蕩、吃草，這頭大象最終就會變得跟其他大象一樣做同樣的事。不過，人的心理有一個騎象人，這個騎象人成長到青少年階段時，就會開始進行抽象思考，所以總有一天，他會環顧四周，突破原有界限，不禁自問：我們到底要往哪裡去？為什麼？這就是我高中畢業那一年的心情寫照。

我之所以在青少年時期陷入存在主義式的憂鬱，是因為我把前述兩個子問題攪在一起。我拿科學的答案來回答人生目的這個問題，我認為這個答案會讓我找不到人生本身的目的。不過，一般人很容易犯這種錯誤，因為許多宗教都告訴我們，這兩個問題是密不可分的。如果你相信上帝依祂的計畫創造了你這個人，那麼只要你願意扮演好自己的角色，你就會知道自己該如何生活。

《標竿人生》這本書是一門為期四十天的課程，這門課程教導讀者如何從神學的角度來探索「人生目的」這個問題，找到「人生本身」的目的。

其實，這兩個問題是可以分開來討論的。第一個問題是從外部來探討人生；它把人、地球及星星視為客體，這些客體為什麼會存在？針對這個問題，神學家、物理學家及生物學家已各自提出妥當的回答。第二個問題則從內部來探討人生，把人生當做主體，我如何才能找到人生的意義及目的？針對這個問題，神學家、物理學家及生物學家也各自提出妥當的回答。第二個問題其實是一個實證性的問題，我們可以利用科學的方法來檢視其事實。為什麼有些人能活得那麼趣味盎然、有方向、有意義，但有些人的人生卻那麼空洞、無趣？接下來我要把「人生目的」先擺在一邊，而要來深入探討有哪些要素可以讓我們感受到「人生本身」的目的。

什麼能令你感受到人生意義

愛與工作

電腦故障了，它自己沒辦法自我修復，你得把電腦打開，東弄西弄一番，否則就是把電腦送去請專家修理。「人就像電腦一樣」這個比喻已深植於我們的觀念中，以至於我們有時候也會把人想成電腦，把心理治療當做維修服務站。不過，人不是電腦，不管發生什麼事情，人都可以靠自己的力量復原過來。因此，我覺得比較適當的比喻是人就像植物一樣。我在費城那棟房子前面有一座小花園。我不太會整理花草，夏天時又常常出門旅行，所以花園裡的植物有時簡直枯萎到快死掉。那時，我才驚奇地發現，只要沒有完全死絕，給植物足夠的陽光、水及養分，植物就會起死回生、生氣勃勃。植物出了問題，需要的不是修理，而是要給它陽光、水及土壤等良好的生長條件。之後，給它一些時間，植物自己就會活得好好的。

如果人像植物，那麼我們需要哪些條件才能活得生氣勃勃？

在第5章的幸福方程式中，幸福（H）＝幸福的範圍（S）＋生活條件（C）＋自己可以控制的因素（V），到底需要哪些條件？我在第6章已告訴大家，最重要的條件是愛，沒有哪個人是孤島，男女老少都一樣。人是群居性超強的生物，沒有朋友，沒有安全的依戀，我們不可能快樂起來。第二個最重要的條件，則是擁有且追尋正確的目標，讓自己體驗到那種心流與投入的感覺。現代人可以在許多環境中找到目標，體驗到那種心流，不過，大部分人都還是從工作中體驗到這份酣暢淋漓的感受。（在此，我定義的「工作」非常廣泛，所以學生、全職父母都包含在內。）對人而言，愛與工作就像陽光及水對植物那般重要。當佛洛伊德被問到「一個正常人應該怎麼做才能活得好」時，他的回答是「愛與工作」，而他也因此得以流芳後世。如果心理治療能讓一個人學會如何好好愛人及工作，那麼這個治療就算成功。在馬斯洛非常著名的「需求層次理論」中，人的生理需求一旦滿足之後（如食物及安全感）就會轉而追求愛，最後則是追求別人對自己的尊敬，後者大多是通過工作來達到。在佛洛伊德之前，托爾斯泰便曾說過：「只要人知道如何工作，如何愛人，人就可以在這世上活得更精彩，我們要為自己所愛的人工作，也要熱愛自己的工作。」「愛」這個部分，之前我已有過深入的討論，在此不再多言，接下來，我要來談工作。

當哈洛帶他的學生到動物園觀察動物時，他們發現黑猩猩跟猴子會單純為了好玩而解題，這個現象讓大家大為意外。行為主義無法為猴子會出現這種非強化性的行為找到合理的解釋。一九五九年，哈佛大學的心理學家羅伯特・懷特（Robert White）在研究過行為主義及精神分析後，對這兩項學說得出結論。懷特認為，這兩項學說都漏失了哈洛觀察到的重點：已有非常明確的證據顯示，人類及許多其他哺乳類動物都有一種「讓事情發生」的基本衝動。幼童會興致勃勃地玩打地鼠，或把旋轉手臂這個動作變成響個不停的門鈴和旋轉輪，都是同樣的原因。

會吸引大孩子喜歡的玩具也都具有同樣原理。小時候我最想要的玩具都是可以用遙控方式讓物體產生動作或行動的玩具：遙控汽車、能射出塑膠子彈的槍，還有遙控火箭或飛機等。這就是為什麼那些沒工作、退休、被炒魷魚或中彩券的人身上常出現一種倦怠感。心理學家把這種基本需求視為等同於能力、勤奮或掌握技術／知識等需求。懷特稱此為「效能動機」（effectance motive），他將其定義為人內心想通過與環境互動，進而控制自己的環境，以發展能力的一種需求及衝動。效能幾乎跟食物和水一樣，都是人類的一種基本需求，但是效能需求不像饑餓那樣屬於匱乏性的需求，饑餓這種需求只要滿足之後，就會消失幾個小時，之後再出現。懷特認為效能需求一直持續出現在我們生活之中：

面對環境，意味著我們得逐漸改變自己與環境間的關係。因為過程中沒有明顯的高潮，所以我們只能在一連串互動關係中通過行為來尋求滿足，而不是以達到目標來滿足自己。

效能動機也解釋了過程原則的原理，朝目標前進與達成目標，前者比後者更能帶給我們快樂。正如莎士比亞所言：「做中樂，樂無窮。」

接下來，我們來看看現代人在工作上中面臨的狀況。馬克思曾針對資本主義提出非常中肯的批評，其批評有部分是基於以下認知：工業革命破壞了工匠及其所生產商品之間源遠流長的關係。裝配線上的工作把工人變成巨大機器中的小齒輪，這個機器根本不在意工人心中的效能需求。後來有關工作滿意度方面的研究，同樣也支持馬克思的批評，只是在細節上有所補充。一九六四年，社會學家梅爾文．科恩（Melvin Kohn）及卡米．斯庫勒（Carmi Schooler）曾調查過三千一百名美國人對自己工作的看法，調查結果發現，要了解哪些工作能帶給人滿足感，關鍵就是他們所稱的「工作自我引導」。從事低複雜度、高重複單調性工作的人，對工作產生的疏離感最高（會有無力感、不滿足感，而且覺得自己跟工作是分離的）。工作內容較有變化、較具挑戰性，且在工作中比較有迴旋空間者，對工作的滿意度則遠高於前者。

最近的研究則發現，大部分人對工作所秉持的態度可分為以下三種：把工作當做一份「差事」，視工作為一份職業，或把工作當做一種事業。如果你把自己的工作當做一份差事，單單只為了賺錢才做這份工作，那麼你上班的時候一定常常瞪著時鐘，一心巴望著週末趕快到來，同時你可能會有自己的嗜好，而這份嗜好遠比你的工作更能滿足你心中的效能需求。如果你把自己的工作當做一份職業，你就會為自己訂下目標，希望自己能從工作中得到升遷及名聲。你會全身帶勁地追求這些目標，有時候還會把工作帶回家，因為你一心只想把工作做好。不過，有時候你還是不禁心想，自己為什麼要工作得這麼辛苦。偶爾你可能會覺得自己的工作簡直就像老鼠賽跑一樣，每個人都是為了競爭而競爭。

然而，如果你把工作當做一種事業，那麼你會覺得自己的工作就是在實現自己的抱負——你不是為了其他目的才做這份工作。你會時常在工作時體驗到那股心流，你不會總是期待「下班的解放時刻」，也不會有一股衝動想大喊：「謝天謝地，今天終於星期五了！」如果你突然變得富裕起來，你或許會連沒有酬勞也不在意，而且還一直不停地工作。

一般人可能會認為，藍領階級把自己的工作當做一份差事，經理人員把自己的工作當做事業，而受人尊敬的專業人士（醫生、科學家、神職人員）則把自己的工作當做天職。這種想法有一定的真實性，不過我們可以把奧里略的話改成：「你認為工作本身是什麼，它就是什麼。」

紐約大學心理學家艾美・瑞茲內斯基（Amy Wrzesniewski）博士發現，幾乎所有她調查過的職業都出現上述三種工作態度。以醫院工作人員為例，她發現負責清理被單及嘔吐物的清潔工，可能是醫院中最低階的工作人員——但是有時候清潔工也會認為自己是醫療團隊的一員，為醫治病人做出自己的貢獻。這些清潔工不只把自己基本該做的工作做好，還會幫重病病人把病房打理得明亮潔淨，積極配合醫護人員的需求，而不只是被動地等待指示。這種盡心盡責的態度，提升了自己在工作中的自我引導，也為自己創造出一份能滿足內心效能需求的工作。秉持著這種工作態度的清潔工已把自己的工作當做一份天職，比起其他只把自己的工作當做一份差事者，前者從工作中得到更多的快樂。

正向心理學的研究得出一個樂觀的結論：大部分的人都能從自己的工作中得到更多滿足。第一步就是掌握自己的優勢，請利用優勢檢測表找出自己的優勢，選擇一份讓自己每天都能發揮優勢的工作，這樣起碼每天都能享受到片刻的心流。如果你的工作跟自己的優勢不相符，那麼你就應該重新調整自己的工作，讓兩者相符。或許，有一段時間你得多做一些額外的工作，以醫院的清潔工為例，他得表現出和善、有愛心、高情商的態度或發揮好公民的精神。只要你能發揮自己的優勢，你就能從工作中得到更多滿足，你的工作心態就會變得更積極、更願意面對問題；一旦有這種心態，你就更會有願景——為大我做出貢獻。這時，你的工作就變成一份天職。

在最好的狀況下，工作意味著連結、投入及承諾。正如詩人紀伯倫所言：「工作是愛的具體展現。」托爾斯泰也曾用以下這段話回應：

仔細用心紡出細線，用這細線編織布料，宛若摯愛穿戴其身。
盡心盡意蓋出房舍，宛若摯愛安住其中。
溫柔播種歡喜收割，宛若摯愛嘗食其果。

愛及工作影響人類的幸福，只要我們能掌握愛及工作，我們就能充分展現自己，與別人連結起來，讓自己超越原有水準。只有建立起正確的連結，人才可能幸福。所以，正如佛陀及愛比克泰德所言，幸福不只來自我們的內心，還受內在及外在因素相互結合的影響（正如我在第5章結尾所建議）。我個人認為，正確的幸福假設應該是，幸福之道在中庸。

全心投入

只要有特定的生長條件，植物就會茁壯成長，生物學家現在已經能告訴我們陽光及水如何轉換成植物成長的養分。同理，只要有特定的生存條件，人就能活得有聲有色，心理學家現在也已經能夠告訴我們，愛及工作如何轉換成幸福的源泉及生存的意義。

發現心流體驗的心理學家米哈里．契克森米哈伊卻有更大的願景。

他不只滿足於研究心流的片刻（一天傳呼受試者幾次），他還想知道心流體驗在人的生活中扮演著什麼樣的角色，尤其是在那些創意人士的生活中，心流究竟扮演著什麼樣的角色。因此，他開始研究專業人士：藝術界及科學界的成功典範。他和他的學生訪問了數百位事業成功的畫家、舞蹈家、詩人、小說家、生物學家、物理學家及心理學家等，一群依著內心強烈的熱情，創造出精彩人生的專業人士。這群人過著令人豔羨、嚮往的生活，許多年輕人都把這些人當做模範，夢想著有朝一日自己也能擁有這樣的人生。他想知道這樣的人生是如何形成，個人又是如何下定決心投入某個領域，然後成就如此出色且充滿創意的人生的。

米哈里．契克森米哈伊發現，這群人追尋理想的過程各有其獨特之處，但是大方向是一致的：都是一開始對某個領域充滿興趣，沉醉其中，享受到片刻的心流體驗，經過多年的投入，與相關的人、事及核心價值建立起緊密的關係，進而享受到更久的心流體驗。米哈里．契克森米哈伊跟他的學生（其中有一位是中村小姐）深入探討這個逐步深化的過程，並稱此為「全心投入」，一種他們定義為「個人與一個由心流體驗（專注地沉醉其中）及意義（個人主觀認定之意義）所組成的世界間的關係。」「全心投入」可謂另一種「工作是愛的具體展現」的說法。他們對全心投入的敘述，簡直跟浪漫小說的用語如出一轍：

自我及客體兩者之間有一種非常強烈的連結——作家整個人「昏了頭似的」沉浸於一個寫作計畫，科學家「目眩神迷地沉醉於天文學中」。這種關係出於個人主觀所認定，至此，工作已成一種「天職」。

全心投入是一種非常微妙的概念，我第一次教授正向心理學課程時，上課的學生都不太能了解其中含義。那時我心想，如果用實例說明，學生應該更能聽得懂，所以我就請一個女生說說她的體驗，這個女生平常上課時不太說話，但是有一次曾提到自己很喜歡馬。於是我請她告訴大家她是怎麼喜歡上騎馬的。她說自己從小就很喜愛動物，馬是她的最愛。十歲時，她求父母讓她上騎馬課，她的父母也同意。一開始，騎馬只是好玩，後來她開始參加騎馬比賽。上大學時，她之所以會選維吉尼亞大學，有部分原因就是這所學校有一個非常出色的騎馬隊。

她是個害羞的女生，所以簡要地說明自己從小騎馬到上大學的過程後，她就不再多言。她已經提到自己對騎馬的投入，但全心投入不只是如此。接下來我開始問一些比較深入的問題。我要她告訴大家幾個世紀以來最特別的幾種名馬。她面帶微笑，像是透露祕密似的開口說道，她開始騎馬的同時也開始閱讀各種跟馬有關的書籍，所以對馬的歷史以及歷史上有名的馬，她都如數家珍。我問她有沒有因為騎馬而交到朋友，她說她的好朋友幾乎都是「馬友」，彼此因為參加馬展或一起騎馬而結成莫逆。

在講述的過程中，她的態度越顯活潑、自信。因此，我們可以從她的舉止及言談中確信，她確實全心投入騎馬這個活動。正如米哈里．契克森米哈伊他們所言，她一開始只是對騎馬有興趣，後來這個興趣逐漸深化成一種關係，讓她跟騎馬這個活動、騎馬的傳統，以及騎馬愛好者形成一種綿密的網路。騎馬對她來說已成為一種心流、喜悅、身分、效能及關係的源泉。如果有人問她的人生目的為何，那麼騎馬就是她的答案之一。

全心投入不單單存在於個人身上或環境之中，還存在於兩者間的關係之中。騎馬對她所代表的意義，經過多年的接觸及投入，在她的心中逐漸成長、擴大。我高中畢業那年缺少的，正是這種全心投入的態度。我心中有愛，也有自己的工作（在此指的是高中課程），但是我的高中生活與我上大學這兩者並沒有太大關聯。事實上，就是計畫上大學（就在我寄出大學申請書，處於青黃不接，不知自己未來將何去何從之時）這個「聖問」搞得我不知如何是好。

我們跟工作之間的關係並非完全取決於自己。有些行業能讓人很容易地全心投入，但有些行業卻很困難。一九九〇年代以來，市場的力量改變了許多行業的面貌──醫療界、新聞界、科學界、教育界及藝術界，這些行業的從業人員開始抱怨追求利潤的無情壓力，有時逼得他們得犧牲工作及生活品質。米哈里．契克森米哈伊跟另外兩位心理學家──哈佛大學的加德納及史丹佛大學的戴蒙，組成了一個研究團隊，研究這些行業因行業生態改變，而造成什麼樣的影響，他們想了解，為什麼有些行業的體質仍算健康，但有些行業的體質卻已開始惡化。他們挑選遺傳學界及新聞界作為實例研究，針對這兩個領域的從業人員進行數十次訪談。

研究小組得出一個非常簡單但意義深遠的結論：重點在於能否整體協調（alignment）。如果做得好的人（做出高品質的工作，對別人有所貢獻）能過得好（得到財富及專業上的提升），表示這是一個體質健康的行業。例如，遺傳學界就是一個體質健康的行業，因為這個行業的相關人員都很尊重專業並對該專業有所回饋。儘管藥廠及市場力量在一九九〇年代開始，投入了大筆資金到各大學實驗室，但是米哈里．契克森米哈伊他們訪問過的科學家，仍然認為自己並未因此便降低自己的標準，或去欺騙、說謊或出賣自己的靈魂。這些遺傳學家相信遺傳學界正處於黃金時期，各類傑出研究成果對一般大眾、藥廠及大學與科學家本身都做出相當大的貢獻。

然而，新聞界卻是身陷泥淖。大部分新聞從業人員進入新聞界時無不懷抱遠大的理想——追求真相，讓世界變得更好，堅信新聞自由是一股支撐民主的重要力量。不過自一九九〇年代以來，家族經營的報紙開始走下坡，大財團式的媒體帝國把美國的新聞業變成另一個利潤中心，這些財團唯一在意的就是報紙賣不賣得出去，報紙能否賣得比競爭對手還多？從生意的角度來看，好的新聞有時反而不是好生意。驚悚的故事、誇張的手法、編造出來的衝突，以及性醜聞，種種消息都被切割成細碎供人吞食的資訊，為的只是獲取更多利潤。很多任職於這類媒體帝國的新聞從業人員，都承認自己常有被迫出賣自己的靈魂、違反自己道德標準的感覺。這是因為新聞界沒有做好整體協調，以至於新聞從業人員無法全心投入這種不光彩的工作——為了取得市場占有率，不惜一切代價。

跨層次一致性

「coherence」這個詞字面上的意思，是連結起來或團結一致，但是它通常用來形容一種具有連貫性及效率的體系、觀念或世界觀。連貫的事物運作起來會非常順暢：連貫一致的世界觀幾乎可以解釋一切事物，但不連貫的世界觀則會因為內部矛盾而蹣跚難行。具一致性的行業（如遺傳學界）就能不斷前進，但缺乏一致性的行業（如新聞業）就得花很多時間進行自我分析、自我批評。大部分人都知道有問題，但是關於如何處理問題，大家卻意見相左。

當我們從不同層次去分析一個體系時，只要不同層次間能彼此協調、連結，體系就會形成某種一致性。我們在分析人的個性時，就發現了這種跨層次的一致性：如果個人較低層次的個人特質能跟自己的應變機制互相配合，且後者又能跟自己的人生故事相連貫，那麼你的個性就會很一致，你的人生就能一路前進。一旦這幾個層次彼此無法連貫一致，我們就會飽受內在矛盾及神經官能性衝突所苦。這時，你可能需要逆境的洗禮，才有辦法重新調整自己的人生。當一切連貫起來，所有事情都連結一致之時，這可能是你人生最重要的一刻。就像前面所提到中途才進戲院看電影的人，後來終於了解前半小時沒看到的情節一樣，你的人生會在突然之間變得更有意義。為不同層次找出彼此的一致性，感覺很像被啟蒙一般，也是我們在回答「人生本身目的為何」這個問題時的一大關鍵。

人是由多層次的體系組成的：我們的肉體（身體及大腦）藏著我們的心理；而社會及文化的形成則是心理的產物。要想充分了解自己，我們就必須深入研究以上三個層次——肉體、心理及社會文化。學術分工已有相當長的時間：生物學家把大腦當做身體一部分來研究，心理學家研究人的心理，社會學家及人類學家則研究人的心理所發展出的社會環境。只有一切連貫一致，學術分工才有成效可言，即所有研究成果最後彙聚成一個大於各部分總和的更高成果。然而，二十世紀的學術界很少出現這樣的現象——每個領域都不管其他領域的發展，一味地把注意力放在自己的問題上。現在情況已有所改觀，跨領域的研究正大行其道，從中間的層次（心理學）沿著橋樑（或是樓梯）往下伸展到生理層次（例如認知神經科學），往上沿伸到社會文化層次（例如文化心理學）。科學界正攜手合作，讓不同層次彼此得以連貫起來，而新的創見便開始醞釀形成。

以下是關於「綜合」這個觀念最深刻的一個見解：當人們肉體、心理及社會文化三個生存層次的生活連貫一致時，人就會找到人生的意義。為說明這個觀念，我將帶大家回到印度的布巴內斯瓦爾。我已在前一章解釋過純淨及污染的觀念，所以大家現在可以了解為什麼印度教徒在供奉祭品給神明前得先沐浴淨身。你也知道為什麼一個階級較高的印度教徒一旦碰觸到狗、月經期間的婦女或階級較低的人，他就馬上受到污染，不宜供奉祭品。不過，我們只能從心理層面了解這些儀式，甚至在意識層面（騎象人）把這些儀式當做一套主張，然後把它當做外顯知識一樣儲存在腦中。就算你接觸到一位月經期間的婦女，你也不覺得自己受到污染，你甚至不知道受到這種污染是什麼感覺。

不過試想，你從小就是一位布巴內斯瓦爾的婆羅門，每天你都得注意純淨和褻瀆兩者之間那條看不見的分界線，在你碰觸別人或從別人手中接下東西之前，你都得先留意對方是否純淨。此外，你每天得沐浴好幾次——在供奉祭品前一定得先沐浴或用聖水浸泡雙手。你供奉的不僅是言詞，還是真的供奉食物給上帝（僧侶會拿你供奉的祭品去碰觸聖像或內室的神像），之後再把祭品交還給你，如此你便能吃神明吃剩的東西。吃別人吃剩的東西意味著你願意吃對方的口水，這是一種親密及順從的表現。經過二十年歲月，周而復始地過著這樣的生活，你對印度教儀式的了解已到了很深的程度。你所知道的宗教知識，伴隨著無數身體的記憶與感覺：清晨沐浴時的顫抖；午後沐浴淨身，洗去塵土後穿上乾淨衣服的舒適感；走進內室時，赤腳踏在冰涼石地上的感覺；香的味道；眾人念著梵文的祈禱聲；祭拜過神明後的米飯的甘純味道。這一切的一切，讓你對印度教的了解從心理層面擴及身體層面，而當生理層面與心理層面連結一致時，你就會衷心地接受這些儀式。

之後，你對這些儀式的了解還會逐漸擴展到社會文化層面。

從小你浸潤在一個有著四千年歷史的宗教傳統中，這個宗教傳統有著許多故事，而這些故事你從小就耳熟能詳，故事主要是教導大家何謂純淨，何謂污染。印度教通過種姓制度來規範你的社會空間，而種姓制度則是依據不同職業的純淨及污染程度來建立。

此外，印度教還會訂出純淨及污染的空間分野，以常保寺廟、廚房及右手之純淨。印度教還會教導你一種宇宙觀：個人依其神性的高低來決定其轉世投胎的階級。所以，你每次供奉祭品給神明時，你的肉體、心理及社會文化三個生存層次就會同時校準，彼此緊密連結起來。此時你肉體的感覺、你的思想、你的行動三者連貫一致，讓你對自己歸屬於這個文化產生強烈的意義。當你供奉祭品給上帝時，你心裡想的不是「做這些儀式到底有什麼意義？我幹嘛要做這些儀式？」，而是你在做的同時，意義便產生——在三個層次連貫一致時自動浮現。幸福——或是讓我們的生活經驗更豐富的意義感，來自中庸之道。

相反，大家可以回想一下自己參與過某些空洞的儀式的經驗。或許有一次你曾參加過某個宗教信仰與你不同的朋友的婚禮，婚禮上你被要求跟一群不認識的陌生人一起牽手、聊天。又或許你參加過新世紀婚禮，婚禮摻雜了美國原住民、古老賽爾特族及藏傳佛教等儀式。

你可能知道這些儀式的象徵意義——騎象人很擅長從意識層面掌握外顯知識。然而在做這些儀式時，你覺得自己格格不入，甚至覺得像個傻瓜似的，感覺就是少了點什麼東西。

儀式的象徵意義不是憑空推想出來的，儀式的象徵意義是出自醞釀出該儀式的傳統，這些儀式要能引發我們身體的感覺，以此與該儀式的象徵意義產生連結。此外，還要有一個群體持續不斷地支持且進行這套儀式，最後，這個群體會發展出許多繁複的儀式，這些儀式在生理、心理及社會文化三個層次都連貫一致，這時，屬於這個群體的人會覺得自己跟整個群體及其傳統已合而為一。如果該群體還指引大家生活之道及生命的價值，那麼屬於該群體的人便無須費力去思考「人生意義為何」這樣的問題。因為人生的意義及目的已自然顯現其中，所以人們便理所當然地生活下去。

然而，如果該群體所進行的儀式無法為大家建立起這樣的連貫一致性，甚至該儀式還跟大家內心的感受，或彼此共同信仰的神話及意識形態互相矛盾，此時便可能產生衝突、癱瘓及混亂失序。（馬丁・路德・金恩就曾強迫美國人去面對種族隔離政策，及美國人所信仰的平等與自由之間的衝突，很多人很討厭他戳破這個假象。）人不一定得從自己的國家認同中找到意義——像美國、俄羅斯及印度這種幅員廣大、種族多樣的國家，宗教更有可能帶給民眾跨層次的連貫性及人生意義。事實上因為宗教常能為人的生命建立連貫性，所以有些學者就認為宗教存在的目的就在此。

群體選擇

我在大學時主修哲學，第一次研究道德議題時，我爸爸問我：「為何不連宗教也一起研究？因為人一定要信上帝才會有道德。」我當時是個無神論者，自認道德感很強（絕對到自以為是的程度），覺得我爸這番話很侮辱人。我當時認為，道德是人與人之間的關係；道德是即便對自己不利，但仍決定做出正確之事的自我承諾。宗教則只是一堆毫無意義的規定及從未發生的天方夜譚，人們口耳相傳記載下來後，又謬誤地將其歸因於超自然實體的存在。

不過，現在我相信爸爸是對的——道德的源頭確實來自宗教，但不是他認為的理由。在所有人類文化中，道德及宗教兩者皆依某種形式而產生，也幾乎都與價值、認同及日常生活文化交織在一起。如果你想了解人性的所有層次，想知道人類如何找尋自己生命的目的及意義，你就一定得深入了解道德及宗教。

從進化論的觀點來看，道德對人的生存會產生一定的問題。

如果進化之道是「適者生存」，那麼為何人還會彼此相助？為何人願意慈善對人，冒著生命危險拯救陌生人，甚至自願上戰場？對此，達爾文提出一個很簡單的答案：「無私」為的是團體。

> 如果某個種族的成員多具愛國、忠誠、服從、勇敢及同情心等特質，總願意彼此相助、犧牲小我、貢獻大我，我相信該種族一定能打敗其他種族，這就是物競天擇。

達爾文認為，團體跟個人一樣，彼此之間也是互相競爭，所以致勝的心理特質——如愛國、勇敢及利他等，應該會像其他特質一樣擴及整個團體。然而，在進化論學家開始嚴格地檢測達爾文的說法，用電腦模擬個體各種生存策略（例如，完全的自私相對於一報還一報）後，他們很快便發現「免費搭車，占人便宜」這個嚴重的問題。在團體中，有的人會為了大我犧牲自己，但有的人則不會自我犧牲，所以後者就占了前者的便宜。依據電腦無情的演算，在親代累積最多資源者會產生最多後代，也就是說，自私策略比利他策略更能讓人適應環境。面對「免費搭車，占人便宜」這個問題，解決之道就是讓利他者得到應有的回饋。此外，還有兩種有著緊密關係的進化論思考上的突破，也能為大家找到應對之道。我在第3章已討論過「犧牲自我以利家族」（親緣利他，善待與自己有相同基因者）以及互惠利他（善待以後可能會回饋自己者），這兩種策略可讓我們建立起群居性超強的群體。

上述兩種處理「免費搭車，占人便宜」問題的觀念一問世，大部分進化論學家便認為已為利他行為找到解答，並宣稱群體選擇論（group selection）並不成立。利他可視為某種特別的自私行為，相信「進化」為的是「有利大我生存」而非「有利個人生存」論調的人（或有利基因生存），在大家心裡已成了頭腦不清的浪漫份子。

然而，唾棄群體選擇論的人其觀點有個漏洞。有些生物真的是集體對外競爭、集體生活、集體死亡，例如，其他群居性超強的動物（如蜜蜂、胡蜂、白蟻及裸鼴鼠等），以群體選擇論來解釋其行為完全合理。確實，蜂窩或蟻群可視為單一有機體，每隻昆蟲就像巨大身體中的一個細胞。跟幹細胞一樣，螞蟻也會為蟻群之所需改變體型以執行特定功能：體型小的螞蟻負責照顧幼蟲，體型較大且有附屬器官的螞蟻就負責搜尋食物或擊退攻擊者。就跟免疫系統的細胞一樣，螞蟻也會犧牲自己保衛蟻群。有一種馬來西亞螞蟻，該蟻群內有一群螞蟻為兵蟻，兵蟻的外甲殼底下儲存有一種黏性物質。戰鬥時，這些兵蟻會自體爆炸把自己當自殺炸彈以攻擊敵人。對螞蟻及蜜蜂來說，蟻（蜂）后不是大腦，而是卵巢，整個蜂群或蟻群可視為物競天擇下所形成的群體，其存在的目的就是為了保衛卵巢，以製造更多蜂群或蟻群。因為所有成員都在同一條船上，所以用群體選擇論來解釋該群體的行為不只是說得通；根本就像命令一樣，所有成員都得徹底執行。

上述漏洞可能應用到人類身上嗎？人類也會集體競爭、集體生活、集體死亡嗎？種族及部落確實會成長壯大或衰敗凋零，有時這個過程是集體屠殺而造成的。人類社會通常也有很精細的分工，所以把人類比做蜜蜂及螞蟻似乎說得通。不過，只要個人有機會繁殖後代，那麼從進化的角度來看，投資在自己及後代身上所產生的效益，就絕對高於犧牲自我貢獻團體的效益。長期下來，自私的特質會逐漸壓過利他的特質。戰時及集體屠殺時，團體利益至關重要，但是從族群中逃走躲起來、不肯勇敢上前線的懦夫，才最可能存活下來，把基因傳給下一代人。這就是進化論學家自一九七〇年代後便口徑一致的主張，群體選擇論不是影響人性的要素。

且慢，群體選擇論並不是一個全有或全無的議題。雖然在同一團體內個體彼此競爭是人類進化最重要的過程，但是群體選擇論（群體間的競爭）仍有一定的存在空間。進化生物學家大衛·威爾森（David Sloan Wilson）近來便主張，一九六〇年代的進化論理論家依據過度簡化的電腦模型，一味地排斥群體選擇論，可說是現代生物學史上的一大錯誤。如果這些模型能更貼近真實、更像真實的人類，那麼正確的答案應該更偏向群體選擇論。威爾森指出，人類的進化同時發生於兩個層面：基因層面及文化層面。

一九六〇年代的簡單模型完全適用於沒有文化的生物，對這些生物而言，所有行為特質都在基因之中編碼，而基因只會傳到與自己有親屬關係者身上。不過，人的行為不只受自身基因影響，還會受文化影響，而文化也會進化。因為文化的組成要素顯示了改變（人會發明新事物）及選擇（有些人會接受新事物，有些人則否），所以文化特質也可以像身體特徵（鳥嘴、長頸鹿的脖子）一樣，用達爾文的進化論觀點來分析。文化要素的散播過程，不像繁殖下一代需要那麼長的時間；每當人類形成新的行為、產生新的科技或信仰，文化就會快速傳播。文化特質甚至可以從一個部落傳播到另一個部落，或從一個國家傳播到另一個國家，就像犁的使用、印刷術或真人秀節目等，一下子就在很多地方風行開來。

文化及基因的進化彼此糾纏難分。人類學習文化的能力——希望彼此學習，彼此教導，依所學創新發明的能力，就是基因創新下的產物，這個現象發生在幾百萬年內。人的大腦一旦到達這一關鍵門檻——大約在八萬到十萬年前，文化創新便開始加速。此時，強大的進化壓力開始影響大腦的運作，要求大腦進一步利用文化。於是文化學習能力強的人會比文化程度較低的「同胞」更成功，隨著大腦越來越趨向文化面，文化遂變得越來越複雜，而文化程度越高者便越占優勢。

所有現代人類都是基因組（不同文化的人類的基因幾乎都相同）及文化要素（不同文化的要素各不相同，但基本上仍受制於人類心理的能力及傾向）共同進化下的產物。例如，基因的進化讓人產生厭惡這種情緒，使人類文化得以依據職業發展出種姓制度，而種姓制度則因為人會對做出「污染」活動者產生噁心感而得以維繫下去。在種姓制度裡，同屬相同種姓階級者才能彼此通婚，這樣的制度改變了基因進化的過程。同一種姓同系繁殖一千年之後，不同種姓之間的基因特質會出現些微變化（例如膚色深淺），最後這些基因特質（如膚色）反而比職業更具文化關聯性。（其他哺乳動物只要經過二十代的選擇育種，其外貌及行為就會出現很大差異）。如此，基因及文化共同進化；彼此互相影響，要了解人類，沒有任何一方可被孤立地拿來研究。

威爾森也從共同進化的角度來檢視宗教。「宗教」這個詞的拉丁文字面意思是指連結或聯繫在一起。雖然世界上的宗教各不相同，但威爾森指出，宗教向來有協調、調整人們對他人及對群體所做行為的功能，有時候其目的是為了與其他群體競爭。社會學家涂爾幹在一九一二年首先提出這樣的宗教觀：

> 宗教是一套統一一致的信仰及實踐體系，宗教與神聖事物有關，所謂「神聖」，即是與眾不同及禁忌之事物——這套信仰及實踐統合成一個單一的、稱為「教會」的道德群體，所有該群體的成員都擁護這套信仰及實踐。

威爾森也指出宗教實踐如何幫助其成員解決彼此協調的問題。例如，當所有相關人士都屬相同宗教群體，且其宗教信仰為上帝知道，而且上帝會注意相關人士誠實與否，如此一來，相關人士彼此的信任度便大為提高，當然生意也就好談了。人類學家指出，人常認為眾神及祖先的神靈無所不在，但在廣袤的宇宙中，大家最在意的其實是隱藏在活人心中的道德意圖。一旦宗教的規定具有某種神聖性，背後又有超自然的聖地及神跡傳言當靠山，或受其他宗教排斥，人們對該宗教規定只會更尊崇有加。

威爾森主張宗教觀念和對宗教觀念有所反應的大腦共同進化。就算人們一開始對超自然力量的信仰是出於某種其他原因，或為認知進化（有些學者提出這樣的主張）的意外副產物，但懂得把這些信仰轉化成人際協調利器（比如，把這些信仰跟羞恥心、恐懼、罪惡感及愛等情緒連結起來）的團體則為「免費搭車，占人便宜」這個問題找到解決之道，還得到信任及合作所產生的巨大效益。如果堅定的信仰可為個人帶來利益，或為團體發展出一套方法來懲罰或驅逐與自己信仰不同者，那麼宗教及信教的大腦就碰到絕佳的進化條件。（基因學家迪安．哈默〔Dean Hamer〕近來發表一篇有關雙胞胎的研究報告，該報告指出特定基因可能對宗教及超越自我的經驗特別有反應，這個研究結果跟威爾森的主張不謀而合。）

所以，宗教可能已將人類拉到群體選擇論這邊。由於宗教能讓人產生一種與團體合而為一之感，也能讓人在行為上產生一體感，因此宗教便降低了個體選擇論（讓個體變得自私）的影響力，強化了群體選擇論的力量（讓個體做出有利於團體的貢獻）。不過，這不是我們唯一的論點：人性是複雜的組合，從極端自私到極端利他都涵蓋在人性的範疇內。我們會表現出哪一面人性，要看自身文化及所處時空背景。反對進化論的人不能接受「人類不僅僅只是黑猩猩」這種說法，他們說的沒

而見群有唯在「我」中，群有中乎「我」獨；斯人兮，自茲無所畏縮。見唯「我」化為群有兮，是則全知。萬物皆見其一兮，何憂曷痴？

——《奧義書》

錯。人類特性有一部分像蜜蜂。

超越自我的意義感

閱讀威爾森所寫的《達爾文的大教堂》就像經歷了一次「空間」之旅。書中呈現出人類文化的多樣面貌，也說明了現今事物的成因與來龍去脈。威爾森說，他最害怕的地獄，就是永遠被關在一個擠滿人的房間，而房間裡的人則滔滔不絕地討論宗教的種種虛偽行徑。比如，很多宗教都教誨世人要愛人，要有同情心，要追求美德，但有時候宗教卻是造成戰爭、怨恨及恐怖主義的罪魁禍首。依據威爾森的觀點，他認為這不是宗教的矛盾。群體選擇論讓基因及文化彼此互相協調適應，如此一來，大大地提升同一群體內成員之間的和平、和諧及合作，其目的就是為了增進該群體與其他群體競爭的能力。群體選擇論不會終止衝突，但它可讓人進入社會組織的層次。以宗教之名所進行的暴行，幾乎都是針對團體以外的成員，或針對最危險的份子——變節者（想離開團體者）及叛徒（傷害團體者）。

威爾森解開的第二個謎團則是，為何所有神祕主義都是關於「超越自我及個人」與「比自我更巨大之物」融為一體。詹姆斯對神祕主義的分析把焦點放在「宇宙意識」這層心理狀態，並分析世界上主要宗教採用哪些技巧來進入這種心理狀態。印度教徒及佛教徒採用靜心及瑜伽來進入「定」的狀態，即主體與客體的界線及個人的自我感消失無蹤，個人進入一種極度平和、極度喜樂與清明的狀態。詹姆斯發現基督徒及伊斯蘭教神祕主義也有同樣情況，只是後者是通過不斷重複的禱告來進入這種狀態。

他還引用了十一世紀伊斯蘭教哲學家加札利（Al Ghazzali）的話。加札利曾花好幾年的時間鑽研敘利亞的蘇菲教派（Sufis），曾有過「神遊」（transport）及「神示」的經驗，他說這種經驗實非言語所能形容，不過他還是透過以下這段話向伊斯蘭教讀者說明蘇菲神祕主義的精髓：

> 要成為蘇菲教派的信徒，第一步就是要淨化內心，把心中所有不屬於上帝的部分都清除乾淨。第二步則是過一種靜思默想的生活，即透過謙卑的祈禱，讓自己得以擺脫激動不安的靈魂，觀想上帝的種種，此時你的心會整個被吞沒。不過，這只是成為蘇菲教派信徒的開始，蘇菲教派最後追求的是全神貫注在上帝身上。

從威爾森的觀點來看，神祕經驗是一個「關閉」自我的按鈕。一旦自我遭到關閉，人就變成了巨大身

> 我感覺到全然的快樂。或許當我們死了，成為某個整體的一部分，不管這個整體是太陽、空氣，或是美德及知識，我們都會感受到這種全然的快樂。無論如何，這就是快樂：融入一個完整、偉大的事物中。
>
> ——美國女作家，維拉．凱瑟

體裡的一個細胞，就像蜜蜂在大蜂巢裡一樣。無怪乎有過神祕體驗的人之後都會產生非常雷同的後遺症：這些人通常會產生強烈的奉獻感，願意把自己獻身給上帝或助人。

腦神經學家安德魯・紐伯格（Andrew Newberg）曾針對正在經歷神祕體驗者的大腦進行研究，當時這些人大都處於冥想狀態，最後紐伯格發現「關閉」自我那個開關的位置。在大腦的頂葉（頭蓋骨頂端的後半部）有兩塊被紐伯格稱為「定位關係區」的大腦皮層。

大腦左半球那塊皮層能讓人的內心對自己的身體產生有限及具體的感覺，讓人得以追蹤自己的身體輪廓。而大腦右半球相對應的那塊皮層，則讓人對周遭空間產生方位感。這兩塊皮層靠著接收其他感官所傳遞過來的資訊，讓人知道自我的存在及其所在空間。當這些受試者表示自己進入神祕的合而為一狀態時，這兩塊皮層區出現被關閉的現象。從大腦其他部位傳遞過來的資訊減少，該定位關係區的整個活動也跟著變少。然而，紐伯格認為這兩塊皮質區仍然在執行功能：大腦左半球那塊皮層仍然試著建立身體的輪廓，但卻找不到；而大腦右半球相對應的那塊皮層，也試著建立自我的空間所在位置，但是也找不到。這些受試者除了經歷自我消失的經驗之外，還感覺到自我擴散進入太空，在正常的三維空間找不到定點的奇異感受。這些人感覺自己已融入一個比自我大許多的龐然大物中。

紐伯格認為儀式中含有重複動作及話語者，特別是眾人同時進行的儀式，都具有協助參與者在大腦建立一種「共振形態」，讓神祕狀態更容易產生的效果。歷史學家威廉・麥克尼爾（William McNeill）雖援引不同的資料，但也得出相同結論。一九四一年，麥克尼爾被徵入伍，進行基本訓練時，他得跟好幾十個士兵緊緊靠在一起，花幾百個小時一起練習踢正步。一開始，麥克尼爾覺得踢正步只是在打發時間，因為他們的基地根本沒有武器可操練。不過幾個星期訓練下來，踢正步開始讓他在心裡產生不一樣的意識：

訓練時眾人冗長一致的動作，在我心中引發某種情緒，這種情緒實非文字所能形容。回想起來，這是一種彌漫的幸福感；講得更精確點兒，是一種從個人擴散開來、膨脹起來的異樣感，一種比生命更巨大的感覺，這一切都拜集體儀式所賜。

幾十年後，麥克尼爾開始研究同步動作——舞蹈、宗教儀式及軍事訓練，在歷史中所扮演的角色。麥克尼爾在《同在一起》一書中提出如下結論：人類歷史自有正式記載以來，便已開始運用同步動作使團體成員間形成和諧及凝聚力，有時則是為激起抗敵的鬥志。麥克尼爾還指出，同步動作及吟誦可能是進化所產生的機制，其目的是啟動利他的動機（此為群體選擇的過程中所形成者）。螞蟻及蜜蜂這類物種具有的極端自我犧牲的特質，通常也會出現在士兵身上。麥克尼爾還引用了葛蘭．格雷（J.Gleen Gray）所寫的《戰爭日誌》一書某段，內容是描寫士兵們集體呈現的興奮共體感：

不知不覺中，「我」慢慢融入「我們」之中，「我的」變成「我們的」，個人生死已不再重要……我相信在那樣的時刻，不朽使得自我犧牲變得不算什麼……我可能會倒下，但我不會死去，因為真正的我已超越原有肉身，繼續活在我所奉獻捐軀的同胞身上。

世上確實存在比自我更大，會讓人認為這就是自己存在之目的，而願意為此犧牲自己生命之事物——群體。（當然，有時這個群體所認為的崇高目的，在另一個群體眼中卻是邪惡至極。）

人生的意義

要怎麼做才能過上美好、快樂、充實又有意義的人生？人生本身到底目的為何？我相信只有了解人類到底是什麼樣的一種生物，掌握人類分歧不一的面貌，才有辦法回答上面的問題。個體選擇讓我們變成自私的生物，為了爭奪資源、享受快樂及名聲，無所不用其極，但是群體選擇又讓我們變成蜂群那樣的生物，願意犧牲小我，成就大我。人是群居的生物，需要愛及依戀；人也是勤奮的生物，內心有效能感需要滿足，也有能力全心投入自己的工作。

我們是騎象人及大象的組合體，我們心理的健康取決於兩者的協調合作，互取所長。人生目的是什麼？我不覺得能找到特別激動人心的答案，但是如果我們能運用古老的智慧及現代科學，或許就能找到人生本身的目的。本書最後提出來的幸福假設是：

幸福之道在中庸。幸福不是我們能夠直接找到、獲得或實現的東西，必須先具備一定條件，然後再耐心等待。有些條件在自己本身，比如個人性格的不同層次及部分的連貫一致，有些條件則在自己與其他事物間的關係：就跟植物需要陽光、水及土壤才能成長、繁茂一樣，人需要愛與工作、全心投入，人也像蜂群一樣，能從群體之中感受到超越自我的意義感。只有這樣，才能過有意義的人生。因此，只要你能與這幾個客體之間建立美滿的關係，人生的目的及意義就會自然浮現出來。

〈後記〉

平衡為美，幸福自現

古老的中國運用「陰」與「陽」兩種象徵，來代表兩種對立原則間的平衡，這種陰陽協調是變動不居的。古希臘哲學家赫拉克利說：「特異中求同，折中衝突，乃萬事萬物生存之道。」，英國詩人威廉・布萊克也說過：「沒有對立，就沒有進步。吸引與厭惡，理智與衝動，愛與恨，都是人類生存之必需。」可見陰陽對立不僅是東方的觀念，還是一個不受時間限制的偉大洞見，這正可作為本書的總結。比如，我們通常認為宗教與科學兩者互相對立，但是正如我先前所言，如果我們想了解人性，想了解哪些條件才能讓人產生滿足感，那麼宗教及現代科學兩者都缺一不可。或許古代人不太懂生物學、化學及物理，但很多古代人都是很好的心理學家。心理學及宗教如能攜手合作，彼此皆可獲益，或者起碼可以先擱置彼此的歧見，學習對方的優點。

東方及西方對人生所採取的態度也是完全相反：東方強調接受現實，以集體為重；西方則是鼓勵大家不斷奮鬥，強調個人。

不過，東西方的態度都有其可取之處。人想追求快樂，不只要改變自己，還需要改變外在世界。我們在追求自己目標的同時，也要與他人協調共處。不同的人在不同人生階段，會採取不同的態度來應對。

最後，就從最字面的意義來看，自由派及保守派可算是死對頭，雙方都是團結己方陣營，竭力把對方當做十惡不赦的惡魔，將對手妖魔化。我在花了二十年時間研究道德議題之後，看到一個事實：幾乎所有人的行事，背後都有其道德動機。個人在做決定時，往往出於自私的動機，但是如果有一群人持續不懈地想改變這個世界，那麼他們大多為了追求某種道德、正義或神聖的願景。單從自利的角度來看，你很難解釋為何有人採取如此強硬的立場去支持墮胎、環保或宗教等議題。（我們無法用自利來解釋恐怖主義，但是群體出於無私的動機，卻可解釋恐怖主義的形成。）

文化心理學有一句名言：每種文化都會在人類生存的某些層面發展出其特長之處，但是沒有任何一個文化能兼顧所有人類生存的層面。同樣的道理也適用於政治光譜兩端的政治團體。我個人的研究也確認了一般大眾的認知：自由派特別擅長思考犧牲、平等、自主及個人權利等議題，尤其是少數族群及不願墨守成規者，特別受自由派所關注。相反，保守派則非常擅長思考忠於團體、尊敬權威及傳統、神聖等議題。一旦有一方壓倒另一方，結果可就難以收拾了。

一個沒有自由派的社會，對許多人而言是一個嚴酷暴虐的社會，而一個沒有保守派的社會，則會出現社會學家涂爾幹所說的社會結構及束縛解體的亂象。人越自由，社會就越混亂。想尋找人生的智慧，就要從自己最想不到的地方開始——死對頭的「內心」。自己陣營的想法，你已知之甚詳，如果你能放下「對方是惡魔」這樣的心理，你可能就會第一次發現對方的想法也有其可取之處。以中庸之道（平衡），找尋人生的智慧——不管是古與今，東方與西方，甚至保守與自由，中庸之道都可讓我們選擇正確的人生方向，找到人生的滿足、幸福及意義。人生不單單只是選定目的地，然後一直走過去——騎象人沒有這麼大的能耐。不過，只要善用人類的智慧及科學知識，我們就能駕馭大象，掌握自己的潛能與限度，擁有充滿智慧的人生。

國家圖書館出版品預行編目資料

象與騎象人：全球百大思想家的正向心理學經典／強納森・海德（Jonathan Haidt）著；李靜瑤 譯. -- 初版. -- 臺北市：究竟，2020.07
368 面；14.8×20.8 公分. --（心理；56）
譯自：The happiness hypothesis : finding modern truth in ancient wisdom
ISBN 978-986-137-299-0（平裝）

1.快樂 2.生活指導
176.51　　109007100

Eurasian Publishing Group
圓神出版事業機構
用心與你對話・視野無限寬廣
究竟出版社
Athena Press

www.booklife.com.tw　　reader@mail.eurasian.com.tw

心理 056

象與騎象人：全球百大思想家的正向心理學經典

作　　者／強納森・海德（Jonathan Haidt）
譯　　者／李靜瑤
發 行 人／簡志忠
出 版 者／究竟出版社股份有限公司
地　　址／台北市南京東路四段50號6樓之1
電　　話／（02）2579-6600・2579-8800・2570-3939
傳　　真／（02）2579-0338・2577-3220・2570-3636
總 編 輯／陳秋月
副總編輯／賴良珠
責任編輯／李靜雯
校　　對／李靜雯・賴良珠
美術編輯／蔡惠如
行銷企畫／陳禹伶・詹怡慧
印務統籌／劉鳳剛・高榮祥
監　　印／高榮祥
排　　版／陳采淇
經 銷 商／叩應股份有限公司
郵撥帳號／18707239
法律顧問／圓神出版事業機構法律顧問　蕭雄淋律師
印　　刷／祥峰印刷廠
2020年7月 初版
2024年4月 14刷

定價 390 元　　ISBN 978-986-137-299-0　　